KB044464

나 혼자만 알고 싶은 영어책

매운맛 Vol. 2

나 혼자만 알고 싶은 영어책

피유진 지음

매운맛 Vol. 2

서사원

시작하며

우선 저에게 큰 영향을 끼친 책 하나를 소개하겠습니다. 오랫동안 영어를 가르치는 데 근간이 되어온 책입니다. 외국어 습득 이론에 관한 세계적인 권위자인, 스티븐 크라센Stephen D. Krashen 교수가 저술한 《크라센의 읽기 혁명The Power of Reading》이라는 책인데요. 이 책에는 다음과 같은 내용이 있습니다.

"복잡한 문법 구조에 대한 학습은 읽기나 쓰기에 도움이 되지 않는다. 오히려 복잡한 문법을 숙달하는 것은 읽기를 통해 가능하다."

지난 13년간 영어를 가르치고, 스스로 영어를 습득하면서 깨달은 점은 영어 학습에 있어 문법은 그다지 중요하지 않다는 겁니다. 조금 과장해서 말하면 문법을 완벽하게 배우지 않아도 언어를 구사하는 데 큰 문제가 없는 경우도 많습니다. 문법책을 세상에 내놓으면서, 게다가 그 책의 서두에서 할 이야기는 아닌 것 같지만 조금 솔직하게 말씀드리려고 합니다. 영어를 잘 구사하려면 많이 읽고, 많이 듣는 수밖에 없습니다. 단순히 문장을 많이 외운다고, 혹은 문법에 통달했다고 해서 영어를 잘할 수 있는 건 아닙니다. 많이 읽고, 듣는 과정을 통해 언어를 습득해야만 비로소 자유롭게 그 언어를 구사할 수 있습니다.

영어로 말하거나 글을 쓸 때 상대를 배려하고 있는지, 혹은 내용이 충분히 설득력이 있는지 생각하기보다는 내가 방금 말한 문장이 '문법적으로 옳은지, 얼마나 정확한지'에만 신경 쓰지 않나요? 지금까지 영어 회화 실력이 늘지 않는 이유를 문법 탓으로 돌리지는 않으셨나요? 여러분이 그만큼밖에 말할 수 없고, 그런 문장밖에 쓸 수 없는 이유는 단순히 문법을 몰라서가 아닙니다. 말하고자 하는 주제에 관한 지식이 부족하거나, 영미권 국가의 문화에 익숙하지 않다거나, 자연스러운 표현을 습득하지 못했거나, 정확한 단어의 발음이나 연음을 숙지하지 못했거나 하는 등의 다양한 문제가 있기 때문입니다. 한국어 문장 몇 개를 보여드릴 테니 영어로 한번 떠올려봅시다. 학생들이 "이건 영어로 어떻게 말해요?"라고 물었던 문장들입니다.

1. 엄마는 이번 학기 성적을 가지고 나에게 잔소리를 해댔다. 내가 그러고 싶어서 그런 것도 아닌데.

2. 사회 초년생이 되면 책임져야 할 일이 점점 많아진다.

3. 물을 잘못 넘겨서 캑캑대다 눈물이 났다.

4. 이야기 많이 들었어요! 실제로 뵙게 되어 정말 반갑습니다.

5. 잘 모르겠는데 일단 되는 데까지 해보죠, 뭐.

6. 그 사람이 계속 투덜대고 징징대는 바람에 난 말 한마디도 못 했어.

7. (다리 찢기 연습을 하는 중) 아, 내일 근육통 생기겠네.

8. 콘서트 취소됐다고? 아, 12시간 동안 연습했는데 괜히 했네.

자, 머릿속으로 영작해보셨나요? 이제 아래 문장과 비교해보세요.

1. My mom got mad and yelled at me for my grades this semester. It's not like I wasn't trying.

2. Fresh out of college, your life involves gradual increases in social responsibility.

3. The water went down the wrong pipe, and I was gagging and gurgling pathetically.

4. (I've) Heard a lot about you! Good to put a face to the name.

5. I'm not sure, but here goes nothing.

6. He whined and whined, so I couldn't even get a word in edgewise.

7. (practicing the splits) Gosh, I'm going to feel this tomorrow.

8. What? The gig's canceled? That's 12 hours of practice down the drain.

두 언어 표현이 신기할 정도로 다름을 느낄 수 있을 겁니다. 이런 표현들을 일일이 외우지 않아도 원서나 미디어를 통해 자주 접하다 보면 저절로 체화됩니다. '내가 이런 문장을 말할 수 있었던가? 이런 걸 외운 적이 있었나?' 싶은 문장이 내 입에서 자연스럽게 튀어나오는 경우가 더 많습니다. 그런 의미에서 이 문법책은 원서 다독과 오디오북 듣기, 전화 영어 등의 다른 학습과 반드시 병행해야만 한다고 말씀드리고 싶어요. 그래야 균형 잡힌 영어 실력을 배양할 수 있습니다. 물론 공부하다 보면 내가 잘하고 있는 것인지 조바심이 날 때도 있을 겁니다. 그런 생각이 들 때 저에게도 좋은 '처방'이 되어준 책 하나를 마지막으로 소개하겠습니다.

《세인트존스의 고전 100권 공부법》이라는 책으로, 중국의 어느 욕심 많은 농부가 등장합니다. 그는 농사를 열심히 짓기 위해 누구보다 부지런히 밭을 돌봅니다. 온 마을 사람들이 그의 성실함을 칭찬했습니다. 그런데 1년이 지나 다른 밭의 식물들은 열매를 맺기 시작하는데, 그의 밭에서는 아무런 소식이 없었습니다. 알고 보니 농사를 너무 잘 짓고 싶은 마음에 매일 밤 식물이 잘 자라는지 뿌리를 뽑아 확인하고 다시 심기를 반복했던 겁니다. 책에서는 이렇게 말합니다.

"오늘 하루 물 주고 내일 꽃이 피지 않았다고 우울해져서 그날 할 일을 포기하지 말라고. 오늘의 '감정'에 좌지우지되지 말라고. 당장 결과가 보이지 않아도 끈기를 가지고 꾸준히 하다 보면 발전하고 있는 모습이 분명히 보일 거라고."

책의 마지막 수업까지 열정을 잃지 않고 진격할 수 있길 바랍니다. 그럼 정상에서 만나길 기다리겠습니다.

2021년 10월 26일
피유진 드림

책 소개

《나 혼자만 알고 싶은 영어책 : 순한맛》 편이 '영포자'를 위한 '왕기초' 교재였다면 이번 책은 문법 Grammar과 용법Usage을 모두 다루는 '매운맛'입니다. 난이도가 3단계까지 오르기도 하고 처음부터 끝까지 모든 문제를 풀어내기가 여간 어려운 일이 아니기 때문입니다. 영어 문법 공부를 처음 시작하는 분뿐만 아니라 지루한 영어 공부에 지쳤거나, 영어 공부를 시작하려다 포기했던 분까지 함께할 수 있도록 난이도를 1단계부터 3단계까지 고르게 담았습니다. 매일 1시간 정도 천천히 읽어보고 또 답을 써보기만 해도 영어가 조금은 친숙해질 수 있을 거예요. 매일 적정한 분량을 정해서 꾸준히 공부하기를 당부드립니다.

또한 딱딱한 문법 설명보다는 다양한 미디어에 등장하는 예문을 싣기 위해 노력했습니다. 책에서 소개하는 원서의 문장을 보면서 '이 정도는 나도 충분히 읽을 수 있겠다' 싶다면 그 작품을 찾아 직접 읽어보시기를 바랍니다. 학습자의 레벨에 따른 추천 도서도 따로 소개하고 있으니 놓치지 말고 챙겨보세요!

이 책의 사용법

1. 난이도에 따라 3단계로 나누어 문법을 설명합니다. 불 아이콘(🔥)이 하나라면 1단계, 둘이면 2단계, 셋이면 가장 높은 단계입니다. 바른독학영어 시리즈 '나혼영 순한맛' 편을 읽고 오셨다면 1단계 수업만 골라 읽은 후 2, 3단계를 학습하면 됩니다. 이미 영문법에 익숙하다면 목차를 살펴본 후 원하는 수업만 골라 읽어도 좋습니다.

각 단계를 학습하면서 원서 읽기, 영어 일기 쓰기, 전화 영어 등 다른 활동을 병행하면 단기간에 빠르게 실력을 늘릴 수 있습니다. 혹시 어떻게 원서를 골라야 하는지 모르겠다면 저의 영어 학습 방법을 총정리한 책, 《오늘 하루도 걱정 없이, 영어》에서 '원서 읽기' 편을 참고해주세요. 문법부터 빨리 해치우겠다는 생각으로 진도의 노예가 되면 절대 안 됩니다. 침착하게 학습 계획을 먼저 세워주세요!

2. 수능, 토익, 토플, 아이엘츠 등 공인 영어 시험을 대비하는 학생들이 알아야 할 내용과 영어 회화 학습자를 위한 내용까지 전반적으로 다루고 있습니다. 하지만 반드시 암기해야 할 문법 공식 같은 건 없습니다. 대신 답을 채워나가며 자연스럽게 영어를 습득할 수 있도록 구성했으니 법칙을 암기하겠다는 생각보다는 자주 읽어서 익숙해져야겠다고 마음먹는 편이 좋습니다. 또한 연필 아이콘(✏️)도 자주 등장합니다. 연필 아이콘이 있는 부분은 직접 답을 써야 합니다. 절대 답안지를 바로 확인하지 마세요. 틀린 답을 적더라도 꼭 스스로 생각하는 연습을 해야 더욱 오래 기억에 남습니다.

책의 귀퉁이에는 추가적으로 도움이 되는 내용을 덧붙였으니 적절히 참고하시면 됩니다.

3. 영영사전을 자주 사용합니다. 대표적인 영영사전 사이트를 소개해드리니 참고해주세요.

용도 및 수준별 영어사전 활용 팁

영어 공부를 처음 시작하는 분들은 한글 지원이 되는 네이버 영어사전이나 다음 어학사전을 이용하도록 합니다. 영한사전 사용에 익숙해지고, 짧은 영어 예문을 해석 없이 이해할 수 있다면 아래 영영사전을 차례로 사용해보세요.

1) 브리태니커 사전 https://www.britannica.com/dictionary

쉬운 단어를 사용한 짧은 예문을 다수 제공합니다. 명사 검색 시, 먼저 셀 수 있는 명사와 셀 수 없는 명사를 구분할 수 있도록 [count], [noncount]로 표기해두었습니다. 타동사와 자동사도 transitive나 intransitive가 아닌 직관적인 [+object]와 [no object] 표기를 사용합니다. 단어의 의미와 발음, 예문 외에도 검색한 단어와 관련 용법, 관용어구에 대한 설명을 제공합니다. 특히 동사를 검색했을 때 구동사의 종류와 쓰임이 잘 설명되어 있습니다.

2) 옥스퍼드 학습자용 사전 https://www.oxfordlearnersdictionaries.com

브리태니커 사전과 마찬가지로 간결하고 쉬운 예문을 사용합니다. 단어 검색 결과창에서 영국식 발음과 미국식 발음을 모두 들어볼 수 있습니다. 동사는 활용법을 중심으로 의미와 예문이 정리되어 있어 특히 영어 작문을 연습할 때 도움됩니다.

3) 맥밀란 사전 https://www.macmillandictionary.com

학습자용 사전이 아닌 만큼 중급 이상 난이도에 해당하는 예문 위주로 수록되어 있습니다. 동사나 전치사의 다양한 활용법을 찾아보기에 적합하며, 검색 결과 페이지 최하단의 'GET IT RIGHT!' 섹션에서는 올바른 표현과 틀린 표현을 비교한 용법 및 문법 설명을 볼 수 있습니다.

4) 롱맨사전 https://www.ldoceonline.com

중급 이상 난이도에 해당하는 예문 위주로 수록되어 있습니다. 구동사는 일일이 표현을 클릭해서 확인해야 하는 단점이 있지만 코퍼스(언어 연구를 위해 텍스트를 컴퓨터가 읽을 수 있는 형태로 모아 놓은 언어 자료)를 대량 제공하고, 맥밀란 사전과 마찬가지로 'Grammar' 섹션이 있어 헷갈릴 수 있는 표현을 따로 모아 학습할 수 있습니다.

5) 옥스퍼드 사전 https://www.lexico.com

중고급 난이도에 해당하는 예문이 다수 수록되어 있습니다. 뉴스나 양서에서 발췌한 예문이 많아 사전 중 예문 난이도가 가장 높은 편에 속하며, 어원에 대한 설명이나 고어로 사용되었을 때의 의미도 찾아볼 수 있습니다. 옥스퍼드 사전은 클래식 도서를 읽고 있다면 더욱 유용하게 사용할 수 있습니다.

6) 동의어 사전 https://www.thesaurus.com

혹시 작문할 때 똑같은 단어를 반복하여 사용하진 않나요? 다양한 동의어를 적재적소에 사용하고 싶다면 동의어 사전을 사용해보세요. 검색한 단어는 품사별로 나눈 후 가장 유사한 의미를 가진 단어부터 덜 유사한 단어까지 색상으로 구별하여 제공합니다.

7) 쌍따옴표를 이용한 구글 검색

구글 검색창에서 단어 앞뒤로 쌍따옴표를 붙여 검색하면 해당 표현을 그대로 사용한 자료를 찾아줍니다. 예를 들어 "took it up with my"라고 검색하면 took이나 it이 들어간 자료가 아닌 "took it up with my"가 포함된 검색 결과를 볼 수 있습니다. 구동사처럼 여러 단어가 조합된 경우, 사전에서 찾기 힘들 때가 종종 있어요. 그럴 때는 따옴표와 구글 검색을 이용해보세요.

Contents

영어 실력을 올리기 위한 가장 효과적인 방법 : 원서 읽기

문법 내용도 충분히 알고, 단어도 꽤 많이 외웠고, 영문도 제법 읽어보셨다면 아마 마지막 과제는 말하기, 쓰기일 거예요. 그런데 살아 있는 말과 글이 아닌 문법책이나 교과서, 학습을 위해 만들어진 자료로 영어를 익히다 보면 실질적으로 영어를 사용하는 데 아주 적은 데이터밖에 없을 확률이 높습니다. 내가 알고 있는 표현만 이용해서 영어로 말하고 쓰다 보면 정작 내가 하고 싶은 말이 아닌 내가 할 줄 아는 말만 하게 됩니다. 이 단계에서 많은 분이 답답함을 호소합니다. 이렇게 어둡고 답답한 터널을 빠져나올 수 있는 가장 좋은 방법이 바로 다독입니다. 모국어도 마찬가지겠지만 머릿속의 생각이 말과 글이라는 옷을 잘 갖춰 입으려면 그 과정을 잘 해낸 사람들의 작품을 많이 보는 게 좋습니다.

내 감정과 생각을 정확하게 전달할 수 있는 표현을 학습하는 것 외에도 책 읽기를 권하는 이유가 있습니다. 토플이나 아이엘츠 같은 시험에서 좋은 성적을 얻어 외국으로 석사, 박사 과정을 밟고 있는 학생들이 이런 질문을 많이 합니다. '어떻게 하면 글을 잘 쓸 수 있죠?' 그런 주제로 대화할 때마다 '평소에 책을 많이 읽지 않은 것이 후회된다'라는 결론에 이릅니다. 단순히 언어를 잘하는 게 아니라, 그 언어에 담을 생각 역시 중요하다는 걸 깨닫게 되는 거죠. 하고 싶은 말이 없고, 아는 게 없는데 좋은 말과 글이 나올 리 만무합니다. 글쓰기 방법을 알려주는 책만 읽어서는 외양을 다듬는 기술만 쌓일 뿐 외화내빈의 곤궁함을 감출 수 없습니다. 즐겁게, 자유롭게 읽고 깊이 사유할수록 언어 능력뿐만 아니라 풍부한 교양도 쌓을 수 있습니다.

제가 추천해드리는 책의 목록을 무조건 다 읽어볼 필요는 없습니다. 가장 추천하는 방법은 스스로 골라 읽는 것입니다. 목록을 무시하고 너른 검색의 바다로 나가 직접 찾아보는 것도 좋습니다. 그리고 한번 선택한 책을 다 읽지 않아도 됩니다. 너무 지루하거나 동의할 수 없는 주장만 가득하다면 과감하게 책장을 덮어도 좋습니다. 다만 매일매일 독서하는 시간을 확보하기 위해 노력하고 꾸준히 독서 습관을 잘 만들어둔다면 언어 공부뿐만 아니라 앞으로 인생을 살아가는 데 큰 도움이 될 거라 믿습니다.

나에게 딱 맞는 원서 고르는 법

원서를 고를 때는 열 페이지 이상 읽은 후 흥미와 수준을 고려하여 결정하는 게 가장 좋습니다. 도서 정보에 보면 페이지 수와 렉사일lexile 지수가 표시되어 있습니다. 렉사일 지수는 원서의 난이도를 여러 가지 기준으로 평가해둔 지표로, 렉사일 독자 지수와 렉사일 텍스트 지수가 있습니다. 학생들의 테스트를 통해 얻게 되는 것이 렉사일 독자 지수입니다. 반면 렉사일 텍스트 지수는 메타메트릭스 개발사에서 책이나 신문 기사, 글 등을 분석하여 책이나 글에 점수를 매긴 것입니다. 국내 온라인 서점 YES24에 접속하여 외국도서 카테고리에서 'Lexile®'을 클릭하면 난이도에 맞는 책을 쉽게 선택할 수 있습니다. 이 외에도 아마존 킨들을 통해 전자책으로도 원서를 접할 수 있습니다.

• 렉사일 지수에 따른 도서 분류

http://www.yes24.com/24/Category/Display/002001042

• 편하게 전자책으로 읽을 수 있는 아마존 킨들

https://www.amazon.com/Kindle-eBooks/b?ie=UTF8&node=154606011

렉사일 지표만으로는 모든 상황과 경우에 적용할 수는 없으니 책을 고를 때는 직접 읽어보는 게 중요합니다. 그리고 다음 세 가지 기준에 따라 책을 고르면 됩니다.

1. 사전의 도움을 받는다면 내용을 절반 이상 이해할 수 있고, 책의 내용도 충분히 흥미로운 것 같다. → 이 책은 **구매해도 좋습니다.**

2. 사전의 도움을 받아 이해할 수 있는 정도가 50% 미만이지만 번역본과 비교하니 어느 정도 문장 해석과 의미 파악이 가능하다. → 이 **책은 구매해도 좋습니다.**

3. 사전, 번역본을 동원해도 어려운 문장이나 이해되지 않는 문장이 많다. → 이 책은 다음을 기약하세요.

원서 추천 리스트

Dinosaurs Before Dark

author : Mary Pope Osborne

pages : 80

lexile : 240

전 세계 어린이들에게 사랑받은 베스트셀러. 마법의 책 《매직 트리 하우스》 시리즈의 첫 번째 책으로, 원서 도전자들이 선택하기 좋은 재미있고 쉬운 책입니다.

Thirteen Reasons Why

author : Jay Asher

pages : 336

lexile : 550

넷플릭스에서 큰 인기를 끌었던 〈루머의 루머의 루머〉의 원작. 루머로 고통받다 자살한 여자 주인공 '해나'의 목소리가 담긴 카세트 테이프가 '클레이'에게 배달됩니다. 타인을 대하는 방법에 대해 고찰하게 하는 제이 아셔르의 데뷔작입니다.

When You Trap a Tiger

author : Tae Keller

pages : 300

lexile : 590

한국계 작가 태 켈러의 작품. 아동문학의 노벨상 '뉴베리상' 수상작입니다. 병든 할머니를 구하기 위해 마법 호랑이와 대결하는 '릴리' 이야기입니다. 이 책은 시간이 넉넉할 때 보세요. 한번 펼치면 책을 덮지 못할 수도 있습니다!

Charlotte's Web

author : E. B. White

pages : 192

lexile : 680

순진한 돼지 '윌버'와 영리하고 지혜로운 거미 '샬럿'의 우정을 그린 이야기. 샬럿을 연기한 줄리아 로버츠의 매력적인 목소리를 듣고 싶다면 영화 역시 추천합니다!

Hello, Universe

author : Erin Entrada Kelly

pages : 352

lexile : 690

중학교에 올라가는 네 명의 아이들이 겪는 운명 같은 하루를 기록한 이야기. 동네에서 가장 못된 골목대장인 '쳇 불런스'가 '버질'을 장난삼아 우물에 빠뜨리게 되고, 아이들은 버질을 구하기 위해 우물로 달려갑니다. 과연 버질을 구조하는 데 성공할까요? '뉴베리' 수상작인 만큼 아이들뿐만 아니라 어른들도 재미있게 즐길 수 있는 동화입니다. 쉬운 영어 문장으로 적혀 있지만 유치하지 않은 책을 찾고 있다면 추천합니다.

How To Steal a Dog

author : Barbara O'Connor

pages : 176

lexile : 700

도망가버린 아빠와 사라진 집, 한순간에 거리로 나앉게 된 주인공 소녀와 엄마, 동생의 고군분투기. 개를 훔치는 과정을 통해 가족의 소중함과 희망을 보여주는 흥미로운 책으로, 어린아이의 시선을 따라가다 보면 인생의 진실을 깨닫게 됩니다. 출간된 지 오래된 책이지만 꼭 읽어보길 권합니다.

The Nightingale
author : Kristin Hannah
pages : 608
lexile : 740

제2차 세계대전을 배경으로 전개되는 두 자매의 이야기. 소설의 첫 문장 "In love we find out who we want to be; in war we find out who we are.사랑에 빠지면 우리는 어떤 사람이 되고 싶은지 알게 되고, 전쟁에 휘말리면 우리가 어떤 사람인지 알 수 있다"에 매료되어 선택한 책입니다. 전쟁 속에서 만나는 인간 본성의 이면을 읽기 쉬운 문체로 풀어낸 소설로, 역사 소설 입문자에게도 강력 추천합니다.

Spy School
author : Stuart Gibbs
pages : 320
lexile : 740

반전에 반전을 거듭하는 얘기에 시간 가는 줄 모르고 읽었던 책. 단순히 재미만 있는 아이들 동화가 아닙니다. CIA를 통해 어른 세계의 현실을 적나라하게 드러내는 무게감 있는 창작 동화로, 재미와 깊이를 동시에 느낄 수 있습니다.

The Giver
author : Lois Lowry
pages : 240
lexile : 760

마을에서 유일하게 과거의 기억을 모두 지니고 있어야 하는 막중한 임무를 맡은 주인공 '조나스'. 어느 날 '쓸모없는 아기'로 분류된 한 아이의 운명을 목격하게 됩니다. 조나스를 응원하다 보면 순식간에 이야기가 끝나버리는 매우 흥미진진한 책입니다.

Wonder
author : R. J. Palacio
pages : 320
lexile : 790

300주 이상 〈뉴욕 타임스〉 베스트셀러 자리를 지키고 있는 소설. 마흔다섯 가지 언어로 번역되어 판매된 아주 유명한 아동 및 청소년 소설입니다. 2017년에는 이 소설을 원작으로 한 영화도 개봉되었습니다. '우리 인간에게 평범함이란 무엇인가'를 고민하게 했던 감동적인 작품입니다. 마음을 울리는 영화이니 홀쩍이고 싶은 날, 꼭 혼자 보시기를 추천합니다.

The Hunger Games
author : Suzanne Collins
pages : 374
lexile : 810

총 열두 개의 구역으로 이루어진 독재국가 '판엠'. 체제를 유지하기 위해 매년 생존 전쟁인 '헝거 게임'을 진행하며 각 구역에서 추첨을 통해 남녀 한 명씩을 선발합니다. 제니퍼 로렌스를 주인공으로 영화화되어 더욱 유명한 작품입니다. 판타지 시리즈물을 좋아한다면 〈해리 포터〉, 〈반지의 제왕〉에 더불어 이 책도 추천합니다.

Charlie and the Chocolate Factory
author : Roald Dahl
pages : 192
lexile : 810

원서를 처음 접하는 분들에게 항상 추천해 드리는 작품입니다. 세계 최고의 초콜릿 공장을 운영하는 '윌리 윙카'와 그 공장을 견학하는 '찰리'의 이야기인데요. 현실과 판타지 요소가 절묘하게 섞인 흥미로운 작품으로, 생생한 장면 묘사가 돋보입니다.

Matilda
author : Roald Dahl
pages : 240
lexile : 840

《찰리와 초콜릿 공장》을 쓴 작가, 로알드 달의 또 다른 인기작. 똑똑한 주인공 '마틸다'가 숨겨진 초능력으로 '나쁜' 어른들과 맞서는 유쾌한 책입니다.

Harry Potter 1
author : J. K. Rowling
pages : 368
lexile : 880

워낙 유명해서 설명이 필요할까 싶은 작품. 《해리 포터》 시리즈는 총 7권으로, 영화로는 총 8편과 스핀 오프작이 다수 개봉했습니다. 어린 시절 영화로만 봤던 《해리 포터》 원작이 어떻게 쓰였을지 궁금하다면 《해리 포터》 1권으로 시작해보세요!

The Underground Railroad
author : Colson Whitehead
pages : 336
lexile : 890

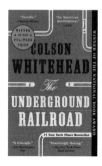

퓰리처상과 전미도서상을 동시에 받은 콜슨 화이트헤드의 장편소설. 19세기 미국 남부를 배경으로 하여 노예 제도의 비극성과 그 잔혹함을 엿볼 수 있는 소설입니다. 역사의 비극을 목도하는 것은 매우 아프지만 너무 매력적인 책이라 추천합니다.

Diary of a Wimpy Kid
author : Jeff Kinney
pages : 224
lexile : 950

2억 명의 독자들에게 사랑받은 베스트셀러. 주인공 '그레그 헤플리'가 쓴 마성의 일기장입니다. 영어 회화 공부에 많은 도움을 받을 수 있으니, 꼭 오더블(Audible)과 병행해서 읽어보세요!

The Midnight Library
author : Matt Haig
pages : 304
lexile : unknown

주인공 '노라 시드'가 죽기로 결심한 시각은 밤 11시 22분. 죽기 전 도서관 사서의 안내로 과거의 선택을 바꿀 기회가 주어진다. 살아야 할 이유를 찾고 있다면, 다른 삶을 갈망한 적이 있다면 더 가까이 다가올 이야기입니다.

All the Light We Cannot See
author : Anthony Doerr
pages : 544
lexile : unknown

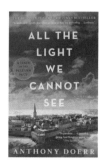

제2차 세계대전, 아버지와 함께 고향인 파리를 떠나 피난을 가게 된 장님 소녀 '마리로르'와 나치의 군사 양성 학교를 나와 전쟁에 휘말리게 되는 똑똑한 독일의 고아 소년 '베르너'의 이야기. 아름다운 문체와 한시도 책을 놓을 수 없게 하는 플롯 구성으로 〈뉴욕타임스〉 베스트셀러에 등극한 책입니다. 아마존 오더블(Audible)과 함께 들으면 더욱 실감 납니다.

DAY 19.

구와 문장

오늘 수업은 아마도 지금까지 했던 수업 중 가장 지루하지 않을까 걱정이 앞섭니다. 대부분 문법과 규칙, 용어들을 소개하는 시간이라 먼저 양해를 구하고 수업을 시작해야 할 것 같아요! 앞으로 배울 내용이 다소 지루할 수도 있지만 다른 용법을 이해할 때 꼭 필요한 용어와 법칙들이니 반드시 기억해두시길 바랍니다.

구와 문장의 차이

문장의 구성 요소를 두고 문장을 일정하게 찍어내는 '틀'처럼 생각하는 경우가 많습니다. 하지만 우리가 배우는 문장 요소는 문장을 만드는 규격이 아니라 말과 글을 카테고리화한 것이니 그 자체를 절대적으로 받아들이기보다는 사람들 간의 합의로 보는 게 좋습니다.

먼저 구와 문장의 차이에 대해서 알아봅시다. 구phrase는 두 개 이상의 단어로 이루어진 한 토막의 말이나 글을 말합니다. 여기에 이름이 붙어서 명사의 역할을 한다면 명사구(ex. some expensive sweets), 전치사와 결합되어 있다면 전치사구(ex. in the middle) 등 다양하게 분류할 수 있습니다. 반면 문장sentence은 생각이나 감정을 말로 표현하는 완결된 내용을 말합니다. 영어에서는 항상 대문자로 문장을 시작하며, 문장의 끝에는 상황에 따라 마침표나 물음표, 느낌표 등을 찍습니다. 보통 단순한 문장은 '누가 + 무엇을 한다' 정도로 이루어져 있고, 문장이 조금 더 복잡해질 경우 '만약 누가 ~했을 때, 누가 ~했으므로, 누가 ~한 후에 ~라는 일이 발생했다'처럼 길게 이어질 수도 있습니다. 아래 표에서 간단한 예시를 봅시다.

구절	단순한 문장	조금 복잡해진 문장
다리 아픔 legs hurting	(나는) 다리가 아프다. My legs hurt.	(나는) 다리가 아프긴 했지만, 포기할 수 없었어. Although my legs hurt, I could not give up.
동의됨 agreed	나는 동의할 거야. I will agree.	어떻게 결정이 나든, 나는 동의할 거야. Whatever they decide, I will agree on it.

주어와 동사에 대하여

주어는 행하는 자, 즉 주인공을 말하고 동사는 주어의 동작을 말합니다. 한글에서도 그대로 사용하는 용어라 생소하지는 않을 거라 생각합니다. 문장에는 대부분 주어와 동사가 포함되어 있습니다. 주어는 주인공이니 명사나 대명사, 명사가 포함된 구(명사구)가 그 자리를 차지하고, 동사는 말 그대로 동사가 그 자리를 차지합니다. 다음 예시에서 주어와 동사를 각각 찾아봅시다.

She is very ill.

Mary ran faster and faster.

I love chocolate.

I feel fine.

They both looked happy.

Running is good exercise.

That looks fancy!

This is my boat, and that one over there is Maggie's.

My house is the one on the left.

One should never judge a book by its cover.

*one = someone, people

It still matters to me.

주어와 동사를 표시해보았나요? 다음 페이지에 주어는 밑줄로, 동사는 이탤릭체로 표시해두었으니 찬찬히 확인해봅시다.

She *is* very ill. 그녀는 몸이 많이 안 좋다.

Mary *ran* faster and faster. Mary는 점점 더 빨리 달렸다.

I *love* chocolate. 나는 초콜릿이 좋아

I *feel* fine. 난 괜찮아.

They both *looked* happy. 둘은 행복해 보였다.

Running *is* good exercise. 달리기는 좋은 운동이다.

That *looks* fancy! 정말 멋지다!

This *is* my boat, and that one over there *is* Maggie's. 이건 내 보트고, 저쪽에 있는 건 Maggie의 보트야.

My house *is* the one on the left. 왼쪽에 있는 게 우리 집이야.

One should never *judge* a book by its cover. 겉모습만 보고 판단해서는 안 된다.

It still *matters* to me. 그건 여전히 나에게 중요해.

이렇게 주어와 동사를 구분할 줄 알아야 하는 이유는 바로 사전을 제대로 찾기 위해서입니다. 예를 들어 마지막 문장인 'It matters…'에서 'matter'는 명사가 아니라 동사로 사용되었지요? 사전에 matter를 검색해보면 동사와 명사 뜻이 모두 나옵니다. 여기에서는 동사로 사용되었으니 matter의 동사 의미를 살펴보고 적절한 뜻을 가져오면 됩니다.

주어와 동사의 수 일치

수 일치는 한국어에는 없는 개념이라 골치가 아픈 부분입니다. 영어 공부를 오래 한 사람들도 수 일치 부분을 실수하는 경우가 많습니다. 법칙을 몰라서 틀리는 게 아니라 습득되지 않아 틀리게 되는 것이니 많이 말하고, 써보고, 또 문장을 통째로 외우는 과정이 큰 도움이 될 겁니다. 아래 예시를 통해 수 일치란 무엇인지 먼저 배워봅시다.

나는 사탕 여섯 개를 가지고 있다.
나는 사탕 한 개를 가지고 있다.

위 두 문장에는 어떤 차이가 있을까요? 두 문장에서 서로 상이한 부분은 수를 나타내는 표현뿐입니다. 한국어에서는 사탕의 개수가 바뀌어도 수를 나타내는 부분을 제외한 다른 부분이 전혀 변하지 않습니다. 하지만 영어는 조금 다릅니다. 방금 위에서 본 표현과 비슷한 문장을 봅시다.

There are six pieces of candy on the table.
There is one piece of candy on the table.

두 문장에는 어떤 차이가 있나요? 수량을 나타내는 six가 one으로 바뀌었을 뿐만 아니라 동사인 are이 is로 바뀌었습니다. 잘 살펴보면 첫 문장에 있는 pieces가 piece로 바뀌기도 했네요. 또 다른 예시를 볼까요?

그들은 **돌아갈 집이 없다.**

그녀는 **돌아갈 집이 없다.**

두 문장에는 어떤 차이가 있나요? 한국어 문장에서는 '그들은'과 '그녀는'에만 차이가 있습니다. 다시 위 표현을 그대로 영어로 바꿔볼게요.

They have no home to return to.

She has no home to return to.

they와 she뿐만 아니라 have와 has에도 변화가 생겼습니다. are는 six와 함께 다니고, is와 one이 함께 다니듯 they는 have, she는 has와 다닙니다. 영어에는 이렇게 '주어'와 '동사'의 수를 일치시켜줘야 합니다. 주어로 온 단어가 단수(she)라면 동사 역시 단수(has)여야 합니다. 주어로 온 단어가 복수(they)라면 동사 역시 복수(have)여야 하죠.

동사 원형 : be, have, go, shine, punch, kick, borrow, arrive, help

단수 동사의 예 : is, has, goes, shines, punches, kicks, borrows, arrives, helps

복수 동사의 예 : are, have, go, shine, punch, kick, borrow, arrive, help

잘 살펴보면 동사의 원래 형태와 복수 동사의 형태가 같고(be동사 제외) 단수 동사는 원래 형태에 -s/es를 붙여서 나타낸다는 걸 알 수 있습니다. 단어마다 일일이 단수 동사의 형태와 복수 동사의 형태를 외우고, 또 주어와 수를 일치해서 써야 한다고 생각하면 너무 복잡한 느낌이 들죠. 그렇다면 이 부분은 어떻게 받아들여야 할까요? 먼저 주어와 수 일치가 잘 되어 있는 올바른 문장을 살펴봅시다.

There is a lonesome cat on the roof. 지붕 위에 외로운 고양이가 한 마리 있다.

There are palm trees near the beach. 해변 근처에 야자수가 있다.

She always closes the windows in her room. 그녀는 항상 자기 방의 창문을 닫는다.

They close the curtains at night. 그들은(그 집은) 밤에 커튼을 친다.

Electricity is a form of energy. 전기는 에너지의 한 형태이다.

Oceans were warming faster than expected. 해수의 온도가 예상보다 빨리 올라가고 있었다.

위 문장은 모두 주어와 동사 간의 수 일치가 잘 되어 있습니다. 다만 'there 뒤에 단수 명사가 나올 예정이니 is를 써야지', 혹은 '주어가 단수인 she니까 closes를 써야겠다'라고 의식하며 말하고 글 쓰는 사람은 없습니다. 문법을 공부할 때 내용이 충분히 이해되었다면 큰 소리로 다양한 문장을 자주 읽어 입이 기억할 정도가 되는 게 가장 바람직합니다. 올바른 문장을 큰 소리로 자주 읽으면 'She close the door.' 같은 문장이 굉장히 어색하게 느껴집니다. 틀린 문장이 어색하게 들리고, 또 말하고 글을 쓸 때 자연스럽고 올바르게 수 일치를 한다면 습득에 성공한 겁니다!

하나의 문장 안에는 몇 개의 주어와 동사가 들어갈 수 있을까

가장 단순한 형태의 문장에는 주어와 동사가 각 하나씩만 나옵니다. 하지만 and나 if, when 등과 함께 온다면 주어와 동사가 여러 개로 늘어날 수 있습니다. (if나 when은 각각 가정법 수업과 접속사와 관계대명사 수업에서 배울 예정입니다.)

We drank too much and ran on the street. 우리는 술을 엄청 마시고 거리를 뛰어다녔다.

위 문장에서 주어는 we 한 개, 동사는 drank와 ran으로 총 두 개가 됩니다. and라는 이어주는 말이 오기 때문에 주어와 동사의 개수가 늘어날 수 있는데요. and가 왔으니 동사의 수가 늘어날 수 있다는 식으로 생각하기보다는 직접 해석해보면 쉽게 이해할 수 있습니다. 위 문장에서 '마시고'의 '고'가 and와 같습니다. 만약 and가 없다면 '우리는 술을 엄청 마셨다 거리를 뛰어다녔다'가 되겠지요. 두 문장이 요상하게 합쳐진 모습이라 and가 반드시 필요합니다. 또 '우리는 술을 엄청 마시고 우리는 거리를 뛰어다녔다'라고 하면 '우리는'이 중복되어서 볼썽사나워집니다. (물론 틀린 문장은 아닙니다.) 그래서 we는 자연스럽게 한 번만 말하게 됩니다. 이렇게 주어와 동사가 여러 개 오는 문장을 조금 더 볼까요?

Kate runs 5 miles and lifts heavy weights every day.

Kate는 매일 5마일을 달리고 근력 운동을 한다. (주어는 Kate, 동사는 runs, lifts)

Mary and Tom hate bananas.

Mary와 Tom은 바나나를 싫어한다. (주어는 Mary, Tom, 동사는 hate)

I like dolls, and he likes guns.

나는 인형을 좋아하고, 그 애는 총을 좋아한다. (주어는 I, he, 동사는 like, likes)

Her mother, an American*, once visited Japan.

미국인인 그녀의 어머니는 일본에 한번 가보았다. (주어는 her mother = an American, 동사는 visited)

Will you call me when you get home?

집에 도착하면 전화 좀 줄래? (주어는 you, you, 동사는 call, get)

* Her mother과 an American은 동일한 사람을 말합니다. (동격) 주어 한 개로 취급하세요!

목적어와 보어

문장 구성에서 필수적인 주어와 동사의 개념을 배웠으니 부가적 내용인 목적어와 보어도 배워봅시다. 먼저 목적어는 동작의 대상을 말합니다.

> Marie rides a bike. Marie가 자전거를 탄다.
>
> She rides a horse. 그녀는 말을 탄다.
>
> She opened the car door. 그녀는 차 문을 열었다.

위 문장에서는 '자전거'와 '말', '차 문'이 목적어가 됩니다. 목적어는 해석했을 때 주로 '을(를)'이 뒤따라 옵니다. 자전거를, 말을, 차 문을이라는 단어 뒤에는 모두 을 또는 를이 붙어 있습니다. 동사의 의미에 따라 목적어가 있어야 하는 경우와 없어도 되는 경우가 있는데, 이 부분은 동사 수업 중 '동사와 목적어(DAY 13)'에서 자세히 다룬 바 있습니다.

반면 보어는 주어와 동사만으로는 뜻이 완성되지 않아서 보충하여 사용하는 말입니다. 위에서 봤던 목적어는 동작의 '대상'이 되는 단어이며 보어는 주어나 목적어를 설명해주는 단어입니다.

> She is a nurse. 그녀는 간호사이다. (**주어 보충 설명**, she = nurse)
>
> The weather was terrible. 날씨가 정말 안 좋았다. (**주어 보충 설명**, weather = terrible)
>
> Her new dress looked amazing. 그녀의 새 드레스는 멋져 보였다. (**주어 보충 설명**, dress = amazing)
>
> He makes me angry. 그는 나를 화나게 한다. (**목적어 보충 설명**, me = angry)

용어 설명을 잠깐 하자면, 주어와 보어를 연결해주는 동사를 연결 동사linking verbs라고 합니다. be동사, get ~가 되다, become ~가 되다, look ~처럼 보이다, appear ~처럼 보이다, remain ~인 채로 있다, seem ~처럼 보이다, ~인 것 같다, feel ~처럼 느끼다 등이 연결 동사로 사용될 수 있습니다.

She was very proud of her sons. 그녀는 자신의 아들들이 아주 자랑스러웠다.

They looked tired. 그들은 피곤해 보였다.

They remained silent. 그들은 침묵을 지켰다.

In winter, there is very little to see. 겨울에는 볼 것이 거의 없다.

There is very little they can do about it. 그들이 할 수 있는 건 거의 없다.

There appears to be very little we can do about it. 우리가 할 수 있는 일은 거의 없는 것 같아.

Everybody seemed to be ready. 모두 (갈) 준비가 된 것 같았다.

She seemed so happy. 그녀는 아주 행복해 보였다.

The price seems reasonable. 그 가격은 적당해 보여.

It felt strange to be back to my old stomping ground.

예전에 내가 주로 활동했던 곳(예전에 일했던 곳, 활발히 활동하던 곳)으로 돌아와 보니 느낌이 이상했다.

연결 동사는 사전에 검색해보면 바로 알 수 있습니다. 브리태니커 사전에서 be를 검색해보세요. 대괄호 안에 'linking verb'라고 표시된 부분을 찾을 수 있을 겁니다.

다양한 수 일치 규칙

오늘 수업을 마무리하기 전에 조금 더 난이도를 높여볼게요. 이번에는 주어가 조금 복잡해질 때, 또 or이나 nor과 같은 표현이 함께 올 때 어떤 주어에 수를 일치시켜야 하는지 알아봅시다.

첫 번째로 주어 자리에 of가 있다면 먼저 정확히 누가 주어인지 판단해야 합니다. 예를 들어 아래 문장에서 '진짜' 주어는 flowers가 아닌 a bouquet이기 때문에 단수 동사인 was와 함께 와야 합니다.

A bouquet of flowers was… (o)
A bouquet of flowers were… (×)

두 번째로 of와 함께 일부를 나타내는 표현이 온다면 of 뒤의 명사 수에 따라 동사를 결정하면 됩니다. 아래 첫 문장은 the population이라는 단수 의미를 가진 단어의 30%를 말하는 거니 단수로 취급하고, 두 번째는 the graduates라는 복수 의미를 가진 단어의 3분의 1을 말하는 거니 복수로 취급하면 됩니다.

Thirty percent of the population was wiped out. 인구의 30%가 사라졌다. (o)
Thirty percent of the population were wiped out. (×)

A third of the graduates are now employed. 졸업생 중 3분의 1이 현재 취업했다. (o)
A third of the graduates is now employed. (×)

세 번째로 or, either/or, neither/nor로 연결될 때는 주어가 둘 다 단수이면 동사도 단수형으로, 주어 중 복수형이 있다면 뒤에 나오는 명사에 수를 일치시킵니다.

My uncle or my aunt is coming today. 오늘 삼촌이나 이모가 오신다. (o)

My uncle or my aunt are coming today. (×)

Neither his friends nor his colleagues visit him in the hospital.

그의 친구들도, 동료들도 병원에 입원한 그를 찾아가지 않는다. (o)

Neither his friends nor his colleagues visits him in the hospital. (×)

네 번째로 두 개 주어가 and로 연결되면 일반적으로 복수 동사를 사용합니다.

This house and that house are both expensive. 이 집과 저 집은 둘 다 비싸다.

예외적으로 and로 연결된 표현을 하나의 묶음으로 본다면 아래 예문과 같이 단수로 취급할 수도 있습니다.

Bread and butter is a starter to our meal. 우리는 식사할 때 빵과 버터를 가장 처음으로 먹는다.

다섯 번째로 거리나 시간, 돈은 단수 취급합니다.

Ten Kilometers is too far to walk. 10킬로미터는 걷기에 너무 멀다.

Ten miles is not too far to walk. 10마일은 걷기에 별로 멀지 않다.

A thousand dollars is too high a price to pay. 1천 달러는 너무 비싸다.

Five minutes is too short. 5분은 너무 짧아.

Five years is too long. 5년은 너무 길어.

여섯 번째로 a number of 다수의, a lot of 많은, one of the~ 중의 하나라는 표현도 단수와 복수를 유의하여 사용해야 합니다. a number of, a lot of는 여러 개라는 뜻이므로 복수 명사, 복수 동사와 사용하고, one of the는 여러 개 중 하나를 말하는 것이므로 복수 명사, 단수 동사와 함께 옵니다.

> **There are** a number of **different options to choose from.** 여러 가지 옵션 중에서 선택할 수 있습니다.
>
> One of **my friends is from Iran.** 내 친구들 중 한 명은 이란에서 왔다.
>
> One of the **men is from Iran.** 남자들 중 한 명은 이란에서 왔다.
>
> **He is** one of the **men who has/have decided to join the army.** 그는 입대하기로 결정한 남자들 중 한 명이다.

one of the + who, which, that 관계사절에서는 단수 동사와 복수 동사를 모두 사용할 수 있습니다. 마지막 문장을 예로 보면 one에 수를 일치하여 has를 쓰나 men에 수를 일치하여 have를 쓰나 문장 의미에 변화가 없습니다. 따라서 단수/복수 모두 사용합니다.

주절과 종속절

지금까지 구와 문장 그리고 수 일치 규칙에 대해 배워보았으니 마지막은 '절'에 대해 배워보 겠습니다. 주어와 동사를 갖춘 절이 여러 개 모이면 더 긴 문장을 만들 수 있습니다.

구 〈 절 〈 문장

날씨가 춥다.(문장)

겨울이 되니(종속절) **날씨가 춥다.**(주절)

주절은 문장의 주된 절로 화자가 실제로 하고 싶은 말을 담고 있습니다. 종속절은 주된 절을 제한하거나 설명합니다. 위 문장에서는 '겨울이 되니'라는 종속절이 와서 왜 날이 추워졌는 지 설명해줍니다. 주절과 종속절이 합쳐져 하나의 문장을 이룹니다.

Now that it's winter, more people will stay indoors.

겨울이 되었으니, 더 많은 사람들이 실내에서 주로 생활하게 될 것이다.

*now that : ~이므로, ~이기 때문에

위 문장에서 now that은 '접속사'라고 부릅니다. 접속사가 없다면 아래와 같이 모든 문장을 끊어서 적어야 하며 의미를 파악하기 불가능한 정도는 아니지만, 두 문장의 정확한 관계를 나타낼 수 없게 됩니다.

It's winter. More people will stay indoors.

겨울이 되었다. 사람들이 실내에서 주로 생활하게 될 것이다.

앞 문장과 뒤에 오는 문장이 원인과 결과인지, 부가 설명을 하고 싶어서 온 것인지 알 수 없게 되니 접속사를 사용해야 풍부하고 정확하게 의미를 전달할 수 있습니다. 수업의 도입부에서 보았던 두 문장을 다시 한번 봅시다. 아래 문장에서 주절과 종속절은 각각 어떤 부분일까요?

Although my legs hurt, I could not give up.
Whatever they decide, I will agree on it.

첫 문장에서는 Although my legs hurt가 종속절이고, I could not give up이 주절입니다. 또 Whatever they decide가 종속절, I will agree on it이 주절입니다. 종속절이 뒤에 오는 경우도 있습니다. 예를 들어 다음 문장을 봅시다.

The picnic was canceled because of bad weather.
Because of bad weather, the picnic was canceled.
날씨가 좋지 않아서 소풍이 취소되었다.

두 문장은 동일한 의미를 가집니다. 어떤 부분을 더 강조하고 싶은지, 먼저 알려주고 싶은지에 따라 주절과 종속절의 위치가 바뀔 수 있습니다. 문장의 핵심을 앞부분에 써주면 됩니다.

DAY 20.
부사

오늘 수업은 부담 없이 시작해도 좋습니다. 부사는 가장 짧고 간단한 수업이 될 것 같거든요. 사전만 찾아보면 단어의 의미와 쓰임을 바로 볼 수 있어서 특별히 설명할 부분도, 기억하고 넘어가야 하는 것도 적으니 가벼운 마음으로 읽어봅시다.

부사에 대하여

부사는 다른 말의 뜻을 더 분명하게 만들어주는 품사로 '자주', '아주', '너무', '빨리', '다행히도', '역시나', '참을성 없이', '심각하게', '아쉽게도' 등 다양한 의미의 단어들이 여기에 속합니다. 부사의 역할을 네 가지로 정리해보자면 다음과 같습니다.

1. 동사에 의미를 더해줍니다.→ **자주** 먹는다, **자주** 스키를 타러 간다.
2. 형용사에 의미를 더해줍니다. → **아주** 키가 크다, **아주** 멋있다.
3. 부사에 의미를 더해줍니다. → **너무** 빨리 끝났다, **아주** 빨리 지나간다.
4. 문장 전체에 의미를 더해줍니다. → **다행히**, 모든 일이 해결되었다.

간단히 말해 부사는 명사를 제외한 형용사나 다른 부사, 동사 등에 붙어서 의미를 더해줄 수 있습니다. 하지만 이 사실을 외울 필요는 없습니다. 명사와 함께 오면 의미가 바로 이상해진다는 걸 알 수 있거든요.

자주 + 버스
자주 + 양말
다행히도 + 의자
참을성 없이 + 학생
걱정스럽게 + 엄마
… 뭔가 좀 이상하죠?

부사는 흔히 우리가 이미 알고 있는 형용사에 −ly를 붙여 나타냅니다. 아래 표에는 형용사

와 부사가 섞여 있습니다. 영어사전에서 단어를 검색해보고 적당한 예문과 해석을 골라 빈
칸에 써봅시다.

단어	의미	예문
quick	빠른	I just took a quick shower. 나 방금 가볍게 샤워했어.
quickly	빠르게, 빨리	You should get here as quickly as possible. 가능한 한 빨리 여기에 도착하셔야 해요.
slow	느린	✎ ....
slowly	느리게	She opened her eyes slowly. 그녀는 천천히 눈을 떴다.
careful	조심하는	Be careful. 조심해.
carefully	조심스럽게	✎ ....
beautiful	아름다운	✎ ....
beautifully	아름답게	a beautifully decorated cake 아름답게 장식된 케이크
easy	쉬운	The test was so easy. 시험은 너무 쉬웠어.
easily	쉽게, 수월하게	The team won the game easily. 그 팀이 쉽게 이겼다.
full	가득한	a glass bottle full of milk 우유로 가득 찬 유리병
fully	완전히, 충분히	Now I fully understand your intention. 이제 네 의도를 충분히 이해해.
bad	나쁜	I had a bad day. 오늘 재수가 없는 날이네.
badly	나쁘게 서투르게	It was a badly written article. 그것은 형편없이 쓰인 기사였다.
light	가벼운	✎ ....
lightly	가볍게	The rain was falling lightly on the roof. 지붕 위로 비가 가볍게 내리고 있었다.
heavy	무거운	a heavy heart 무거운 마음

heavily	무겁게	My father smoked heavily for years. 아버지는 수년간 담배를 많이 피우셨다.
deliberate	고의의, 의도적인	✎ ....
deliberately	고의로 의도적으로	He deliberately pushed me. 그는 일부러 나를 밀었다.
warm	따뜻한, 훈훈한	✎ ....
warmly	따뜻하게	The Kims greeted us warmly. 김씨 네는 우리를 따뜻하게 맞아주었다.
anxious	불안해하는 간절히 바라는	I was anxious to succeed in school. 나는 학교에서 좋은 성적을 받으려고 애썼다.
anxiously	걱정스럽게	✎ ....
soft	부드러운	I still remember his soft voice. 나는 아직도 그의 부드러운 목소리를 기억한다.
softly	부드럽게	Sing me softly. 부드러운 목소리로 노래를 불러주세요. **They talked too softly to be heard.** 그들은 너무 부드럽게(작게) 이야기해서 들리지 않았다. *too~to : ~하기에는 너무 ~하다 (너무 ~해서 ~할 수 없다) I was too proud to admit my mistakes. 나는 자존심 때문에 실수를 인정할 수 없었다. He was too weak to lift her up. 그는 너무 약해서 그녀를 들어올릴 수 없었다.
good	좋은, 잘된	I had a good time at the party yesterday. 어제 파티 재밌었어.
well	잘, 좋게	I don't work well under pressure. 나는 압박감 속에서는 일을 잘 하지 못한다.
true	사실인, 진짜의	✎ ....
truly	진심으로, 정확히	I was truly sorry. 정말 미안했어.

automatic	자동의, 반사적인	✎
automatically	자동적으로	The doors opened automatically. 문이 자동으로 열렸다.
obvious	분명한	Isn't it obvious? 당연한 거 아니야?
obviously	분명히	✎
possible	가능한	Everything was possible. 모든 것이 가능했다.
possibly	아마 될 수 있는 한	The construction will take months, possibly longer. 그 공사는 몇 달, 어쩌면 더 오래 걸릴 거야.
entire	전체의	The entire building project was completed in just three weeks. 전체 건축 프로젝트가 불과 3주 만에 완성되었다.
entirely	전적으로, 전부	It depends entirely on me. 그건 전적으로 나에게 달려 있다.
strong	강한, 튼튼한	✎
strongly	강하게, 튼튼하게	He strongly opposes the death penalty. 그는 사형을 강력히 반대한다.
extreme	극도의, 극심한	We were living in extreme poverty. 우리는 극심한 가난 속에서 살고 있었다.
extremely	극도로	It was an extremely cold winter. 너무 추운 겨울이었다.
absolute	완전한	✎
absolutely	완전히, 전적으로	You are absolutely right! 네 말이 정말 맞아!
fair	타당한, 공평한	the right to receive a fair trial 공정한 재판을 받을 권리
fairly	상당히, 공정하게	✎
awful	끔찍한, 엄청	The weather was awful. 날씨가 정말 별로였다.
awfully	정말, 몹시	The room was awfully quiet. 그 방은 아주 조용했다.
main	주된, 가장 큰	What is your main goal in life? 네 인생의 주된 목표는 뭐니?

mainly	주로	The Yelp reviews were mainly positive. Yelp 리뷰는 주로 긍정적이었다.
great	큰, 엄청난	✎
greatly	크게, 대단히	He was greatly influenced by his father. 그는 아버지의 영향을 많이 받았다.
large	큰, 많은	We ordered one large pizza. 우리는 라지 사이즈 피자 한 판을 주문했다.
largely	크게, 대체로	✎
simple	간단한	It was a pretty simple equation. 그것은 아주 간단한 방정식이었다.
simply	간단히	✎
free	자유로운, 무료의	The school magazine is free. 학교 잡지는 무료입니다.
freely	자유롭게	We spend money quite freely. 우리는 돈을 아주 자유롭게 쓴다.
serious	심각한, 진지한	Are you serious? 진심이야?
seriously	심하게, 진지하게	They are seriously injured. 그들은 중상을 입었다.

부사는 문장 내에서 정말 다양한 위치에 올 수 있습니다. 문두, 문미에 올 수 있을 뿐만 아니라 문장 가운데에 비집고 들어오기도 합니다. 부사의 위치를 딱 잘라 하나의 규칙으로 말할 수는 없지만 대부분의 경우 be동사, 조동사 뒤에, 또는 일반 동사 앞에 온다고 볼 수 있습니다. 아래 예문은 앞서 본 문장에서 해석만 지운 상태이니 잘 해석할 수 있는지 다시 한번 확인해보세요.

단어	의미	예문
quick	빠른	I just took a quick shower. ✎
quickly	빠르게, 빨리	You should get here as quickly as possible. ✎

slowly	느리게	She opened her eyes slowly.
careful	조심하는	Be careful.
beautifully	아름답게	a beautifully decorated cake
easy	쉬운	The test was so easy.
easily	쉽게, 수월하게	The team won the game easily.
full	가득한	a glass bottle full of milk
fully	완전히, 충분히	Now I fully understand your intention.
bad	나쁜	I had a bad day.
badly	나쁘게 서투르게	It was a badly written article.
lightly	가볍게	The rain was falling lightly on the roof.
heavy	무거운	a heavy heart
heavily	무겁게	My father smoked heavily for years.
deliberately	고의로 의도적으로	He deliberately pushed me.
warmly	따뜻하게	The Kims greeted us warmly.
anxious	불안해하는 간절히 바라는	I was anxious to succeed in school.
soft	부드러운	I still remember his soft voice.

softly	부드럽게	Sing me softly. ✎ _____ They talked too softly to be heard. ✎ _____ I was too proud to admit my mistakes. ✎ _____ He was too weak to lift her up. ✎
good	좋은, 잘된	I had a good time at the party yesterday. ✎
well	잘, 좋게	I don't work well under pressure. ✎
truly	진심으로 정확히	I was truly sorry. ✎
automatically	자동적으로	The doors opened automatically. ✎
obvious	분명한	Isn't it obvious? ✎
possible	가능한	Everything was possible. ✎
possibly	아마 될 수 있는 한	The construction will take months, possibly longer. ✎
entire	전체의	The entire building project was completed in just three weeks. ✎
entirely	전적으로, 전부	It depends entirely on me. ✎
strongly	강하게 튼튼하게	He strongly opposes the death penalty. ✎
extreme	극도의, 극심한	We were living in extreme poverty. ✎

extremely	극도로	It was an extremely cold winter. ✎
absolutely	완전히 전적으로	You are absolutely right! ✎
fair	타당한, 공평한	the right to receive a fair trial ✎
awful	끔찍한, 엄청	The weather was awful. ✎
awfully	정말, 몹시	The room was awfully quiet. ✎
main	주된, 가장 큰	What is your main goal in life? ✎
mainly	주로	The Yelp reviews were mainly positive. ✎
greatly	크게, 대단히	He was greatly influenced by his father. ✎
large	큰, 많은	We ordered one large pizza. ✎
simple	간단한	It was a pretty simple equation. ✎
free	자유로운, 무료의	The school magazine is free. ✎
freely	자유롭게	We spend money quite freely. ✎
serious	심각한, 진지한	Are you serious? ✎
seriously	심하게 진지하게	They are seriously injured. ✎

위 표에 나오는 −ly가 붙은 단어들은 모두 부사입니다. 하지만 무조건 −ly로 끝나는 단어라고 해서 모두 부사인 건 아닙니다. 명사에 −ly를 붙인 lovely사랑스러운나 friendly친절한와 같은 단어는 형용사입니다. slowly와 반대 뜻을 가진 fast는 부사 형태도 fast입니다. 공교

롭게도 fastly라는 단어는 아예 없습니다. 또한 hard라는 단어 하나가 형용사와 부사 의미를 모두 가지고 있으며, (hardly는 '거의 ~아니다'라는 뜻을 가진 단어) late의 부사형도 그대로 late 입니다. (lately는 '최근에'라는 뜻을 가진 단어)

Sailfish are very fast. 돛새치는 아주 빠르다.

Think fast! 빨리 생각해!

Hey! You're driving too fast! 야! 너무 (운전이) 빠르잖아!

He hardly works. 그는 거의 일을 하지 않는다.

－ly 이외에도 －ward(s)~한 방향으로, －wise~에 관해서, ~한 방식으로가 붙는 부사들도 있습니다.

forward 앞으로, backward 뒤로, outward 바깥쪽으로, inward 안쪽으로

otherwise 그렇지 않았다면, likewise 똑같이

clockwise 시계 방향으로, counterclockwise 반시계 방향으로

money-wise 돈과 관련해서, relationship-wise 관계 면에서

We pushed backward and forward. 우리는 앞뒤로 밀었다.

Turn the valve clockwise to open it. 밸브를 시계 방향으로 돌려 엽니다.

Money-wise, she is doing much better. 금전적인 면에서 그녀는 아주 잘 지내고 있다.

－wise는 말하는 사람이 꽤 자유롭게 변형하여 사용할 수 있는 표현이기도 합니다. money－wise나 relationship－wise는 이미 많은 사람이 사용하여 굳어진 표현이지만 school－wise학교 관련해서, mom－wise엄마 관련해서, this new policy－wise이번 새로운 정책과 관련해서 등 '어떤 일에 관한'이라는 말을 하고 싶다면 －wise를 붙여서 다양하게 표현할 수 있습니다.

빈도 부사 및
시간, 확률, 양을 나타내는 부사

마지막으로 배울 내용은 빈도 부사를 비롯하여 시간, 확률, 양을 나타내는 부사들입니다. 먼저 빈도 부사란 어떤 행동을 얼마나 자주 하는지 나타내는 단어로 다양한 종류가 있습니다. 아래 예문의 해석을 써봅시다.

PRACTICE 32

빈도를 나타내는 부사	해석 써보기
always 흔히, 항상	She always says that. ✎ .... I'm always losing my car key. ✎
usually, frequently 보통, 대개, 자주	She is usually very late on Mondays. ✎
often, regularly 자주, 규칙적으로	We often go skiing. ✎ .... He often finds beauty in the mundane. ✎
sometimes, occasionally (= **not regularly**) 가끔	They see each other occasionally. ✎
rarely (= **not often**) 드물게	She rarely eats. ✎
seldom (= **rarely**) 거의 ~하지 않는	We seldom dance. ✎

hardly (= almost not)	I hardly ever go out.
거의 ~하지 않는	✎
never	I have never been to Australia.
절대 ~하지 않는	✎

부사는 시간 개념이나 확률, 양이나 정도를 나타낼 때도 자주 사용합니다.

시간을 나타내는 부사	해석 써보기
ago (시간) 전에	I saw him three days ago. ✎
ages ago 한참 전에, 옛날에	I saw him ages ago. ✎
some time ago 며칠 전에, 얼마 전에	I saw him some time ago. ✎
immediately 즉시, 곧바로	We immediately left that place. ✎
later 나중에	See you later! ✎
now 지금	What do you do now? ✎
tomorrow 내일	See you tomorrow! ✎
yet 아직/이제, 지금쯤	It's not time to eat yet. ✎ Have you done your homework yet? ✎
already 벌써	The book is already published in Korea. ✎

이 외에도 today, yesterday, weekly, yearly, every week, every year, every day 등 우리가 자주 보던 단어들이 모두 부사입니다!

확률을 나타내는 부사	해석 써보기
definitely 확실히	You are definitely wrong. ✎
certainly 틀림없이	I am certainly right. ✎
undoubtedly 의심할 여지가 없이	This is undoubtedly true. ✎
surely 당연히, 틀림없이	We can surely be friends. ✎
probably 아마	You are probably right. ✎
maybe 아마	Maybe, you are right. ✎
possibly (= maybe, perhaps) 아마	The construction will take months, possibly longer. ✎

위에서부터 아래로 확신의 정도(definitely→possibly)에 따라 적어두었습니다. probably와 possibly는 한국어로 '아마'라는 뜻으로 해석됩니다. 어떤 단어가 확률적으로 더 높은 건지 궁금하다면 영한사전보다는 영영사전에서 더 자세한 정보를 얻을 수 있습니다. 캠브리지 영영사전에 따르면 각 단어의 뜻은 다음과 같습니다.

probably : used to mean that something is very likely 어떤 일이 일어날 확률이 매우 높은 것

possibly : used when something is not certain / with a likelihood that might or might not be true 어떤 일이 일어날 수도, 일어나지 않을 수도 있을 때(확신이 적은 경우)

양이나 정도를 나타내는 부사	해석 써보기
a lot 많이	Babies cry a lot. ✎
very much 아주, 매우	We love you very much. ✎

much 훨씬, 매우, 많이	I'm feeling much better. ✎ .... He is much older. ✎ .... Do you exercise much? ✎
more 더 (많이)	I like her more. ✎
little 조금, 약간	She works very little. ✎
less 더 적게, 덜하게	The quiz seemed much less hard. ✎
enough ~할 만큼 충분히	He was old enough to know what was right. ✎ .... I don't have enough information to confirm that. ✎

부사 수업이 모두 끝났습니다. 꽤 열심히 달려온 것 같은데요. 다음 수업에서 배우게 될 전치사는 내용 자체는 어렵지 않지만 양이 상당합니다. 며칠간 재정비하시면서 머리를 다시 맑게 충전하고 오세요!

DAY 21.

전치사 ①

지난 시간 이후 조금 휴식을 취하고 오셨나요? 워낙 전치사 종류가 많다 보니 기본적인 전치사에 대해서 간단히 사용법만 설명할 예정입니다. 자, 그럼 늘 그랬듯 품사의 정의부터 알아봅시다.

전치사에 대하여

전치사는 한국어의 조사와 흔히 비교되는데, 명사/대명사 앞에 위치하여 다른 명사/대명사 와의 관계를 나타내는 말입니다. 정의만 봐서는 와닿지 않지요? 하지만 우리는 지금까지 이 미 많은 문장에서 전치사를 만나보았습니다. 다음과 같은 단어들이 모두 전치사에 해당합 니다.

at, in, on, over, under, between, among, before, after, for, against, from, to, with, without, through, of, by, above, below, off, about

짧고 단순해 보이는 단어들이지만 한 단어에 엄청나게 다양한 쓰임이 있습니다. 대표적인 전 치사 in은 메리엄 웹스터 학습자 사전을 기준으로 의미가 총 열일곱 개이며, on이 가진 의미 는 스물세 개에 달합니다. 전치사는 다양한 쓰임이 있는 만큼 한국어로도 참 다양하게 해석 됩니다. 따라서 전치사를 한국어 의미와 일대일로 대응하여 암기하기보다는 이미지로 이해 하는 것을 추천합니다. 전치사는 'mental picture^{마음속의 그림}'로 이해하는 게 중요하다는 걸 잊 지 마세요!

각 문장의 의미를 머릿속으로 그려본 다음 해석을 써봅시다. 먼저 사전의 도움 없이 써본 후 완성하지 못한 부분은 사전을 참고하여 채워봅시다.

PRACTICE 33

전치사 문장	해석 써보기
There is an old bridge over the river.	✎

I see several lamps hanging from the ceiling.	✎
There's a big plant in the corner of the room.	✎
Two walked through the tunnel.	✎
She is about to jump off a rock.	✎
At the shop, I asked her to knock $30 off the regular price.	✎

전치사는 혼자보다 둘 또는 세 단어가 뭉쳐져 문맥상 뜻이 결정됩니다. 예를 들어 아래 세 개의 구에 나오는 on은 모두 '에'로 해석되지만 그 쓰임이나 뉘앙스는 모두 다릅니다.

on the bike 자전거에
on the left 왼쪽에
on Monday morning 월요일 아침에

on the bike에서 on은 교통수단과 함께 쓰여 '~에 탑승하고 있다'는 의미로 사용되었고, on the left의 on은 방향을 나타내는 전치사로 사용되었습니다. on Monday morning의 on은 요일 앞에 사용되어 무슨 요일인지 알려줍니다. 그래서 전치사를 만났을 때는 on 하나만 보고 의미를 유추하려고 하기보다는 on 주변에 어떤 단어가 오는지 자세히 살펴볼 필요가 있습니다. 이제 위에서 완성한 표를 답안과 확인해보세요. 아직 배우지 않은 표현이 대부분이라 아마 정답을 못 맞힐 확률이 큽니다. 하지만 너무 좌절하지 마세요! 이제 시작이니까요.

전치사는 명사와 함께 와서 방향, 장소, 위치, 시간 등을 나타내거나 다른 명사 또는 대명사와의 관계를 알려줍니다. 명사, 동사 등은 대부분 세 개에서 다섯 개 정도의 의미만 알고 있으면 의사소통에 무리가 없지만 전치사는 애초에 뜻도 많고, 그 많은 뜻이 다양하게 사용되고 있어서 다양한 쓰임을 아는 게 매우 중요합니다. 다섯 개 이상의 뜻을 가진 전치사 목록 중 대표로 on을 브리태니커 사전에 검색해봅시다. 이 사전을 기준으로 보면 on은 총 스물세 개의 의미가 있습니다. 평소에 원서나 영어 학습서를 비롯하여 영어로 쓰인 글을 자주 보셨던 분이라면 on의 의미 중 열다섯 개 이상이 자주 사용된다는 걸 알 수 있을 겁니다. 하지만 열다섯 개의 뜻을 모두 암기할 수 없겠지요? 전치사는 오늘 수업을 시작하며 말씀드린 'mental picture'를 그려서 각 전치사 단어의 쓰임을 익혀야 합니다. 전치사 at을 시작으로 하여 다양한 전치사의 쓰임을 배워볼 텐데요. 그때 mental picture가 어떻게 사용되는지 알게 될 겁니다.

전치사를 본격적으로 배우기 전 명심해야 할 사항을 말씀드립니다. 바로 맥락을 고려하지 않은 채 전치사의 의미를 추측하지 않기! 전치사는 어떤 단어와 오느냐에 따라 그 뜻이 자주 바뀌는 녀석이니 마음대로 추측하기보다는 이미 사용되는 전치사 구의 형태를 습득하는 데 더 많은 신경을 써야 합니다. 자주 보고, 또 많이 읽고 쓰다 보면 자연스럽게 전치사를 쓰는 날이 오게 됩니다. 하지만 그날이 오기 전까지는 최대한 많이 머리에 주워 담아야 합니다. 예를 들어 on이라는 단어의 의미를 '~위에'라고 외운 후에 맥락을 고려하지 않고 영작하거나, 모든 문장에서 on의 의미를 추측하려 든다면 'I am short on cash.나 현금이 부족해'와 같은 문장을 해석하긴 좀 힘들겠지요?

또한 전치사의 의미 자체에 너무 집착하지 않도록 합니다. at, on, in 모두 번역하면 '~에'입니다. 그러니 의미보다는 함께 다니는 단어를 통째로 알아두는 게 좋습니다. 예를 들어 at을 '~에'라고 외우기 보다 at night, at breakfast 등으로 통째로 기억해두세요.

곧이어 다의적인 전치사를 알아볼 텐데요. 전치사 수업에 나오는 모든 표에는 각 전치사가 부사로 사용된 예시도 섞여 있으니 참고해주세요. 부사로 쓰이는 전치사는 22일 차 수업에서 조금 더 자세히 배울 예정입니다.

at (장소, 시간, 수치, 나이, 분야, 상태, 방향) ~에

at이라는 단어를 머릿속에 이미지로 그려본다면 우주 비행사 닐 암스트롱과 버즈 올드린이 달에 착륙해서 깃발을 꽂는 순간이 떠오릅니다. 이런 게 바로 앞서 말씀드렸던 mental picture입니다. 장소나 시간 등을 콕 찍어서 말할 때, 화살을 쏘듯 어떤 것을 향하거나 겨냥해서 말할 때 at을 사용합니다. at은 넓은 구간이나 장소, 시간 등을 말하기보다는 다소 좁은 특정 지점을 말하는 표현입니다. 아래 이미지를 떠올려보세요.

달에 착륙해서 깃발을 꽂는 장면

과녁을 향해 날아가는 화살

핀으로 꽂을 수 있는 정도의 범위

각 구 및 문장의 의미를 아래에 써보도록 합시다. 먼저 사전의 도움 없이 써본 후 완성하지 못한 부분은 사전을 참고하여 채워봅시다.

PRACTICE 34

(장소) ~에

No one was at the party.	✎
We were at the cinema.	✎
We had a dinner party at the back of the house.	✎
We didn't stay at a hotel.	✎

Who is at the door?

I was at the bank all day yesterday.

We had a good time at the concert.

There were notes at the back of the book.

We finally arrived at the top of the mountain.

We played games at her house.

(시간) ~에

They did nothing at the weekend.

I go to work at 9 o'clock.

I had a bagel at breakfast.

We always have wine at dinner.

White eggs are only sold at Easter.

at Christmas

at noon

at lunch

at the time

at midnight

(수치, 나이) ~에

at the age of 15

at 100 kilometers an hour

I went to college at 25.

at 90 degrees

(분야) ~에

I'm bad at cooking. ✎

She's good at math. ✎

They're all doing very well at their
studies. ✎

(상태, 상황) ~에, ~에 처한

patients at risk ✎

two countries at war ✎

We are at peace with them. ✎

I am not at liberty to share any additional
details. ✎

*at liberty to do something : 마음대로 ~할 수 있는

(향해서) ~에게

They laughed at me. ✎

Look at those lions! ✎

What are you looking at? ✎

in (장소, 공간, 순서, 시간, 색, 모양, 상황) ~(안)에

in을 머릿속에 이미지로 그려본다면 어떤 공간 안에 쏙 들어가 있는 모습입니다. 그 공간은 시간일 수도 있고 실제로 우리가 사는 3차원 공간일 수도 있습니다. 과일이 가득 들어 있는 상자를 하나 떠올려보세요. 과일이 놓인 상황을 설명할 때 상자 안에 있다(in the crate)는 뜻으로 in을 사용해서 말할 수 있습니다. 간혹 in은 큰 것을, at은 작은 것을 나타낸다고 배우는 경우도 있는데 in이 나타낼 수 있는 범위에는 제한이 없습니다. 상자의 크기는 작을 수도, 클 수도 있습니다.

in은 아주 작은 공간부터 광범위한 범위까지 모두 나타낼 수 있습니다. 작은 방을 말할 때도 in을 사용할 수 있지만(in my small room), 큰 도시를 나타낼 때도 in을 사용할 수 있습니다(in a big city). 공간이나 시간, 어떤 상황 안에 있을 때 in을 사용하면 됩니다. at과의 차이점은 크기에 있는 것이 아니라 지점을 말하는 것인지(at), 아니면 공간(in)을 말하는 것인지에 따라 차이가 있습니다. 아래 이미지를 한번 떠올려보세요.

상자 안에 든 딸기

강 속에서 헤엄치는 물고기

건물 안에서 돌아다니는 사람들

PRACTICE 35

(장소나 공간) ~안에

I was in Seoul last year.	✎
My family lived in America when I was little.	✎

This time tomorrow they'll be in Canada.	✎
Is there room for one more in your car?	✎
Get in the car.	✎
in this park	✎
in the classroom	✎
in the picture	✎
in the office	✎
Get in the van.	✎
This town is safe to live in.	✎

(언어, 순서 등 어떤 방식) ~(으)로

My grandparents speak in English.	✎
The letter was written in Japanese.	✎
written in pen	✎
entries in alphabetical order	✎
million dollars in cash	✎
in capital letters	✎

(시간) ~동안에, ~내에

I'll be back in a week.	✎
We haven't seen her in years.	✎
in December	✎
in an hour	✎
in 2021	✎
in the year 2010	✎
in the 1930s	✎
in the morning	✎
in the afternoon	✎

in the evening	✎
in summer	✎
in (the) spring	✎

(색이나 모양) ~으로

The kids were standing in a circle.	✎
dressed in black	✎
sitting in a row	✎
She looks good in red.	✎

(상황) ~에 처한

She's in trouble.	✎
She's in a good mood.	✎
She's in a bad mood.	✎
in a hurry	✎

on (사물, 시간, 날짜, 상태, 교통 수단, 방향, TV) ~에, ~위에

on의 대표적인 의미는 '~위에'입니다. 위치상 어떤 사물 위에 얹어진 것일 수도 있지만 보통 표면에 맞닿아 있는, 착 달라붙은 느낌을 주는 단어입니다. 일반적으로 사물 위에 놓인, 혹은 벽에 붙어 있는 사물, 예를 들어 액자나 시계 등의 위치를 말할 때 on을 씁니다. 아래 이미지를 한번 떠올려보세요.

유리잔 표면에 흐르는 물방울

텔레비전 위에 앉은 먼지

콧등 위에 떨어진 눈송이

그뿐만 아니라 날짜나 상태, 운송 수단과 함께 와서 '~날에', '~(위)에'라는 뜻을 가집니다. 교통수단은 on뿐만 아니라 in도 자주 사용됩니다. 아래 예문을 보면서 어떤 단어들과 자주 사용되는지 살펴봅시다.

in the car : 자동차 안에 쏙 들어가는 느낌으로

on the train : 기차에 올라서는 느낌으로

on the bike : 안장에 올라타는 느낌으로

on은 버스나 기차, 배 등 비교적 큰 교통수단에 탑승한 것을 말할 때 주로 사용하지만 비교적 작은 교통수단인 자전거에도 사용합니다. 상황에 맞게 올바른 전치사를 쓰려면 가이드라인을 참고한 후 전치사를 포함한 전치사구를 통째로 기억하는 것이 가장 효율적입니다. on의 의미를 외우기보다는 on the train, on the bike, in the car처럼 다양한 표현과 함께 기억해보세요!

PRACTICE 36

(어떤 물체) ~위에

My cat was on the bed.

Heavy rain pounded on the roof all day.

on my hand

on the desk

on the floor

on the table

(시간, 날짜) ~에

on my birthday

on Monday

on Monday morning

on the seventh of May

on our anniversary

on New Year's Eve

on that day

on Christmas Eve

on New Year's Day

on Monday evening

(어떤 상태) ~에

I am on it.

My dad is on a business trip.

Three games from last year were on sale.

(비교적 큰 교통수단, 엉덩이가 닿는 자전거 등) ~에

Den got on at the last station.

We met Scarlett Johansson on the train.	✎
She left her bag on the bus.	✎
The refugees crossed the mountains on foot.	✎
He is on a skateboard.	✎
on the bike	✎
on the ship	✎
on the boat	✎

(방향이나 장소) ~에

The vase on the left is mine.	✎
on the right	✎
on the side of the road	✎
on page 20	✎

(TV나 라디오) ~에

I looked it up on the Internet.	✎
Look! She's on TV.	✎
on YouTube	✎
on the radio	✎
articles on CNN	✎
The news is on.	✎

표면에 (달라붙어) 있는

There was a sticker on the van.	✎
This looks good on you.	✎
I stared at the ring on her finger.	✎
a cut on her face	✎

over [어떤 물체, 위치, 기간, 수치] 너머

DAY 21

over는 구름처럼 위에서 뒤덮고 있는 형상을 가진 단어입니다. 그래서 사물과 함께 사용하면 '~위를 넘어서, 너머'라는 의미를 나타내고, 수치와 함께 온다면 '초과했다'라는 뜻을 가지고 있습니다. on이 표면과 맞닿아 있는 거라면 over는 위로 떠서 주변을 뒤덮은 느낌입니다. 물리적인 위치뿐만 아니라 기간을 말할 때도 많이 사용하는 표현입니다. 예를 들어 over the years라고 하면 '수년 동안 내내'라는 뜻입니다. 이때도 역시 그 기간을 구름처럼 다 뒤덮고 있는 형상을 떠올려보세요!

구름처럼 뒤덮은 형상

바다 건너 작은 섬

담 넘어가는 도둑

PRACTICE 37

(어떤 물체) ~위를 넘어, 너머에

They climbed over the fence.	✎
over the rainbow	✎
I looked out over the city.	✎
fly over the trees	✎
crossing over the border	✎
a bridge over the river	✎
Grandma looked at him over the top of her glasses.	✎

(덮거나 입고 있는) ~위에

He put his hands over her ears.

Put your hands over your eyes.

She had a shawl over her shoulders.

(위치의 변화) ~로

Come over here.

Bring it over there.

I'll be right over.

Do you want to come over?

지난, 끝이 난

The spring semester is over now.

We are over.

The meeting's over.

My mom is not fully recovered, but at least, she's over the worst.

(기간) ~하는 동안

Let's discuss it over lunch.

over the weekend

over the years

over the last few months

(수치) ~ 초과한, ~넘게

over an hour

over a year

men weighing over 100kg

men over 55

women over 30	✎
over ten times	✎
over a hundred people at the venue	✎

under (물체, 기준, 영향) 아래에 있는

under는 물체나 장소와 함께 자주 사용하여 어떤 물체, 장소 아래에 있다는 의미를 나타냅니다. 영화 〈인어공주〉의 심해를 뜻하는 OST 제목 〈Under the Sea〉에도 'under'가 들어 있지요? 지금까지 봤던 at, in, on 등과는 달리 under는 다양한 의미로 나뉘지 않습니다. 아래 설명을 한번 보세요.

물리적으로 아래에 위치한 것

어떤 기준보다 아래에 위치한 것

심적, 영향 면에서 기저에 있는 것

위와 같이 총 세 개의 큰 의미로 나눌 수 있습니다. '어떤 물체 아래에 있는', '어떤 기준보다 아래에 있는', '어떤 영향하에 있는'. 아마 세 번째 뜻을 처음 보는 학생들이 많을 거라 생각합니다. 세 번째 뜻으로 under가 사용된 경우는 조금 더 유심히 살펴보시기 바랍니다.

PRACTICE 38

(어떤 물체) ~아래에 있는	
under the sky	✎
under the bed	✎
under the bridge	✎
under the ground	✎
a shirt under the coat	✎

under the table ✎

lines under each sentence ✎

under a palm tree ✎

(어떤 기준보다) 아래에 있는, 적은, 작은

under an hour ✎

under 20 (age) ✎

under the age of 15 ✎

under 100 bucks ✎

(어떤 영향하에) 있는

under attack from all sides ✎

under arrest ✎

The area is under construction. ✎

The new policy is under consideration now. ✎

They were still under investigation. ✎

Your paper is still under review. ✎

under new management ✎

under pressure ✎

under a lot of stress ✎

under the influence ✎

I was under the impression that she was rich.
*under the impression : ~라고 믿는
✎

Under no circumstances are you to open that bloodied door. ✎

between & among ~사이에

between과 among은 한국어로 봤을 때는 '~사이에'라는 뜻으로 동일한 의미를 가지고 있습니다. 하지만 한국어와 달리 영어는 둘 사이를 비교할 때와 셋 이상의 사이를 비교할 때 단어를 달리 사용합니다. 둘 사이면 between을 셋 이상이면 among을 씁니다.

PRACTICE 39

(두 사물 및 사람) ~ 사이에

between me and you	✎
between two friends	✎
between meals	✎
between the desk and the wall	✎
between husband and wife	✎
There was a ball between them.	✎
between work and family	✎
between two choices	✎
There's nothing between us.	✎
between men and women	✎
There is no difference between the two.	✎
Go sit between Maggie and Cole.	✎

(시간) 사이에

between 7 and 10 hours	✎
between 10 and 11 o'clock	✎

(셋 이상의 사물 및 사람) ~ 사이에

Their new song is popular among many people.	✎
There was a small rabbit among the leaves.	✎
among family	✎
among friends	✎
among artists	✎
among us	✎

before & after 전&후

before와 after 모두 시간적 의미와 공간적 의미를 나타낼 수 있습니다. 시간, 공간상 전前이면 before, 후後이면 after를 씁니다. 예를 들어 before you~는 '너가 ~하기 전에'라는 뜻도 되지만 '너를 마주 보고(네 앞에 서서)'라는 뜻도 됩니다. 아래 문장은 미국 공영 라디오 방송(NPR)에서 발췌한 문장입니다. before가 어떻게 사용되었는지 확인한 후 아래 예문의 해석을 써보세요.

> "I am standing before you today to tell you, the British people, that those critics are wrong", he added in the consistently optimistic address.
>
> 그는 한결같이 낙관적인 연설 도중 "저는 오늘 영국 국민 여러분 앞에 서서 그 비평가들이 틀렸다고 말씀드리고자 합니다"라고 덧붙였다.

PRACTICE 40

(시간) ~전에

I usually go jogging before breakfast.	✎
Let's have a meeting before lunch.	✎
before dinner	✎
before 6 (o'clock)	✎
before sunrise	✎
before the war	✎
the day before yesterday	✎
before departure	✎

(공간) ~앞의, 먼저

Those violent delinquents were brought up before the judge.

He is standing before me.

swear before God

The contest took place before thousands of people.

(시간) ~후에

I usually go jogging after breakfast.

Let's have a meeting after lunch.

We all went home after dinner.

after an hour

after the movie

after 5 (o'clock)

after the war

the day after tomorrow

time after time

I made the same mistake time after time.

day after day

He stood there in front of her house day after day.

(공간) 뒤따르는

After you.

After you with the pencil.

for ~을 위해, ~동안에, ~을 향해

for라는 전치사는 너무하다 싶을 정도로 의미가 다양합니다. 기본적으로는 사람이나 목적 등을 염두에 두는 것을 말합니다. 마음에 둔 사람을 위해 선물을 사서 건네줄 때, 또는 꽃을 건네주면서 'This is for you.'라고 말합니다. 사람 앞에 for가 붙으면 '~을 위해서'라는 의미가 되고, 목적이나 용도 앞에 for가 붙는다면 '~을 (달성)하기 위해'라고 해석할 수 있습니다. 이 외에도 장소나 시간, 거리, 이유 등에도 for를 사용할 수 있습니다. for처럼 의미가 많은 단어는 최대한 예문을 많이 접해야 합니다. 아래 표를 통해 for의 다양한 쓰임을 하나씩 배워봅시다.

PRACTICE 41

(사람을 염두에 두고) ~을 위해	
This is for mom.	✎
These are for Eric.	✎
for everyone	✎
for my children	✎
What can I do for you?	✎
This cake is for everyone.	✎
I am speaking for everyone.	✎
Let me carry the bags for you.	✎
Who's the gift for?	✎
A : I got a new job! B : Good for you!	✎ A: ✎ B:

A : Everybody hates him.　　　　　　　✎ A:
B : Speak for yourself.　　　　　　　　✎ B:

(시간 또는 거리) ~동안에

They interviewed me for an hour.　　　✎

I waited for more than ten hours.　　　✎

The spring break is for two weeks.　　✎

for a long time　　　　　　　　　　✎

for a while　　　　　　　　　　　　✎

for years　　　　　　　　　　　　　✎

for miles　　　　　　　　　　　　　✎

for half an hour　　　　　　　　　　✎

(장소) ~을 향해서

The bus is for Busan.　　　　　　　✎

The train at platform 9 is for London.　✎

This train is for JFK airport.　　　　✎

They just left for home.　　　　　　✎

(목적, 용도) ~하기 위해, ~을 위한

a device for measuring weight　　　✎

studying for tests　　　　　　　　✎

I had a burger for lunch.　　　　　✎

her good-for-nothing husband　　　✎

He is good for nothing.　　　　　　✎

a machine for cutting bread　　　　✎

a glass for wine　　　　　　　　　✎

I saw students waiting for a bus.　　✎

money for a concert ticket　　　　　✎

~인 것치고는, ~에 비해

It was cool for June. ✎

He is small for his age. ✎

(이유) ~때문에, ~로 인한

What did you do that for? ✎

for any reason ✎

a reward for good behavior ✎

a medal for bravery ✎

I could hardly see for the heavy fog. ✎

He was sent to prison for murder. ✎

~을 지지하여

Three cheers for the team! ✎

Who did you vote for? ✎

the case for and the case against gun control ✎

위 표에 나온 다섯 번째 뜻인 '~인 것치고는, ~에 비해'는 많은 학생이 모르고 지나가는 for 의 의미 중 하나입니다. 여러분의 기억을 돕기 위해 미국의 인기 시트콤에서 한 장면을 가져 왔습니다. 〈빅뱅이론〉 시즌 4의 에피소드 3 'The Zazzy Substitution'에 나오는 아래 대화 를 함께 보시죠.

Sheldon : I brought Amy here to show her some of the work I'm doing.

내가 요즘 하고 있는 연구를 보여주려고 에이미를 여기 데려왔어.

Amy : It's very impressive, for theoretical work.

아주 인상적이던데, _____

빈칸에 들어가는 에이미의 대사는 "아주 인상적이던데, 이론 연구치고는 말이야"라고 해석할 수 있습니다. 살짝 시비를 거는 느낌이 들죠? 바로 다음 이어지는 대사를 더 볼까요?

Sheldon : Do I detect a hint of condescension? 지금 잘난 척한 거야?

Amy : I'm sorry, was I being too subtle? I meant compared to the real-world applications of neurobiology, theoretical physics is – what's the word I'm looking for? Hmm, cute. 미안, 대놓고 말할 걸 그랬나? 내 말은, 신경생물학이 실생활에 활용되는 방식을 생각해보면 이론물리학은 – 흠, 뭐랄까? 귀여운 편이지.

이 드라마를 본 적 없는 분들도 예상하실 수 있겠지만 에이미는 신경생물학자, 셸든은 이론물리학자입니다.

from & to (근원) ~로부터 & ~로 향하는, ~쪽으로

from은 근원지로부터 바깥을 향하는 느낌을 가지고 있습니다. 어떤 일의 시작점이나 근원, 원인을 말할 때는 from을 사용하여 표현합니다. source of energy, source of water, source of inspiration과 같은 표현처럼 무엇이 어디에서 왔는지 설명하고 싶을 때 from을 쓰면 됩니다. 사람의 출신지나 사물의 생산지를 말할 때도 from을 씁니다.

반면 to는 어딘가를 향해 날아가는 화살 느낌을 가진 단어입니다. 방향성을 가지고 있어서 어느 쪽을 향하고 있는지는 주변에 온 단어를 통해 추측해야 합니다. 아래 표에서 from과 to의 다양한 쓰임을 하나씩 배워봅시다.

PRACTICE 42

(근원, 시작점) ~부터

I looked down from the top.	
Let's take it from the top.	
a call from my physician	
We hope to hear from you soon.	
from mom	
This package is from Paris.	
from 9 a.m. to 7 p.m.	
from 10 to 12 o'clock	
from Monday to Friday	
He was blind from birth.	

from bad to worse	✎
from my point of view	✎
from 9 a.m. until 7 p.m.	✎

(원인) ~때문에, ~로 인해

from tiredness	✎
He died from serious injuries.	✎
She's suffering from a cold.	✎
I was exhausted from swimming.	✎

~으로 향하는

His nose was bent to the right.	✎
He turned the wheel to the left.	✎
to the station	✎
the key to my house	✎
flying to London	✎
All roads lead to Rome.	✎
I went to the party.	✎
They took her to the hospital.	✎

~에게

Someone wants to speak to you.*	✎
to my wife	✎
to the wrong person	✎
It belongs to me.	✎
I sent flowers to her.	✎
It still matters to me.	✎

• for you는 '너를 마음에 두고', '너를 위해서'라는 의미지만 to you는 '너에게(방향)'라는 뜻입니다.

(기간) ~까지

to the last moment ✎

working from 10 to 7 ✎

They starved to death. ✎

Let's put it off to Friday. ✎

It was quarter to 9. ✎

It's twenty minutes to 8. ✎

~에 맞추어, 맞닿아

Stand back to back. ✎

front to front ✎

mouth to mouth resuscitation ✎

according to custom ✎
*custom : 관례, 관습

face to face ✎

We all danced to the music. ✎

~에 비하여, ~에 대하여

with a score of 2 to 1 ✎

John prefers a book to a movie. ✎

Compare his work to that of Vincent van
Gogh. ✎

The home team won the game eleven to
three. ✎

of (사물의 일부, 소속) ~의

of는 용도가 참 다양하지만 대부분 '~의'로 해석됩니다. 어디에 소속된 경우 일부를 나타낼 때, 단위를 나타낼 때, 이유를 말할 때 모두 of를 사용할 수 있습니다. 예를 들어 아래 표의 첫 번째 칸에 있는 'the sleeve of the coat'는 '그 코트의 소매'라는 뜻입니다. 소매는 코트의 일부이기 때문에 코트'의' 소매를 말할 때 of를 사용하는 겁니다. 또 케이크 한 조각을 말할 때도 소속, 일부를 나타내는 of를 사용하여 a piece of cake라고 말합니다. 전체 케이크에서 한 조각piece을 잘라서 온 이미지를 생각해봅시다.

PRACTICE 43

~의 (사물의 일부나 관련된 사람)	
the sleeve of the coat	
some of your friends	
the trunk of the car	
the edge of the bed	
many days of the week	
the pocket of your blue jeans	
a piece of cake	
the color of your skin	
the taste of chocolate	
a daughter of my friend	
a big fan of yours	

the animals of North America ✎

the lid of the container ✎

All of them enjoyed the party. ✎

All of us enjoyed the party. ✎

I would like to borrow a few of them. ✎

Neither of them stayed at home. ✎

A lot of time is needed to learn a foreign language. ✎

단위를 나타낼 때 (한국어로 번역되지 않는 경우가 많음)

ten kilos of sweet potatoes ✎

a bar of chocolate ✎

a herd of cattle ✎

~로 만들어진

made of cheese ✎

a wall of stone ✎

made of wood ✎

made of steel ✎

~로 인해 (이유)

Because of her absence, we were all busy. ✎

He died of old age. ✎

He died of cancer. ✎

It is all because of you. ✎

~에게서, ~로부터

How to get rid of a headache ✎

She rid the house of mice. ✎

You deprived me of the opportunity. ✎

Mag was robbed of her freedom. ✎

~을 (어떻게 여기다, 생각하다)

a fear of heights ✎

a fear of the dark ✎

I have a fear of spiders. ✎

I am ashamed of you. ✎

I am very proud of you. ✎

He is fond of sweets. ✎
*fond : 애정을 느끼는

~에 대한

the story of my life ✎

a story of adventure ✎

~의 (목적이나 행위의 주체)

the progress of technology ✎

the landing of a vehicle ✎

the destruction of forests ✎

the cancellation of a contract ✎

by ~에 의해, ~옆에, ~까지

by의 쓰임은 크게 공간, 시간, 관계의 개념으로 나눌 수 있습니다. 먼저 공간상에서 by는 '~옆에 붙어 있는'이라는 의미입니다. 예를 들어 '침대 옆 탁자'나 '호수 옆 주택들'을 표현할 때 by를 써서 나타냅니다. 두 번째로 시간 개념에서 by를 쓰면 '~까지'라는 뜻을 가집니다. 정해진 시간보다 늦지 않게 도착하라거나, 공사를 마치라고 할 때 by를 씁니다. 마지막으로 관계의 개념에서 by는 도구를 나타냅니다. '버스를 이용해서', '망치를 이용해서'라는 표현에 by를 쓸 수 있고, 만약 도구가 사람이라면 '~가 제작한', '~가 집필한'이라는 의미를 가질 수도 있습니다.

PRACTICE 44

~에 의해 (이용해서)

We will go by car.	✎
I got here by bike.	✎
They go to school by bus.	✎
I go to the gym by foot(on foot).	✎
I made this sculpture by hand.	✎
Multiply 5 by 5. It equals 25.	✎
He was killed by a train.	✎

~가 제작한, 집필한

books by Ernest Hemingway	✎
a play written by William Shakespeare	✎

(공간) 옆에 붙어 있는

by the window

houses by the lake

There are books by your arm.

He stood by me quietly.

(시간) ~까지 (늦지 않게)

by 2030

by then

Be there by 5.

about ~에 대하여, ~주변에, 대략

전치사를 처음 배우는 분들이 아니라면 about이라는 단어를 봤을 때 가장 먼저 떠오르는 뜻이 '~에 대하여'였을 겁니다. about은 이 의미로 가장 많이 사용되긴 합니다만 한국어로는 크게 세 가지로 해석됩니다.

공간 개념이라면 '~주변에'로 해석될 수 있고, 수치나 범위와 함께 사용될 경우 '대략'이라는 의미를 나타낼 수 있습니다. 이 세 가지 뜻은 사실 하나의 mental picture를 공유하고 있습니다. 어떤 사물이나 사람의 주변을 말하는 about은 사람 앞에 붙어서 '그 사람에 대하여(주변 이야기)'라고 해석하고, 공간이라면 그 주변을, 수치나 시간이라면 그 범위, 주변을 뜻하는 '대략'이라는 뜻을 가지고 있습니다.

PRACTICE 45

~에 대하여

Don't talk about this.	✎
Let's talk about this.	✎
I don't know anything about Ancient Greece.	✎
Do you know anything about this painting?	✎
Please write a report about these books.	✎
We were talking about the new restaurant in town.	✎

Tell her what you're worried about.

This is the hotel I told you about.

There are doubts about whether the
story is true.

There's nothing to get excited about.

~주위의

We used to walk about the city.

They looked about the room.

She wanders about the streets.

The kids wandered about the town.

대략

He gets about fifty emails a week.

It takes about 30 minutes to cook.

She looks about 35.

I came home at about 6.

off 떨어져 나온, 할인하는, 쉬는 날인

off는 원래 있어야 할 자리에서 떨어져 나온 느낌을 가진 단어입니다. 자전거에서 굴러떨어져도 off, 말에서 떨어져도 off, 원래 가야 하는 길에서 벗어나도 off, 절벽에서 뛰어내려도 off, 정상가보다 할인되어 가격이 떨어졌을 때도 off, 일을 쉬거나 습관을 탈피할 때도 off를 사용할 수 있습니다.

PRACTICE 46

떨어져 나온, ~로 가버린

She fell off the bike.	✎
He fell off the horse.	✎
Maggie got off the bus.	✎
It went off course.	✎
Keep off the grass!	✎
He went off to work.	✎
You're getting off the point.	✎
I can't take my eyes off him.	✎

할인하는

10% off the regular price	✎
10 dollars off the regular price	✎
I asked her to knock $30 off the price.	✎

더 이상 하지 않는, 쉬는 날인

I'm off alcohol for months. ✎

She took a day off work. ✎

Tom is off his diet. ✎

They were off duty. ✎

Dad managed to stay off alcohol. ✎

She has been off cocaine for months. ✎

with & without 함께 & 없이

DAY 21

with와 without은 서로 반대되는 의미를 가진 전치사입니다. with는 사람과 함께 사용해서 그 사람과 함께 뭔가를 한다는 의미를 표현할 수 있고, 사물과 함께 쓴다면 그 사물을 이용하여 뭔가를 한다는 의미입니다. 또한 감정에도 사용할 수 있는데 어떤 특정한 감정을 갖고 있을 때도 with를 쓸 수 있습니다.

PRACTICE 47

(사람, 사물, 소리) ~와 함께, ~한 채로, ~을 가진

Speak with mom.	✎
We went to the museum with his brother.	✎
chocolate cake with coffee	✎
She fell with a thud. *thud : 쿵 (하는 소리)	✎
with a crash	✎
with my hands in the pockets	✎
with red hair	✎
with blue eyes	✎
Gary lives with her parents.	✎
He is with a patient.	✎
Who did you go with?	✎

~을 이용하여

I study math with this book.

I wrote a letter with a pen.

Open it with the key.

It is made with cheese.

(감정) ~에게, ~와, ~때문에

I was trembling with fear.

He was trembling with rage.

He was angry with you.

Are you angry with me?

He was red with rage.

I'm in love with you.

~에 대해

You should be careful with money.

He is always careful with money.

Be careful with the mirrors.

Be careful with him!

Be careful with bitcoin.

(상태나 품질) ~에

What's with you?

What is wrong with him?

What's the matter with you?

Is there a problem with my credit card?

~없이

coffee without any sugar	✎
Don't go without me.	✎
Plants cannot survive without water.	✎
We went to New York without him.	✎
He left without saying goodbye.	✎

through 통하여, ~까지

through를 가장 잘 표현할 수 있는 이미지는 바로 총알이 벽을 관통하는 장면입니다. 우리가 사는 3차원 공간과 시간을 하나로 묶은 '시공간'을 기준으로 한 공간에서 다른 공간으로 무언가가 뚫고 지나가는 장면을 상상해보세요. 공간상 '터널을 통과하여', '공원을 통과하여', '창문을 통해'라는 표현에서 through를 사용할 수도 있고, 시간상으로는 '밤새', '역사를 통해' 등과 같은 상황에서 through를 사용할 수 있습니다. 그뿐만 아니라 남의 도움을 받아 뭔가를 해냈다면 이때도 through를 사용할 수 있습니다.

PRACTICE 48

(공간을 관통하듯) 통하여

The bus goes through that gate.	✎
I looked at the snow through the window.	✎
She heard their conversation through the wall.	✎
I could hear their conversation through the wall.	✎

(시간을 관통하여) ~까지, ~의 (처음부터) 끝까지

Monday through Friday	✎
through the summer	✎
through the winter	✎

halfway through the book	✎
I slept through the movie.	✎
He went through war.	✎

～을 통해, ～덕에, ～때문에

through hard work	✎
through practice	✎
through personal experience	✎
through perseverance	✎

above & below 위에, 아래에

above와 below는 일정 거리를 두고 위에 떠 있는 상태 또는 아래에 위치한 상태를 말합니다. 이전에 배운 on을 사용한 on the couch는 엉덩이를 소파에 붙이고 앉아 있는 것, 혹은 소파 윗면에 닿아서 물체가 얹혀진 모습을 말한다면 above the couch는 일정 거리를 두고 소파 위쪽에 떠 있는 무언가를 표현하는 말입니다. 예를 들어 소파 위에 액자가 걸려 있다면 액자는 on the wall에 걸려 있지만 소파를 기준으로 보면 above the couch가 됩니다. above와 below는 물체의 위치뿐만 아니라 수치와 자주 사용해서 일정 수치를 넘을 때, 혹은 미치지 못할 때를 나타낼 수도 있습니다.

PRACTICE 49

~(저)위에	
The ocean waves came up above our heads.	✎
As shown above, this is not a simple problem.	✎
flies above his head	✎
frames above the couch	✎
above a lieutenant	✎
above all	✎
I am above him.	✎
See the diagram above.	✎

The sun is above us.　✎

The birds were above the house.　✎

～보다 많은, ～을 넘는

age 18 and above　✎

above 100 degrees　✎

children above 8 years old　✎

above 15%　✎

(정직하거나 착한 사람에게) ～을 초월한, ～하지 않는

I am above lying.　✎

They are not above cheating.　✎

(저) 아래에

We went down below the surface of water.　✎

Vines were growing below the window.　✎

living below ground　✎

below 0 degrees　✎

See the diagram below.　✎

The ball fell to the floor below.　✎

～보다 적은, 못 미치는

age 18 and below　✎

Sales fell below 3,000 units.　✎

against 기대어, ~에 반대하는

against는 벽에 기댄 모습을 생각해보면 이해하기 쉽습니다. 벽이나 소파에 몸을 대고 기댄 모습, 또는 두 팔을 뻗어 벽을 힘주어 미는 모습을 생각해보세요. 사람이나 동물을 뜻하는 단어와 함께 쓴다면 실제로 벽이나 어떤 사물에 기댄 모습을 표현할 수 있습니다. against는 물리적인 위치 외에도 추상적인 의미로도 쓸 수 있습니다. 어떤 체제나 사상, 정책, 또는 질병에 대항하는 모습을 표현할 때도 against를 사용할 수 있습니다.

PRACTICE 50

(물리적 공간) 기대어, 맞닿아

rain against the roof	✎
lean against the wall	✎
against the ceiling	✎
against a tree trunk	✎

~을 반(대)하는, 맞서 (싸우는), 대결하는

against the wind	✎
against the tide	✎
against the new policy	✎
against discrimination	✎
against the rules	✎
against the grain	✎

against our wishes	✎
play against a better team	✎
evidence against her	✎
against tradition	✎
It is against the law.	✎
She was against it.	✎

~로부터 보호해주는

against the cold	✎
against the disease	✎
against the flu	✎
against different flu strains	✎

(비교) ~에 대해, 비해

benefits against the cost	✎
height against weight	✎
the exchange rate against the euro	✎
the exchange rate against the dollar	✎

지금까지 약 스무 개 정도의 전치사를 알아보았습니다. 답안지에서 모든 전치사의 구와 문장에 대한 해석을 보실 수 있습니다. 꼼꼼히 확인하고 틀린 문항들은 별도로 정리하여 올바른 표현을 기억해두도록 합시다.

방금 배운 전치사 외에도 아주 다양한 전치사가 아직 남아 있습니다. 하지만 대부분은 뜻이 한두 개에 국한되어 사용되니 사전을 찾으면 금방 해석할 수 있습니다. 다음 리스트를 보고 각 문장 또는 구를 해석해봅시다.

전치사	단어 의미	해석 써보기
into	~안/속으로	into the woods ✎
like	~와 비슷한	You're just like your mother. ✎
beyond	~너머, 넘어서는	beyond the hill ✎ .... beyond repair ✎
in front of	~앞에	She is standing in front of me. ✎
behind	~뒤에	There is a bank behind the building. ✎ .... There is a secret behind the story. ✎
opposite	맞은 편의	There is a building opposite the park. ✎
beside next to	옆에	There is a black bag beside me. ✎ .... He is standing next to the table. ✎
during	~동안에	during the interview ✎
along	~을 따라	along the river ✎
beneath	~아래에 ~보다 못한	We had a picnic beneath a giant tree. ✎ .... The job was beneath him. ✎
as	~처럼, ~로서	a job as a doctor ✎ .... We regard him as a traitor. ✎

across	가로질러	Ted swam across the stream. ✎
out	밖으로	He was looking out the window. ✎
around	주위에, 대략	traveling around the world ✎ The price was around 100 dollars. ✎
despite	~에도 불구하고	despite our efforts ✎ She won the race despite being injured. ✎

관사나 동사, 가정법도 그렇지만 전치사 역시 한국어를 구사하는 학습자가 쉽게 정복할 수 있는 내용은 아닙니다. 명사나 형용사 등은 비교적 쉽게 암기하고 학습할 수 있지만, 전치사는 관사와 마찬가지로 일종의 감sense이 필요합니다. 한국어로는 동일하게 해석되더라도 영어 전치사로는 여러 가지로 나타낼 수도 있고, 하나의 전치사 표현이 수십 개의 뜻을 내포하기도 합니다. 그러니 공식처럼 암기하지 마시고 예문을 많이 봐야 합니다.

오늘 수업에서 두 번째로 배운 전치사 in을 기억하시나요? '(장소, 공간, 순서, 시간, 색, 모양, 상황) ~(안)에'라는 의미의 전치사였죠. 보통 이렇게 배우면 '장소 앞에는 in이 온다'와 같이 '~ 앞에는 ~가 온다'라고 대입하여 공식처럼 암기하는 경우가 있습니다. 하지만 그렇게 단편적으로 암기하는 것은 지루할 뿐만 아니라 위험할 수 있습니다. in my house라는 표현을 보면 장소를 뜻하는 'my house(내 집)' 앞에 in이 온다고 생각할 수도 있지만 at my house라는 표현도 가능하기 때문에 '무조건 장소면 in을 쓴다', '무조건 A면 B이다'라는 식으로 암기하면 안 됩니다.

DAY 22.
전치사 ②

오늘의 주인공은 전치사 혼자는 아니고요. 동사도 있습니다. 바로 '구동사'를 배워볼 건데요. 바로 시작하기 전에 짚고 넘어가야 할 품사에 대한 이야기를 하겠습니다.

기존 문법책에서는 보통 품사별로 단어를 나누어 설명합니다. 카테고리에 하나씩 넣어야 설명하기가 더 수월하기 때문입니다. 하지만 하나의 영어 단어가 여러 품사(역할)를 겸하는 경우도 많습니다. 품사별로 의미를 암기하기보다는 각 단어의 다양한 뜻과 쓰임을 알아야 합니다.

전치사를 활용한 구동사

지난 수업에서 보았던 전치사의 절반 정도는 부사로도 쓰입니다. 하지만 부사로 쓰이나, 전치사로 쓰이나 기본적인 의미는 거의 동일합니다. 예를 들어 다음 문장은 over가 부사로 사용된 예시입니다.

Becky leaned over and whispered something in her sister's ear.

over가 동사인 lean에 의미를 더해주고 있지요? over가 만약 전치사였다면 over 뒤에 명사나 대명사가 왔을 겁니다. lean은 '기대다, 몸을 숙이다'라는 뜻을 가진 단어입니다. 여기에 over를 붙이면 어떤 느낌이 드나요? 위 예문에 등장하는 Becky의 모습을 잠깐 상상해봅시다. over는 어떤 단어였나요? 구름처럼 뒤덮고 있는 듯한 형상과 같은 의미를 가진 단어였지요? 이 문장에서 Becky는 몸을 굽혀서 over(뭔가를 덮은, 위에 위치한)인 상태로 있는 겁니다. 따라서 lean over는 '~너머로 몸을 기울이다, ~위로 상체를 구부리다'는 뜻을 가진 구동사가 됩니다. over뿐만 아니라 before와 같은 단어는 부사, 전치사, 접속사로 사용되고 off는 부사, 전치사, 형용사, 동사, 명사로 사용됩니다. 각 품사별 쓰임을 잠시 볼까요?

단어	품사	품사별 의미
before	부사(예전에)	Have we met before? 우리가 만난 적이 있던가요? (구면인가요?)
	전치사(~전에)	before dinner 저녁 식사 전에
	접속사(~하기 전에)	Say goodbye before you go. 가기 전에 작별 인사해줘요.

단어	품사	품사별 의미
off	부사(달아난)	The chicken ran off. 닭이 도망갔다.
	전치사(떨어져 나온)	He fell off the horse. 그는 말에서 떨어졌다.
	형용사(상한)	This fish is a bit off. 이 생선은 상한 것 같다.
	동사(죽이다)	I offed the guy. 나는 그 남자를 죽였다.
	명사(출발)	They are ready for the off. 그들은 출발할 준비가 되었다.

at을 활용한 구동사

DAY 22

이제 앞서 배운 단어 중 at, in, on, for, to, of가 동사와 함께 사용돼서 다양한 의미를 가지는 구동사를 살펴보겠습니다. 네이버 사전에 검색했을 때 의미와 예문이 많이 나오는 경우는 대부분 빈칸으로 두었으니 영어사전에 나온 의미와 예문을 빈칸에 써봅시다.

at 구동사	의미와 예문 써보기
laugh at	~을 비웃다, 놀리다, 농담에 웃어주다 She never laughs at my jokes. 그녀는 내가 농담을 해도 절대 웃지 않는다. ✎
grab at	~을 움켜잡다, 움켜쥐다 He hugged his mom and grabbed at his little sister's hand. 그는 엄마를 껴안고 여동생의 손을 잡았다. ✎
poke at	✎ ✎
shout at	~에게 소리치다, 야단치다 The man shouted at the girls. 남자가 여자 아이들에게 소리쳤다. ✎

전치사 ② **101**

aim at	~을 겨냥하다 ✎ ....
arrive at	✎ Justice Carey said she was sitting with a firearm on her lap when police arrived at the property. Carey 판사는 경찰이 건물에 도착했을 때 그녀가 무릎에 총을 얹고 앉아 있었다고 말했다. ✎
come at	✎ I'm telling you, man. They kept coming at me. 정말이야, 임마. 걔들이 자꾸 덤벼들었다니까. ✎
get back at	~에게 복수하다 Maybe she's getting back at you. 아마도 그녀가 복수하고 있는 걸지도. ✎
look at/ stare at	✎ ✎ ....

in을 활용한 구동사

네이버 사전에 검색했을 때 의미와 예문이 많이 나오는 경우는 대부분 빈칸으로 두었으니 영어사전에 나온 의미와 예문을 빈칸에 써봅시다.

in 구동사	의미와 예문 써보기
abound in	～이 풍부하다, ～가 많다
	The play abounds in biblical connotations. 그 연극에는 성경 구절(내용)을 떠올리게 하는 부분이 많이 있다. ✎
absorb oneself in	✎
	A tinkerer by nature, Jamie often got up to her elbows in black grease and engine oil as she absorbed herself in the mechanics of car repair. 원래부터 수리하기를 즐기는 Jamie는 종종 차를 고치는 데 집중하느라 팔꿈치까지 시커먼 기름과 엔진 오일을 뒤집어썼다. ✎
barge in (on)	～에 불쑥 들어오다, 끼어들다
	They just barge in without knocking. 그들은 노크도 하지 않고 막 들어온다. ✎
believe in	✎
	✎

break in	(건물 등에) 침입하다
	✎ ....

breathe in	숨을 들이쉬다
	I could finally breathe in fresh air.
	나는 마침내 신선한 공기를 마실 수 있었다.
	✎

bring in	들여오다, 도입하다
	It was a valuable opportunity to bring in new people.
	그것은 새로운 사람들을 영입할 수 있는 소중한 기회였다.
	✎

burst in on	불쑥 들어오다
	✎ ....

call in	(직장 등) 전화하다
	Gary has just called in sick.
	Gary는 방금 병가를 냈다.
	✎

close in on	~을 포위하다, 궁지로 몰다, 조여 들다, (목표에) 다다르다
	The walls were closing in on New York Gov. Andrew Cuomo.
	Andrew Cuomo 뉴욕 주지사의 주변으로 벽이 좁혀오고 있었다. (= 궁지에 몰리고 있었다.)
	✎

confide in	✎
	He had never felt able to confide in her.
	그는 그녀에게 비밀을 털어놓을 수 있다고 느낀 적이 없었다.
	✎

consist in	~에 (놓여) 있다, 존재하다
	Happiness does not consist in how many things you own.
	행복은 얼마나 많은 것을 소유하느냐에 따라 결정되지 않는다.
	✎

count in	~을 포함시키다, 계산에 넣다
	There's a party this weekend? Count me in!
	이번 주말에 파티가 있어? 나도 갈래!
	✎

drag in	끌어들이다
	Don't drag me into this.
	이 일에 날 끌어들이지 마.
	✎

give in	✎
	✎

hand in	제출하다
	Did you hand in your homework?
	너 숙제 제출했어?
	✎

join in	참여하다, 가담하다
	I burst into laughter and Maggie joined in.
	나는 웃음을 터뜨렸고 Maggie도 함께 웃었다.
	✎

pencil in	예정해두다
	Pencil me in for dinner this Sunday.
	이번주 일요일 저녁 식사 때 나도 끼워 줘.
	✎

rub it in	(잊고 싶은 일을) 상기시키다*
	I remember what happened. Don't rub it in.
	그때 일 나도 다 기억해. 그만 말해.
	✎

sink in	스며들다, 충분히 이해되다
	The difficult road ahead of us is beginning to sink in.
	앞으로 우리가 겪게 될 문제를 직시하기 시작했다.
	✎

• 로션이니 연고 등을 문질러서 피부 속에 들어가게 하는 느낌을 상상해 보세요!

on을 활용한 구동사

🔥🔥

네이버 사전에 검색했을 때 의미와 예문이 많이 나오는 경우는 대부분 빈칸으로 두었으니 영어사전에 나온 의미와 예문을 빈칸에 써봅시다.

on 구동사	의미와 예문 써보기
build on	~위에 쌓다
	Let's build on the ideas we have had so far.
	지금까지의 아이디어를 바탕으로 더 이야기 나눠봅시다.
	✎
carry on	계속 하다, 계속 가다
	We should ask him before we carry on.
	더 진행하기 전에 그와 상의해봐야겠어.
	✎
check up on	✎
	✎
dawn on	✎
	Is it starting to dawn on you that the series is over?
	시리즈가 끝났다는 게 실감나기 시작했나요?
	At any point, did it dawn on you to talk to me about this?
	나한테 이거에 대해 말해야 되겠다는 생각은 안 들었어?
	✎

dwell on	숙고하다, 곱씹다
	Never dwell on the past. 과거에 연연하지 마. ✎
egg on	~을 부추기다
	Tom didn't want to steal, but his friends kept egging him on. Tom은 도둑질을 하고 싶지 않았지만, 친구들이 자꾸 부추겼다. ✎
fall back on	의지하다
	I have no family to fall back on. 나는 의지할 가족이 없어. ✎
hinge on	~에 달려 있다
	His future hinges on the test result. 그의 미래가 시험 결과에 달려 있다. ✎
look down on	~을 업신여기다, 우습게 보다
	People sometimes think they are going to be looked down on if they ask for help. 사람들은 간혹 도움을 요청하면 남들이 자기를 무시할 거라고 생각한다. ✎
look on	구경하다
	The crowd looked on as the band played. 군중들은 밴드가 연주하는 것을 구경했다. ✎
move on	이동하다, 넘어가다, (안 좋은 일을) 잊다
	It's been 10 years. You really need to move on. 10년이나 된 일이야. 이제 그만 잊어야 돼. ✎
rely on	~에게 의지하다, 기대다
	✎

sit in on	청강하다
	Can I sit in on your class?
	교수님 수업 청강해도 될까요?
	✎
shed light on	✎
	✎
settle on	~을 정하다, 결정하다
	We might settle on a deal today.
	오늘 합의할 수 있을 것 같아.
	✎
tell on	고자질하다
	Katherine threatened to tell on me.
	Katherine이 다 말하겠다고 나를 협박했다.
	✎
wait on	~을 시중들다
	Maggie was busy waiting on customers.
	Maggie는 손님을 안내하느라 바빴다.
	✎

for를 활용한 구동사

네이버 사전에 검색했을 때 의미와 예문이 많이 나오는 경우는 대부분 빈칸으로 두었으니
영어사전에 나온 의미와 예문을 빈칸에 써봅시다.

for 구동사	의미와 예문 써보기
account for*	~을 해명하다/ 비율을 차지하다
	How do you account for your actions? 네 행동을 어떻게 설명할래? Women accounted for only 5 percent of our employees. 직원 중 여성이 차지하는 비율은 5%에 불과했다. ✎
allow for	~을 감안하다, 고려하다
	Allowing for inflation, it cost about a million dollars. 인플레이션을 감안하면 약 백만 달러의 비용이 들었다. ✎
ask for	✎
	Still, I wanted to ask for advice. 그래도 조언을 구하고 싶었어요. ✎
be in for	(특히 불쾌한 일을) 곧 당하게 될 예정이다
	You are in for a surprise! 깜짝 놀랄 소식이 있어! ✎

• account for와
같은 다양한 의미
가 있는 구는 문
맥상 해석해야 합
니다.

fall for	~에 속아 넘어가다
	Don't fall for it. She's lying.
	속지 마. 걔 거짓말 하는 거야.
	✎
fend for oneself	자립하다
	At the age of 14, I had to fend for myself.
	나는 열네 살에 자립해야 했다.
	✎
go in for	~에 관심이 있다, 시험에 응시하다
	I went in for a dance audition 10 years ago.
	나는 10년 전에 춤 오디션을 보러 갔다.
	✎
have it in for	~에게 앙심을 품다
	I knew it! She's always had it in for me.
	그럴 줄 알았어! 걔는 항상 날 싫어했다니까.
	✎
long for	갈망하다, 열망하다
	It was freezing outside, and I longed for a hot tea.
	밖은 너무 추웠고, 나는 뜨거운 차를 마시고 싶었다.
	✎
look for	✎
	He was looking for you.
	그 사람이 너 찾고 있던데.
	✎
pay for	지불하다, 대가를 치르다
	Did you pay for all that?
	네가 다 계산한 거야?
	We're going to use her money to pay for the rent.
	우리는 그녀의 돈으로 집세를 낼 거야.
	My meals were all I had to pay for.
	나는 내가 먹은 밥만 계산하면 되었다.
	✎

root for	응원하다
	✎ ....
settle for	~으로 만족하다
	I will never settle for less.
	그 이하로는 안 돼. (양보할 수 없어./ 만족할 수 없어.)
	✎
sit in for **stand in for**	대신해서 (일)하다
	Jerry is out of town this week, so I am sitting in for him.
	Jerry가 이번 주에는 출장 중이라 내가 대신 일하고 있어.
	✎
stick up for **take up for**	~의 편을 들다, 변호하다
	Don't worry. I can stick up for myself.
	걱정 마. 내가 다 알아서 할 수 있어.
	✎
wait for	~을 기다리다
	I have been waiting for you.
	나는 너를 기다려 왔어.
	✎

to를 활용한 구동사

네이버 사전에 검색했을 때 의미와 예문이 많이 나오는 경우는 대부분 빈칸으로 두었으니
영어사전에 나온 의미와 예문을 빈칸에 써봅시다.

to 구동사	의미와 예문 써보기
attend to	~을 시중들다, 돌보다
	They attended to the worst injured first. 그들은 가장 심하게 부상당한 사람을 먼저 치료했다. ✎
date back to	~까지 거슬러 올라가다
	✎ ....
get back to	~에게 다시 연락하다, 결과를 보고하다
	Let me get back to you on that. 제가 다시 연락해서 알려드릴게요. ✎
look forward to	~을 고대하다
	I look forward to meeting you. 당신을 만나 뵙기를 고대하고 있어요. ✎
get (a)round to	~할 시간을 내다
	I'm not sure when I am going to get around to fixing that car. 언제 차 고칠 시간이 날지 모르겠네. ✎

stick to	~을 계속하다, ~을 계속 지키다
	They had to stick to the schedule. 그들은 일정을 준수해야 했다.
	✎
be used to	~에 익숙하다
	I'm used to eating alone. 난 혼자 밥을 먹는 것에 익숙하다.
	✎
add up to	합계가 ~가 되다
	Their purchases add up to $500. 그들의 구매 총액은 500달러이다.
	✎
adhere to	~을 고수하다
	✎
object to	~에 반대하다
	Barrett strongly objected to the terms of the contract. Barrett은 계약 조건에 강하게 반대했다.
	✎
look up to	~을 존경하다
	✎
incline to	~로 향하다, 기울다
	I incline to the opinion that the fire was caused by defective wiring. 나는 그 화재가 배선 결함으로 인한 것이라는 의견에 찬성한다.
	✎

of를 활용한 구동사

네이버 사전에 검색했을 때 의미와 예문이 많이 나오는 경우는 대부분 빈칸으로 두었으니 영어사전에 나온 의미와 예문을 빈칸에 써봅시다.

of 구동사	의미와 예문 써보기
become of	~게 되다, ~될 운명이다
	What's to become of the house if she dies? 그녀가 죽으면 집은 어떻게 되나요? (누구 소유가 되나요?) ✎
consist of	~로 구성되다
	The team consisted mainly of women. 그 팀은 주로 여자들로 구성되었다. ✎
cheat out of	남을 속여서 ~을 가로채다
	Equal pay legislation could harm a woman who deserves to be paid more than a man. To put it another way, the corporation would only be required to pay her equally, cheating her out of her potential earnings. 남녀에게 동일한 임금을 주라는 법을 만들게 되면 실제로 남자보다 더 많은 돈을 벌 자격이 있는 여자가 손해를 볼 수도 있어요. 제 말은, 회사에서는 양쪽에 똑같은 액수만 주면 되니까 여자가 벌 수 있는 잠재적인 수입을 가로챌 수 있겠죠. ✎
dispose of	~을 없애다, 처리하다
	According to the news, Charlotte took part in the murder and helped her boyfriend dispose of the bodies. 보도에 따르면 Charlotte은 살인 사건에 가담했으며 남자친구가 시신을 처리하도록 도왔다. ✎

fall short of	🖎
	Anyone who falls short of our high standards of behavior would be dealt with immediately.
	우리의 엄격한 행동 규범에 미달하는 사람은 누구든 즉시 처벌할 것이다.
	🖎
get ahead of	앞서다, 속단하다
	Don't get ahead of yourself.
	속단하지 마.
	🖎
get rid of	처리하다, 제거하다
	How to get rid of rats in the walls.
	벽 속에 사는 쥐를 없애는 방법
	🖎
lose sight of	망각하다, ～가 보이지 않다(눈앞에서 사라지다)
	We were staying close, but we sometimes lost sight of each other's lamps in the blizzard.
	우리는 가까이 붙어서 다녔지만 눈보라 속에서 서로의 램프가 보였다 안 보였다 했다.
	🖎
talk out of	～하지 않게 설득하다
	I wanted to talk him out of leaving.
	나는 그를 설득해서 떠나지 않게 하고 싶었다.
	🖎

지금까지 at, in, on, for, to, of를 활용한 구동사를 알아보았습니다. 영어에는 적어도 1만 개 이상의 구동사가 있다고 합니다. 위에서 본 단어들은 원어민이 자주 사용하는 핵심 구동사로, 두 개의 단어가 모여 새로운 뜻을 가지는 비교적 간단한 경우를 살펴보았습니다. 이어서 동사에 부사와 전치사가 네다섯 개 이어진 복잡한 구동사를 좀 더 살펴보고 오늘 수업을 마무리하도록 할게요.

보너스 구동사	의미와 예문 써보기
be on speaking terms with	~와 좋은 사이이다 (말을 건네는 사이이다)
	We're not on speaking terms with our neighbors.
	우리는 이웃과 말을 하는 사이가 아니다. (사이가 좋지 않다.)
	✎
come in(to) contact with	닿다, ~와 접촉하다(접촉해오다)
	How many people have come into contact with that sick man?
	몇 명이나 저 환자랑 접촉한 거야?
	✎
buzz in	갑자기 들르다
	She just buzzed in to say hello.
	그녀는 간단히 인사나 하러 들렀다.
	✎
go out on a limb	위험을 감수하다
	She went out on a limb to help you.
	그녀는 너를 돕기 위해 위험한 상황을 무릅썼다.
	She's going out on a limb in criticizing the team leader.
	그녀는 다른 사람들과 달리 팀 리더를 비난하고 있다.
	✎
put an end to something	~을 끝장내다
	The new manager vowed to put an end to the violence.
	새 매니저는 폭력을 종결시키겠다고 맹세했다.
	✎
put(lay) stress on	~에 힘(무리)을 주다, ~을 강조하다
	The lady put a great deal of stress on the importance of proper behavior.
	그 여자는 예의 바르게 행동하는 것의 중요성에 대해 강조했다.
	✎

fork over	**(돈 · 물건 따위를 마지못해) 내다, 넘겨주다, 지불하다**
	That's not yours. Fork it over!
	그거 네 것 아니잖아. 이리 내놔!
	✎
dabble in/with something	**장난 삼아 (취미로) 해보다**
	We dabbled with drugs at university.
	우리는 대학에 다닐 때 마약에 손을 댔다.
	Maggie worked as an accountant and dabbled in stocks.
	Maggie는 회계사로 일하면서 주식도 조금 했다.
	✎
have a habit of doing something	**~하는 습성을 지니다, 버릇이 있다**
	Things have a habit of disappearing in my room.
	내 방에서는 항상 물건이 사라진다.
	✎
look back on something	**~을 회상하다**
	Most people look back on their school days with age.
	대부분 사람들은 나이를 먹으면서 학창시절을 돌아본다.
	✎
fall behind	**낙후하다, (속도나 실력 면에서) 뒤떨어지다**
	Jack was sick for weeks and fell behind with his schoolwork.
	Jack은 몇 주 동안 아파서 학교 공부가 밀렸다.
	✎
hit it off with someone	**죽이 잘 맞다**
	They hit it off immediately.
	그들은 즉시 친해졌다.
	✎
be in agreement	**~와 일치하다, 같은 의견을 가지다**
	We were all in agreement on that.
	우리는 그것에 대해 모두 동의했다.
	✎

구동사를 처음 배우게 되면 많은 학생이 구동사 사전이나 단어장을 참고하여 단어를 암기하듯이 구동사를 외우려고 합니다. 하지만 영어에는 구동사가 1만 개가 넘고, 또 문맥에 따라 다르게 해석되기 때문에 사전이나 단어장을 보고 일일이 외운다는 건 거의 불가능한 일입니다.

만약 사전이나 어휘집을 참고한다면 의미를 암기하는 것보다는 구동사를 이루는 각 단어들이 원래 어떤 의미를 가지고 있고, 또 합쳐져서 어떤 의미로 변모했는지 파악하는 연습을 하는 용도로 사용하는 게 좋습니다. 예를 들어 fall behind라는 구동사를 봤다면 먼저 fall + behind로 나누어 생각해본 후 왜 두 단어가 합쳐졌을 때 '뒤쳐지다'라는 의미가 되는지 분석해봅니다. 이렇게 분석하는 습관을 들여야 다음에 완전히 새로운 조합을 보게 되더라도 그 의미를 제대로 추측해낼 수 있습니다. 물론 원서나 드라마 스크립트, 문제집에 나오는 지문, 뉴스, 잡지 등을 통해 최대한 많은 글을 읽어봐야 하는 건 당연한 말이겠지요.

DAY 23.

조동사, 가정법 ①

오늘부터는 조동사에 대해 배워볼 예정입니다. 조동사와 if를 이용한 가정법까지 배우고 나면 반드시 알아야 하는 문법의 80% 이상은 모두 배운 셈입니다. 그러니 조금만 더 힘을 냅시다! 먼저 다음과 같은 단어들을 조동사助動詞라고 합니다. 여기에서 '조'는 助(도울 조)를 의미하니 조동사는 동사를 도와 의미를 덧붙이는 단어임을 짐작할 수 있습니다. 조동사에는 다음과 같은 단어들이 있습니다.

may, might, can, could, will, would, must, should, ought, need, shall

조동사는 동사에 가능성, 능력, 허락, 요청, 의무 등 다양한 의미를 더해줍니다. 조동사는 일일이 뜻을 외우기보다는 예문을 많이 보면서 상황과 맥락 속에서 적절한 의미를 익히는 게 좋습니다.

will

동사편에서 '미래에 일어나게 될 일'을 말할 때 will을 사용한다는 것을 배웠습니다.

I am pretty. → I will be pretty.

will이라는 단어는 독일어 남성 명사인 Wille[vílə]에 그 어원이 있습니다. Wille는 '의지, 결심, 의도'라는 뜻을 가진 단어이며, 명사 will 역시 의지를 뜻합니다. 우리가 흔히 '의지력' 이라고 부르는 표현은 'will power'라고 말하면 됩니다. 미래에 일어날 일을 말할 때 왜 의지와 관련된 단어를 사용하는지 궁금해하는 분들도 있는데요. 미래는 어디까지나 예측하고 계획하는 것일 뿐 정확히 알 수 있는 게 아니라서 인간의 의지라는 의미를 담고 있는 will을 사용하는 게 아닌가 조심스레 추측해봅니다. will은 명사가 아닌 조동사로 사용될 때도 의지와 관련된 표현이 살아 있습니다. 아래 표를 보며 will의 쓰임을 더 자세히 익혀봅시다.

PRACTICE 52

미래에 일어날 것이라 예상되는 일, 예정된 일 | ~할 것이다, ~하지 않을 것이다

There **will** be a short memorial service after lunch.	✎
A team meeting **will** be held every Monday after lunch.	✎
They **will** leave tomorrow morning.	✎
They **will** not leave tomorrow morning.	✎
Who do you think **will** never win?	✎

Who do you think **will** win? ✎

People **will** always be interested in the story. ✎

You **will** never get sympathy from her. ✎

Don't leave yet. I **will** be there in an hour. ✎

Don't worry. It **won't** take long. ✎

A: Do you want me to refer you to a therapist? ✎ A:

B: Oh, no. That **won't** be necessary. ✎ B:

Will you be free this evening? ✎

It was his mistake, but I **won't** say anything. ✎

확신 | 분명히 ~일 것이다, ~하게 될 것이다

With that attitude, accidents **will** happen. ✎

That **will** be Jason behind the car. ✎

Don't call her tonight. She'**ll** be busy cleaning her house. ✎

Try it on. You **will** like it. ✎

즉흥적인 결정 | ~로 할게요, ~주세요

I'**ll** have some orange juice. ✎

I'**ll** have a burger then. ✎

Don't worry. I'**ll** get the door. ✎

의지(승낙), 거절, 약속 | ~할 준비가 되었다, ~하려고 하다, ~하지 않으려고 하다, ~할게, ~하지 않을 거야

Dr. Bowen **will** see you now. ✎

She **won't** eat anything. ✎

My car **won't** start! ✎

A million times, yes, I **will** marry you. ✎

No, I **will not** marry you. ✎

I'**ll** take you to the mall if you want. ✎

I'm free tomorrow night. I'**ll** do it. ✎

Stop asking me. I **won't** do it. ✎

She **won't** lend us more money. ✎

I promise I'**ll** buy you a new one. ✎

I'**ll** visit you sometime next week. ✎

부탁 | ~해줄래?, ~할래?

Will you have another cup of coffee? ✎

Will you have more cake, Mary? ✎

Will you stop talking? ✎

Will you help me with my report? ✎

Will you be quiet for a moment? ✎

Will you close the door? ✎

Will you close the curtains? ✎

명령 | ~해!

Every student on the premises **will** evacuate right now! ✎

No one **will** leave this house. ✎

Will you be quiet! ✎

위 문장을 하나씩 읽으면서 이미 눈치채신 분들도 있겠지만 조동사 뒤에는 항상 동사의 원형이 나옵니다. will is나 will are, will were, will to is 등은 모두 틀린 표현이며 will be, will have, will get 등으로 사용합니다. 예외적으로 ought는 to 다음에 동사 원형이 나옵니다. ought는 다음 시간에 배울 예정입니다!

will의 쓰임 중 '의지(승낙), 거절, 약속' 부분에 나온 예문 중에 'My car won't start!'라는 문장이 있습니다. 이 문장과 'My car doesn't start.'의 차이점은 뭘까요? doesn't는 '~하지 않는다'라는 뜻으로 '내 차는 시동이 안 걸려'라는 뜻입니다. 오늘 아침에 시동이 안 걸리거나, 지금 시동이 안 걸리는 게 아니라 이유는 (문맥에 따라) 다르겠지만 시동이 안 걸리는 차라는 겁니다. 제 기능을 하지는 않지만 보관을 위해 모아둔 클래식카 혹은 콘셉트카라면 이 표현을 써서 말할 수 있습니다. 'This concept car doesn't start.'

반대로 won't는 '~하려고 하지 않다'라는 뜻으로 '내 차가 시동을 안 걸어주네'라는 뜻입니다. 차가 마치 사람처럼 의지가 있는 양 표현합니다. 좀 이상하죠? 비슷한 맥락으로 영어권 국가에서는 동물이나 사물을 it이 아닌 he, she로도 많이 표현합니다. 저는 심지어 거미까지 he로 표현하는 것을 들은 적이 있는데요. 여기에 얽힌 재미있는 일화 하나를 소개합니다.

몇 년 전 호주 출장 중에 숙소에서 아주 큰 거미가 나왔던 적이 있습니다. 손바닥만 한 거미를 직접 보는 게 처음이라 가까이 가지도 못하겠더라고요. 한참을 쳐다보면서 대치 상황에 있다가 옆방에 묵고 있는 동료 직원을 급히 호출해서 오두방정을 떨었던 기억이 있습니다. 제 방에 들어온 동료 직원이 겁을 내는 저를 보고 무심하게 말했습니다. 'He is more scared of you than you are of him.' 그래서 'him? who?'라고 했더니 'the spider'라고 하더군요. 그러고는 태연하게 플라스틱 용기에 거미를 담아 자기 방으로 가버렸습니다. 나중에 알고 보니 아프리카에서 온 친구인데, 타란튤라를 두 마리나 키우고 있다고 했습니다. 이후에도 번번히 거미가 나올 때마다 이 친구가 알아서 잘(?) 처리해주었죠. 자, 이제 다시 문법 설명으로 돌아옵시다.

would

의지를 나타내는 will과 달리 would라는 조동사는 주로 추측이나 선호를 나타낼 때 사용합니다. 현재나 미래에 대한 일을 추측하거나, 다양한 선택지 중 하나를 선택할 때도 would를 사용합니다. 관사 수업에서 봤던 소설 《동물농장》의 문장 하나만 가지고 와서 다시 한번 살펴봅시다.

> This single farm of ours would support a dozen horses, twenty cows, hundreds of sheep…

이 문장은 어떻게 해석할 수 있나요? would를 빼고 다시 아래 문장을 살펴봅시다.

> This single farm of ours supports a dozen horses, twenty cows, hundreds of sheep…

이 문장은 농장에서 일하는 돼지, 메이저 영감의 대사입니다. would를 빼고 문장을 해석해 보면 '우리가 살고 있는 이 농장 하나는 말 열두 마리와 소 스무 마리, 양 수백 마리를 먹여 살릴 수 있다'입니다. 농장 하나가 저 정도의 능력이 있다는 기정사실을 말하는 거죠. 하지만 여기에 would가 들어오면 추측성 발언이 됩니다. 농장 주인이라면 확실하게 말할 수 있겠지만, 메이저 영감은 이 사실을 확신할 수는 없을 겁니다. 그래서 그는 '아마 그럴 거야'라는 뉘앙스로 would를 사용해 말합니다.

이제 아래 표에서 would의 각 쓰임에 따른 문장을 해석해봅시다.

PRACTICE 53

(상상한 상황) 추측 | (아마) ~일 것 같다, ~할 것 같다, ~할 텐데

You **would** look good with short hair.	✎
It **would** be nice to see more of you.	✎
Why don't you buy it? You **would** look good in that suit.	✎
What **would** you do if you won the lottery?	✎
If you were alive, we **would** see you every day.	✎
I **would** give you a lift, but my car has a flat tire.	✎
I **would** think you'd be happier with him.	✎
You **wouldn't** recognize him – he has changed so much since then.	✎

습관 | ~하곤 했다

They **would** sometimes invite us over for dinner.	✎
When my grandmother was alive, we **would** eat ham and croissants every morning.	✎

선호 | would like(love) ~하고 싶다, ~을 원한다

I **would** like hot coffee, please.	✎
I **would** like to know the truth.	✎
I **would** like to be able to speak 7 languages.	✎
I **would** not like to meet him again.	✎
I **would** love that!	✎
We **would** love to go!	✎

의지(승낙), 거절 | ~할 거야, ~하지 않을 거야, (과거) ~하려고 했다, ~하지 않으려고 했다

Call mom. I'm sure she **would** lend you the money.

My car **wouldn't** start this morning!

No problem! I **would** be happy to help.

She **would** do anything for us three.

I promise. I **would** never do anything to hurt you.

I asked her a series of questions, but she **wouldn't** answer.

I tried everything, but she **wouldn't** stop bleeding.

제안, 부탁 | ~하시겠어요?, ~해주시겠어요?

Would you like another drink?

Would you like to come with us?

Would you mind if I sat here?

Would you check the emails for me?

Would you mind answering the door?

Would you mind not smoking?

I **would** like you to bring those boxes upstairs.

과거에 어떤 일이 행해진 이유나 목적 | ~하도록, ~하기 위해

They cleaned the lens so that the visitors **would** be able to see the scenery clearly.

Everyone packed extra sandwiches so none of us **would** starve.

과거형 문장에서 will 대신 | ~할 것이라 생각했다, ~할 것이라 믿었다 등

I thought I **would** be able to pass the exam.	✎
Maggie said she **would** never forgive them for what they had done.	✎
She believed that her students **would** recover in no time.	✎
She believed that her students **would** prefer online assignments.	✎

이번 수업과 다음 수업에서는 위와 같이 의미에 따른 문장이 적힌 표를 자주 보게 될 겁니다. 조동사의 쓰임을 학습할 때는 영어 예문을 읽고 해석한 다음 답안지에 있는 한글 해석을 다시 영어로 옮기는 연습까지 해보면 더욱 좋습니다.

조동사의 쓰임은 여기 나온 대화만 단순화하여 암기하기보다는 실제로 어떤 뉘앙스로 문장이 만들어지는지 잘 살펴봐야 합니다. 하나의 단어가 적어도 다섯 개 이상의 의미를 가지고 있으므로 문맥에 따라 조동사를 유연하게 해석할 수 있도록 글을 자주, 많이 읽어야 합니다.

다음 조동사로 넘어가기 전 아래 예문 하나를 다시 한번 봅시다.

Maggie said she would never forgive them for what they had done.

위 문장은 Maggie가 했던 말을 다른 이에게 전달하는 문장입니다. Maggie가 했던 말을 그대로 큰따옴표를 붙여 옮겼다면 아래와 같은 문장이었겠죠.

"I will never forgive them for what they have done," Maggie said.
"그들이 한 짓을 절대 용서하지 않을 거야"라고 Maggie가 말했다.

시제가 어떻게 변했는지 보이나요? Maggie의 말을 그대로 인용하는 거라면 그녀가 한 말을 그대로 옮기면 되지만, 후에 내용만 전달하는 거라면 시제가 한 단계씩 과거로 밀립니다. 위 문장에서 will은 would로, have는 had로 한 단계씩 과거로 바뀌었습니다. 방금 본 큰따옴표가 있는 문장은 직접화법으로 남의 말을 그대로 인용해서 사용하는 겁니다. 간접화법은 남의 말을 인용할 때 현재 말하는 사람의 입장을 기준으로 인칭이나 시제를 고쳐서 말하는 것입니다.

직접화법	간접화법
She asked, "May I leave?" 그녀가 물었다, "저 가봐도 돼요?"	She asked if she might leave. 그녀는 가도 되냐고 물었다.

표에 있는 예문에서 인칭(I → she)과 시제(may → might)가 모두 바뀌었지요? 큰따옴표를 찍어 인용하는 것과 내용만 전달할 때 시제 차이를 아래 예문에서 조금 더 익혀보도록 합시다.

PRACTICE 54

직접화법	간접화법
She asked, "May I leave?" 그녀가 물었다, "저 가봐도 돼요?"	She asked if she might leave. 그녀는 가도 되냐고 물었다.
Karen said, "I am writing a letter." Karen은 "나는 편지를 쓰고 있어"라고 말했다.	Karen said that she was writing a letter. Karen은 자기가 편지를 쓰고 있다고 말했다.
Keith said, "I drove to school." Keith는 "저는 학교에 운전해서 갔어요"라고 말했다.	✎ ....
Keith said, "I had driven to school." Keith는 "저는 학교에 운전해서 갔어요"라고 말했다.	✎ ....
Nancy said, "The kids should go to bed." Nancy는 "애들은 이제 자야 해"라고 말했다.	✎ ....
Ivan said, "I might read another book." Ivan은 "다른 책을 읽어야 할까 봐"라고 말했다.	✎ ....
Tom said, "I am going to go back home." Tom은 "난 집에 돌아갈 거야"라고 말했다.	✎ ....
They said, "We are extremely busy." 그들은 "우리 엄청 바빠요"라고 말했다.	✎ ....
The group said, "We have just arrived." 일행은 "이제 막 도착했어"라고 말했다.	✎ ....

Mom said, "I won't tell anyone."
엄마는 "아무에게도 말하지 않을게"라고 말씀하셨다.

✎ ....

Maggie said, "I have been studying English and Chinese."
Maggie는 "나는 영어와 중국어를 공부하고 있다"고 말했다.

✎ ....
....

Maggie said, "I must submit my paper."
Maggie는 "과제를 꼭 제출해야 해"라고 말했다.

✎ ....

지금까지 간접화법으로 바꾸는 연습을 해보았습니다. 간접화법에서는 위 예문에서 본 said 말했다, asked물었다와 같은 동사 외에도 thought생각했다, explained설명했다, answered답했다, complained불평했다, believed믿었다, knew알았다 등의 단어를 사용할 수도 있습니다.

남의 말을 전달한다고 해서 무조건 과거형으로 바꿔야 하는 건 아닙니다. 예를 들어 전자 제품을 사러 가족들과 마트에 간 상황을 상상해볼게요. 이것저것 둘러보는데 궁금한 게 많은 동생을 위해 점원에게 다가가서 물어봅니다. 그런데 점원이 이렇게 대답했다고 합시다. "We are extremely busy." 방금 들은 이 말을 가족들에게 전달한다면 다음과 같이 말하는 게 가장 자연스럽습니다.

They say/said they are extremely busy.
쟤들 지금 바쁘대요.

하지만 시간이 좀 지나고 친구와 통화하면서 점원이 얼마나 불친절했는지 이야기하는 상황이라면 'They said that they were extremely busy.'라고 하면 됩니다. 또 보편적인 사실을 전달할 때 역시 시제를 변형하지 않아도 됩니다.

The doctor said smoking is a serious danger to our health.
흡연은 우리 건강에 심각한 위협이라고 의사는 말했다.

may

허락의 의미를 가지고 있는 may는 would와 유사하게 추측이나 제안의 의미로 사용합니다. 저는 may 단어를 볼 때마다 "May the odds be ever in your favour. 승리의 여신이 항상 함께하기를" 라는 〈헝거 게임〉의 대사가 떠오릅니다. 이 문장에서 쓰인 may의 의미도 함께 살펴볼 예정입니다. 아래의 예문을 해석해봅시다.

PRACTICE 55

추측, 가능성 | 아마도 ~일 것이다, ~일(할)지도 모른다, ~일(할) 수도 있다

A: I'm sure they are all out. B: You **may** be right.	✎
He **may** be a good actor but he's a terrible father.	✎
I **may** be late, so don't wait up.	✎
He **may** be in Chicago.	✎
Do you think you **may** move to Chicago?	✎
They **may** not be at home now.	✎
He **may** be handsome, but he is so boring.	✎
I **may** be poor, but I am not dumb.	✎

허락 | ~해도 되다, ~하면 안 되다, ~해도 되나요?

You **may** leave your phones here.

You **may** go now.

You **may** not drive gasoline vehicles in this
district.

May I suggest a different color?

May I borrow your wife for a second?

May I come in?

소망 | ~하길 바랍니다

May you have a long and happy life!

May God be with you.

May he rest in peace.

제안 | ~하는 게 어떨까?, ~가 좋을 것 같아

You **may** want to reconsider his suggestion.

It **may** be wise to proceed now.

might

may는 현재의 가능성, 미래의 가능성 그리고 허락 등을 나타낼 수 있다고 배웠습니다. 그렇다면 might는 어떤 뜻을 가지고 있을까요? might 역시 현재의 가능성과 미래의 가능성 등을 나타낼 수 있습니다. 일반적으로 동사는 현재형과 과거형, 미래형에 따라 형태가 계속 변하지만 may나 might는 혼자서 현재와 미래를 모두 나타낼 수 있습니다. may뿐만 아니라 will, would, might, can, could 등 <u>모든 조동사에는 시제가 없습니다.</u> 시제는 동사만이 가지고 있는 특성이에요. 조동사의 대부분은 현재와 미래 모두를 나타낼 수 있고 현재, 미래, 과거를 동시에 나타낼 수도 있습니다. 전후 문맥에 따라 시제가 결정된다는 사실을 알아두세요!

You're all done. You may go now.

(현재) 다 했구나. 이제 그만 가봐.

I may study abroad next year.

(미래) 나 내년에 유학할 수도 있어.

This might work.

(현재) 이렇게 하면 될지도 모르겠다.

It might snow next week.

(미래) 다음 주에 눈이 올지도 모르겠다.

Call mom now. I'm sure she would lend you the money.

(현재) 지금 엄마에게 전화해봐. 너에게 돈을 빌려주실걸.

I tried everything, but she wouldn't stop bleeding.

(과거) 모든 걸 다 해봤지만 (그녀의) 출혈이 멈추지 않았다.

다만 간접화법에서 배웠듯 어떤 일의 가능성에 대해 과거에 누가 말한 내용이나 생각, 요청 등을 전달할 때는 may의 과거형으로 might를 사용하기도 합니다.

Chesney said that she might visit her mom.

(과거) Chesney는 그녀의 엄마를 방문할 수도 있다고 말했다.

may와 유사한 쓰임이 있는 might를 사용한 문장도 해석해봅시다. 상단에 적혀 있는 might 의 쓰임을 참고하여 해석을 써보세요.

PRACTICE 56

추측, 가능성 | 아마 ~일 것이다, ~일(할)지도 모른다, ~일(할) 수도 있다

A: Where is Maggie?	✎ A:
B: She **might** be at home.	✎ B:
It **might** be true.	✎
He **might** be Korean.	✎
Ask Susie. She **might** know.	✎
I **might** go to the mall tonight.	✎
We **might** not be able to go to the mall tonight.	✎

허락 | ~해도 되나요?

Might＊ I borrow your laptop?	✎
Might I use your phone?	✎
I wonder if I **might** go with you.	✎

• 영국 영어에서 자주 사용되며 매우 정중한 표현입니다.

You **might** like to see what we've created
with this new machine.

You **might** want to try this and that on.

We're going to the mall now. You **might**
like to come with us.

불만 | ~하기라도 하든지

You **might** at least apologize!

If you weren't coming, you **might** have
told me yesterday!

과거에 어떤 일이 행해진 이유나 목적

She gave her life so that her children
might(could) survive.

I collected cans and bottles so that I
might make pocket money.

과거형 문장에서 may 대신(간접화법)

She asked if she **might** leave.

Jack said he **might** come tomorrow.

He thought he **might** be ill.

may와 might의 의미에는 큰 차이가 없지만 추측에 대한 확신이 적을 때 might를 사용합니다. is/are 등을 사용했을 때에 비해 may, might를 사용했을 때 확신하는 정도가 낮아집니다.

You are right. → You may be right. → You might be right.
네 말이 맞아. → 네 말이 맞을 거야. → 네 말이 맞을지도 모르겠네.

might라는 단어가 담고 있는 '희박한 확률'을 위트 있게 보여주는 이런 문장도 읽어보세요.

I might go to church, and dogs might fly, too.

내가 교회에 나갈 수도 있지, 그리고 개는 날 수도 있고 말이야.

DAY 24.
조동사, 가정법 ②

지난 시간에 이어 나머지 조동사를 배워보도록 하겠습니다. can, could를 비롯하여 요즘엔 잘 사용하지 않는 shall까지 배워볼 텐데요. 앞서도 말했지만 뜻이 다양한 조동사는 여러 번 반복해서 익히는 것이 좋습니다. 지난 수업도 꼭 복습한 다음 오늘 진도를 나가시길 바랍니다.

can

can은 능력을 나타내는 대표적인 단어입니다. can은 '~을 할 수 있다'라는 뜻을 비롯하여 may나 might와 비슷하게 허락이나 제안의 의미도 가지고 있습니다. 아래 표를 보고 can이 들어간 문장을 모두 해석해봅시다. 모르는 단어가 있다면 사전을 활용해도 좋습니다.

PRACTICE 57

능력 | ~을 할 수 있다, ~을 할 줄 안다

She **can** drive.	✎
Can you swim?	✎
She **can** remember where she put that book.	✎
I **can't** eat meat.	✎
I'm afraid there is nothing I **can** do about it.	✎
These children **can** read and write basic words.	✎
I **can** buy any book I want.	✎
Don't worry. You **can** do it.	✎

가능성 | ~할 수 있다(~할 가능성이 있다)

Can she still be alive under the rubble?	✎
I don't think she **can** be alive.	✎

You **can't** always get what you want.

I **can't** speak to you at the moment. I have company.

Drinking **cannot** be good for us.

Hiking alone **can** be dangerous.

Not exercising **can** be bad for your health.

For some people, these pills **can** cause dizziness.

You have just eaten. You **can't** be hungry right now.

Her version of the story **cannot** possibly be true.

He **cannot** be that old.

You **can't** be serious.

허락 | ~해도 되다

A : **Can** I leave now?
B : No, you **cannot**.

A:
B:

I'm sorry, sir. But you **can't** park here.

You **can** take a day off.

You **can't** do that!

부탁 및 제안 | ~해줄래요?, ~해줄까요?

Can I borrow some money?

Can you help me with the dishes?

Can I ask you something?

Can I ask you something private?

Can I help you?

I **can** take you to the station if you want.

could

could 역시 can과 마찬가지로 능력을 뜻하는 단어로, 과거의 능력을 말합니다. '과거의 능력'이란 주로 두 가지 경우로 나뉠 수 있는데요. 하나는 과거에 항상 가능했던 일, 두 번째는 과거 특정 상황에만 겨우 가능했던 일입니다. 항상 가능했던 일이라면 could를, 특수한 상황에만 겨우 가능했던 일이라면 manage to라는 표현을 사용합니다. 예를 들어 아래 예문 'Back then, I could run faster than you.'와 같은 문장은 과거에 항상 가능했던 일을 말합니다. 만약 어제만 잠시 가능했던 일이라면 이렇게 말해야겠지요? I managed to outrun you yesterday.^{어제 나는 간신히 너를 앞지를 수 있었어}

다른 조동사와 마찬가지로 could도 능력 외에 가능성, 허락 등 다양한 뜻을 가지고 있습니다. 아래 예문을 해석해봅시다.

PRACTICE 58

과거의 능력 | ~을 할 수 있었다, ~을 할 줄 알았다

Back then, I **could** run faster than you.	✎
Jerry **could** see why they got divorced.	✎
We **couldn't** leave him behind.	✎
A lot of those kids **could** not read.	✎

가능성 | ~일(할) 수도 있다, ~일(할) 가능성이 있는 것 같다

This medicine **could** help your cold.	✎

could

That **could** be true. ✎

He **could** be very hungry. ✎

It **could** be months before they get the test result. ✎

Did you think she **could** still be alive? ✎

허락 | (언제든지) ~해도 되었다

We **could** go into the gallery anytime we wanted. ✎

She **could** play video games all day. ✎

부탁 및 제안 | ~하는 게 어떨까요?, ~해드릴까요?, ~할 수도 있다[*]

• can보다 could가 더 정중한 표현입니다.

Could I borrow some money? ✎

Could you help me with the dishes? ✎

Could you show me how to turn this off? ✎

Couldn't you just buy more land? ✎

Could I help you with the bags? ✎

A : Do you have any plans for us for the weekend? ✎ A:

B : I don't know. We **could** go swimming. ✎ B:

You **could** ask your doctor for a copy of your test results. ✎

can과 유사하게 be able to 역시 '~을 할 수 있다'라는 의미를 가지고 있습니다. can과 is/are able to, could와 was/were able to는 대부분의 상황에 서로 교환하여 사용할 수 있습니다. 하지만 be able to가 can보다는 더 격식을 차린 표현이며, 특수한 상황에서는 can이 아니라 be able to만 써야 하기도 합니다. be able to를 써야만 하는 상황에 대해 살펴봅시다.

첫 번째로 다른 조동사와 함께 올 때입니다. 조동사는 두 개를 한꺼번에 사용할 수 없기 때문입니다.

I might be able to **help you out.**
아마 내가 너를 도와줄 수 있을 거야.

No one will be able to **complete the task.**
아무도 그 일을 완수할 수 없을 것이다.

We'll be able to **speak and write English after finishing this course.**
이 (수업) 과정을 마치면 우리는 영어로 말하고 쓸 수 있게 될 거야.

두 번째로 to부정사나 ing 형태와 함께 올 때도 be able to를 사용합니다.

It would be nice to be able to° afford that house.
그 집을 살 수 있다면 좋겠네.

Everyone used to be able to° get free check-ups.
예전에는 누구나 무료 검진을 받을 수 있었다.

He was proud of being able to° read and write.
그는 읽고 쓸 수 있다는 것을 자랑스러워했다.

- it would be nice to can이라고 하지 않아요.

- used to be able to ~할 수 있곤 했다

- He is proud of can이라고 하지 않아요.

하나의 단어에 뜻이 여러 개라고 해도 서로 유사한 의미를 가지는 경우가 다수입니다. 예를 들어 independence라는 단어는 '독립, 독립한 때(시기), 개인의 자립'이라는 뜻이 있고, 세 개의 뜻이 서로 유사하거나 동일합니다. 그에 반해 조동사는 한 단어가 전혀 관계가 없어 보이는 다양한 뜻을 포함하고 있습니다.

You can't do that! (허락, ~해도 되다)
I can't eat meat. (능력, ~을 할 수 있다)

이미 배운 두 문장을 비교해보면 can이라는 단어를 동일하게 사용하지만 전혀 다른 의미를 가지고 있어요. 그래서 can이라는 단어가 능력을 나타내는 것인지, 허락을 나타내는 것인지는 앞뒤 내용을 봐야만 알 수 있습니다. can뿐만 아니라 다른 조동사들도 마찬가지로 문맥을 보고 의미를 파악해야 합니다.

한국에서 인기 있는 캐나다 드라마인 〈김씨네 편의점Kim's Convenience〉에서 이와 같은 can의 쓰임을 잘 보여주는 대목이 있어 소개드리겠습니다. 이 드라마는 캐나다로 이민 간 한국인 가족에게 일어나는 일을 다룹니다. 주인공 엄마, 아빠에게는 딸 하나, 아들 하나가 있습니다. 딸 '재닛'은 대학에서 사진학을 전공하는 학생이고, 아들 '정'은 열다섯 살에 아버지와 싸운 후 집을 나가 친구와 함께 사는 다소 반항적인 인물입니다. 마지막 에피소드에서 부모님이 아들에게 편의점을 물려주려는 장면이 나옵니다. 아래 대사를 쭉 읽어본 후에 can이 들어간 문장을 어떻게 해석하면 좋을지 직접 적어보세요.

엄마 : What do you think? (편의점 물려받는 거) 어떻게 생각하니?

정 : I don't know. There's lots to think about. 글쎄요. 고민 좀 해봐야겠어요.

(갑자기 나타난) 재닛 : Uh, what's going on? 무슨 일이에요?

아빠 : Family meeting. 가족회의 중이다.

재닛 : Oh. So, maybe I should leave. 그럼 전 가볼게요.

아빠 : Yeah, okay. 그래라. (농담)

재닛 : Seriously, did someone die? 아니, 왜 이렇게 다들 진지해요?

엄마 : No. We just talking about Jung taking over store. 아니, 정이 가게를 인수할지 이야기 하는 중이야.

재닛 : What? You can't do that. (웃음) I mean, you can't run the store, Jung.

정 : Look. I know there have been setbacks, okay? But I'm sure that if I put my mind to it, I could do a great job. 야, 나도 그동안 내가 별로 잘한 거 없는 거 알아. 하지만 나도 집중해서 하면 잘할 수 있어.

재닛 : But why would you want to? Open early, close late. No benefits, no vacation, and what does it amount to? 도대체 이걸 왜 하려는 거야? 일찍 열지, 늦게 닫지, 휴가도, 복지도 없이 어떻게 살려고 그래?

아빠 : Ah. 야.

재닛 : I'm just saying you can't run the store because I think you can do better.

✎ ....

재닛의 대사를 어떻게 해석했나요? 아래와 같이 해석하셨나요?

재닛 : What? You can't do that. (웃음) I mean, you can't run the store, Jung.

네? 오빠는 못 해요. 그러니까 내 말은, 오빠가 가게를 운영하면 안 되지. (오빠가 능력이 없다는 말로 들릴까 봐 재닛이

다시 의중을 설명합니다.)

재닛: I'm just saying you can't run the store because I think you can do better.

오빠가 가게를 운영하기에는 능력이 아깝잖아. (오빠가 가게를 운영하면 안 된다는 거야. 더 좋은 직장에 갈 수 있으니까.)

must

must는 규칙이나 법으로 정해진 것, 반드시 지켜야 하는 것에 자주 사용하는 조동사입니다. 강한 확신이 있는 추측에는 must뿐만 아니라 have (got) to라는 표현을 사용할 수도 있습니다. must를 배운 후 have to에 대해 학습할 예정입니다.

PRACTICE 59

의무 | 반드시 ~해야 한다, (절대) ~하면 안 된다

You **must** leave now.	✎
You **must** not worry.	✎
You **must** talk to her about this next Monday.	✎
All passengers **must** exit at the last stop.	✎
You **must** not talk about politics in the classroom.	✎

제안 | 꼭 ~해봐!

You **must** go and see the festival!	✎
You **must** read his next book!	✎
The view is amazing. You **must** visit us.	✎

강한 확신이 있는 추측 | ~임에 틀림없다

There's someone at the door. It **must** be him.	✎
Hi, there. You **must** be Maggie's mother.	✎
There **must** be some job she could do.	✎
It is so quiet. She **must** not be at home.	✎

must와 비슷한 의미를 가진 표현으로는 have to do something(반드시) ~해야 한다라는 표현도 있습니다. have to 대신 have got to도 자주 사용하는데요. 비격식적 표현, 그러니까 대화할 때는 have to 대신 have got to (또는 got to, gotta)를 많이 사용합니다.

We have (got) to go now. (We've got to go now.)
우리 이제 가야 해.

Do you have to go now?
너 지금 꼭 가야 해?

You have to follow the rules.
너는 규칙을 따라야만 해.

Does everyone have to wear a uniform?
모두 유니폼을 입어야만 하나요?

'반드시 ~해야 한다(현재)'가 아니라 '반드시 ~해야 했다(과거)'라고 하려면 have to를 이용한 had to를 사용하면 됩니다.

Did you have to leave so soon?*
그렇게 빨리 떠나야 했나요?

She had to visit her mother yesterday.
그녀는 어제 어머니를 방문해야만 했다.

* did you must~, 또는 she musted to~와 같은 표현은 사용하지 않습니다.

She didn't have to visit her mother yesterday.

그녀는 어제 어머니를 방문하지 않아도 됐다.

마찬가지로 '나중에(미래에) 반드시 ~해야 한다'라는 미래를 나타내려면 have to를 이용한 will have to를 사용하면 됩니다.

She'll have to find a new job soon.

그녀는 얼른 새 직장을 구해야 한다.

Other small resorts will have to produce artificial snow for skiing.

스키를 타려면 다른 소형 리조트에서는 인공 눈을 만들어야만 한다.

must는 주로 격식을 갖추어야 하는 상황에서, have to는 일상적인 대화에서 사용되지만 의미 차이는 거의 없습니다. 다만 부정문에서는 의미 차이가 발생하니 잘 봐둬야 합니다.

You must not take photos of people without their permission.

허락 없이 다른 사람의 사진을 찍으면 안 됩니다.

*must not : 절대 ~해서는 안 된다

You don't have to do it.

너 그거 할 필요 없어.

*don't have to do something : ~할 필요가 없다

should

should는 해석만 놓고 본다면 must와 동일해 보입니다. 하지만 강제성을 지닌 must에 비해 should는 도덕적으로, 혹은 내가 생각했을 때 지켜야 하는 것에 대해 말할 때 사용합니다.

PRACTICE 60

제안, 충고 | ~하는 게 좋겠다, ~해야 한다, ~하는 게 이치에 맞다

We **should** visit her more often.	
You **should** see a doctor about this.	
You **shouldn't** drink and swim.	
My parents think I **should** study more in the States.	
You **should** not use that detergent.	
Cat owners **should** be required to neuter their cats.	
What **should** we do now?	

논리적 추측 | 아마 ~일 거야, 아마 ~가 아닐 거야

The weather's so nice. It **should** be an enjoyable trip.	
It **should** be a nice day tomorrow.	
There **shouldn't** be a problem.	

We have two tents and four pairs of hiking boots. I'm sure that **should** be enough for the trip.

예상한 결과 또는 올바른 방법 | ∼여야 한다, ∼해야 한다

A proper noun **should** start with a capital letter.

Every sentence **should** start with a capital letter.

Count again. There **should** be 30 books in total.

This dish **should** be served with butter.

if 대신 | 만약 ∼라면

Should (= if) you change your mind, do let me know.

Should anyone call, please tell me.

shall의 과거형 | 과거에 누가 말한 내용을 전달할 때

Tommy asked her what time he **should** visit.

Derrick explained that he **should** be busy the whole time.

ought to

ought의 강제성은 must와 should의 중간 정도로, should보다는 더 격식을 차린 표현이긴 하지만 must처럼 반드시 지켜야 하는 것을 말하지는 않습니다. must, should에 비해 현대 영어에서는 사용 빈도가 아주 낮고, 고전 도서에서 더 자주 만날 수 있는 단어입니다. 다른 조동사와 다르게 to와 함께 다닙니다.

PRACTICE 61

제안, 충고 | ~하는 게 좋겠다, ~해야 한다, ~하는 게 이치에 맞다

I think we **ought** to leave now.	✎
You **ought** to get up early tomorrow.	✎
Parents **ought** not to swear at their children.	✎
You **ought** to explain why.	✎
They **ought** to apologize to her.	✎
These shrimps are amazing. You **ought** to try some.	✎

논리적 추측 | 틀림없이 ~일 거야

Advances in medical sciences **ought** to make things easier.	✎

That **ought** to be enough water for all of us.	🖉

should와 비슷한 의미로 어떤 일을 강력하게 권할 때 '(had) better do something'이라는 표현도 사용할 수 있습니다. 현재의 일이지만 have better가 아닌 had better니 잘 기억해두어야 합니다. should, ought에 비해서는 비교적 가까운 미래를 말할 때 사용하며 now, right now, soon 등과 함께 써서 '지금 ~하는 게 좋을걸', '당장 ~하는 게 좋을걸', '빨리 ~하는 게 좋을걸'이라고 해석할 수 있습니다.

You'd better leave now.
너 지금 출발하는 게 좋겠어.

You had better not do that.
그러지 않는 게 좋을걸.

Man, you'd better call her soon. She seemed so mad.
야, 걔한테 빨리 전화하는 게 좋을걸. 걔 엄청 화났던데.

마지막으로 짧은 대화문도 살펴보겠습니다.

A : I'm really sorry. 정말 미안해.
B : You better be! 당연히 그래야지!

대화할 때는 had를 빼고 자주 사용합니다. 대화할 때는 had better 대신 (had) best도 자주 사용합니다. (ex. You'd best get ready for work. 얼른 출근 준비해)

need

'~을 필요로 하다'라는 뜻의 일반 동사로 훨씬 자주 사용되는 need는 조동사로서도 사용됩니다. ought와 마찬가지로 뉴스나 고전 작품에서 주로 볼 수 있으며, 실제 대화에서 'Need I say more?'와 같은 관용적 표현을 제외하고는 조동사 need를 사용하는 경우는 매우 드문 편입니다.

PRACTICE 62

~할 필요가 있다, ~할 필요가 없다

All you **need** do is ask.*	✎
Need we say more?	✎
You **need** not worry.*	✎
Gary **needn't** have spent all that money.	✎

- 'All you need to do is ask.'가 더 일반적입니다!

- 'You don't need to worry.'가 더 일반적입니다!

shall

shall은 will처럼 다른 동사에 붙어서 미래 시제를 만들 수 있습니다. 하지만 요즘에는 shall 보다 동일한 의미를 가진 will을 훨씬 더 많이 사용합니다.

PRACTICE 63

미래 예측, 계획 | ～할 것이다, ～일 것이다

I **shan't** let him go. (shan't = shall not)

He **shall** be busy all day this Saturday.

제안 | ～할까요?

Shall I close the windows?

Shall we go and see the movie?

명령 | ～해!

Every student on the premises **shall** evacuate right now!

*on the premises : 구내에, 건물 안에

No one **shall** leave this house.

You **shall** not pass.

의무 | (법이나 규칙 등에 의해) ~해야만 한다

| There **shall** be no talking on the phone during the audition. | ✎ |
| All payments **shall** be made in United States dollars. | ✎ |

shall을 마지막으로 조동사를 모두 살펴보았습니다. 여러 조동사가 확률이나 가능성의 의미를 담고 있는데요. 조동사를 사용하지 않고도 각종 부사(probably, certainly, maybe, possibly 등)를 써서 동일한 의미를 전달할 수 있기도 합니다. 또한 be bound to do something ^{반드시} ~하다, be likely to ~할 가능성이 있다 등 확률의 의미를 담은 구를 사용해도 됩니다. 다만 조동사를 이용한 확률 표현이 훨씬 더 자주 사용되니 각 조동사의 의미와 뉘앙스를 잘 익혀두도록 합니다.

조동사를 처음 배운다면 너무 다양한 뜻에 현기증이 날지도 모르겠습니다. 오늘 열심히 공부했다고 해도 내일 다시 읽어보면 이해되지 않거나 기억나지 않는 부분이 있을 겁니다. 어제, 오늘 수업한 매운맛 1단계에서는 새로운 내용을 많이 배웠으니 다음 수업 전에 꼭 복습하기를 권합니다.

DAY 25.

조동사, 가정법 ③

오늘은 드디어 가정법에 대해 배워볼 겁니다. 사실 '가정법'이라는 용어 자체에 대해서도 논란이 많은데요. '조건문'이라고 불러야 한다는 분도 꽤 많습니다. 가정법은 wish, suggest, recommend 등의 단어를 사용해 실제 현실과 다른 상황을 가정하고 제안하는 방법인 데 반해 조건문은 조건이 있는 모든 상황을 표현하는 용어입니다. 따라서 if를 사용하여 조건을 나타내는 문장은 가정법이 아니라 조건문이라고 불러야 한다는 겁니다. 영어로 쓰인 문법책에서는 이 부분을 '가정법'이라는 하나의 용어로 설명하지 않고 subjunctive가정법와 conditional조건법로 나누어 설명하고 있습니다. 브리태니커 사전을 보면 각 단어의 뜻은 다음과 같습니다.

> **subjunctive** : of or relating to the verb form that is used to express suggestions, wishes, uncertainty, possibility, etc.
> 제안, 희망, 불확실성, 가능성 등을 표현하기 위해 사용되는 동사 형태

> **conditional** : showing or used to show that something is true or happens only if something else is true or happens
> 다른 것이 사실이거나 일어날 때만 어떤 것이 진실이거나 일어난다는 것을 보여주기 위해 사용됨

conditional조건문은 앞으로 여섯 가지 상황에 따라 하나씩 배울 예정이고요. subjunctive가정법
에 대해 잠시 설명하고 넘어가도록 할게요. 다음 문장을 한번 볼까요?

Jack recommended (that) she give up junk food.

Jack은 그녀에게 인스턴트 음식을 그만 먹을 것을 권했다.

뭔가 이상한 점은 없나요? 왜 she 다음 나온 give에 s가 붙어 있지 않은 걸까요? 아래와 같
은 문장이 맞을 것 같은데 말입니다.

Jack recommended (that) she gives up junk food.
Jack recommended (that) she should give up junk food.

오히려 평소 대화에서는 gives, should give로 사용하는 경우가 많습니다. 하지만 조금 더
격식을 차린 글에서는 인칭이나 시제에 관계없이 동사의 원형이 오는 경우가 있는데요. 조
금 특이한 경우입니다. 주로 '어떻게 하라'는 제안, 의무를 뜻하는 동사(recommend, insist,
demand, suggest)나 형용사(important, imperative, essential)가 올 때 이렇게 씁니다. 예문을 조
금 더 봅시다.

The doctor suggested that she wait a few more days.

의사는 그녀에게 며칠 더 기다리라고 권했다.

She insisted that he wait.

그녀는 그에게 기다리는 게 좋겠다고 말했다.

People demanded that he resign.

사람들은 그에게 사임할 것을 요구했다.

It was essential that he use his time more productively.

그는 시간을 좀 더 생산적으로 쓸 필요가 있었다.

이렇게 동사의 원형을 쓰는 용법은 국내 영어 문법 도서나 시험에 단골로 나오는 주제입니다. 혹시 시험을 준비하고 있다면 눈여겨볼 필요가 있습니다. 국내에서 볼 수 있는 문법책에서 '가정법' 챕터는 conditional뿐만 아니라 subjunctive까지 포함됩니다. 이 책에서는 두 분류를 나누지 않고 의미에 집중하여 if나 wish 등의 사용법을 알아볼 예정입니다.

가정해봅시다

이전 두 수업에서는 조동사를 먼저 배웠습니다. if가 사용된 문장은 말 그대로 어떤 일을 상상하고 가정하는 것이니 '~라면 ~했을 것이다', '~라면 ~했을 텐데'라고 해석되는 경우가 대다수입니다. '했을 것이다' 또는 '했을 텐데'가 바로 조동사를 써서 표현하는 부분이라 이해를 돕기 위해 조동사를 먼저 배웠습니다. if를 이용한 가정을 본격적으로 배우기 전에 직접 아래의 문장을 영어로 바꿔봅시다.

PRACTICE 64

날씨가 좋으면 아이들은 밖에 나가서 논다.	✎
그는 어머니가 그리우면 항상 우리 집에 놀러 왔다.	✎
만약 그 비밀에 대해 사람들이 알면 날 절대 용서하지 않을 거야.	✎
(그럴 리는 없지만) 만약 네 배우자가 바람을 피운다면 어떨 것 같아?	✎
배우자가 바람을 피우고 있다면 어떻게 해야 하나요?	✎
내가 만약 너라면 걔랑 헤어질 것 같아.	✎
내가 만약 조금만 더 열심히 연습했으면 금메달을 땄을 거야.	✎

답안을 확인해보면 조금 의아한 문장도 있을 것 같습니다. 특히 시제 면에서요. 4번 예문에서 나온 'How would you feel if your spouse cheated on you?'라는 문장에서는 과거에 바람을 피우고 끝난 일이 아닌데 왜 과거 동사를 쓰는지 의아할 수 있고, 6번의 문장인 'If I were you, I would break up with her/him.'에서는 '대체 I were은 무엇인고' 하는 생각이 들 것 같습니다. 또 7번의 'If I had practiced harder, I would have won the gold medal.'에서 완료형을 쓰는 이유는 대체 무엇인지도 궁금할 겁니다. 자, 이제 본격적으로 if를 이용한 가정에 대해 배워보겠습니다.

Case 1 : 실제 상황

우리는 정말 많은 일을 가정하여 말할 수 있습니다. 첫 번째 Case에서는 실제로 일어났던 일을 가정하거나, 앞으로 일어날 일을 가정하는 상황에 대해 먼저 이야기해볼 겁니다. 이 상황에서는 우리가 배웠던 시제를 그대로 사용하면 됩니다. 현재의 일이라면 현재형을, 과거의 일이라면 과거형을, 미래에 일어날 일이라면 미래형을 쓰면 됩니다. 여기서부터는 한국어로 적힌 문장은 영어로, 영어로 적힌 문장은 한국어로 바꾸는 훈련을 많이 하게 될 겁니다. 꼼꼼하게 작성한 후 정답과 비교해보세요!

PRACTICE 65

If I see her, I'll let you know.	✎
You should study more. If not, you won't pass the exam.	✎
Come home now if you can.	✎
I wonder if it's true.	✎
If you really want to know, you should ask her.	✎
If you don't want to go there, you don't have to.	✎
If I can't sleep, I read 《Guns, Germs, and Steel》.	✎
If you like him, just ask him out!	✎

If you need help, just ping me.	✎
He asked me if I could give him dance lessons.	✎
If you must have it tonight, come back at 6.	✎
If he can't come to the party, he will call you.	✎
If you take a break, you will be fine.	✎
If you study hard, you will pass the test.	✎
If mom calls, I might ask her why she said that.	✎
If you park there, you'll get towed.	✎
If we watch a movie, we usually have onion popcorn.	✎
If I had a day off, I always went to see my girlfriend.	✎
If she picked up the packages from the mailroom this morning, it means she's still on campus.	✎
If you didn't take any math course, it's impossible for you to solve this equation.	✎
If we had a flat tire, we would ask our next-door neighbor.	✎
If you visit me next week, we will definitely check out that new coffee shop.	✎
If they are complaining about something, just listen to them.	✎
If the blue light comes on, it means it has a full battery.	✎

Ask him if he's staying one more night. ✎ ....

If you get to the top of the mountain, you
can see the local wind farm. ✎ ....

If my mom is cursing, it means that she is
very upset. ✎ ....

If I got home late, my mom scolded me. ✎ ....

If he was angry, he just stared into the
distance without saying anything. ✎ ....

If he was angry, he used to shout and
slam doors. ✎ ....

If my mom and dad had a day off, we
always went to the zoo. ✎ ....

If you don't leave now, you will miss the
last train. ✎ ....

If Sam doesn't come soon, we will have
to leave without him. ✎ ....

If I drink too much, I will get a headache
tomorrow. ✎ ....

If you ever go to New York, you should
check out the musicals. ✎ ....

You may leave the room if you've finished
the test. ✎ ....

If you are going to talk to me like that,
just get lost. ✎ ....

방금 해석해봤던 문장을 다시 영작해보겠습니다. 위에서 본 내용을 참고하지 않고 영작해
보세요.

그녀를 만나게 되면 너에게 말해줄게. ✎

공부 좀 더 해. 안 그러면 너 시험 떨어진다. ✎

가능하면 지금 집에 와. ✎

그게 사실인지 궁금하네. ✎

정말 알고 싶으면 그녀에게 물어봐. ✎

거기 가기 싫으면 안 가도 돼. ✎

나는 잠이 오지 않으면 《총, 균, 쇠》를 읽어. ✎

그 사람이 좋으면 데이트하자고 해! ✎

도움이 필요하면 부르세요. ✎

그는 나에게 춤을 가르쳐줄 수 있냐고 물었다. ✎

오늘 밤에 꼭 찾아가야 한다면 6시에 다시 오
세요. ✎

그가 파티에 오지 못한다면 너에게 전화할 거야. ✎

휴식을 취하면 괜찮아질 거야. ✎

열심히 공부하면 시험에 합격할 거예요. ✎

엄마가 전화하면 왜 그런 말을 했는지 물어봐야
겠어. ✎

거기 주차하면 견인될 거예요. ✎

우리는 영화를 볼 때 주로 양파 맛 팝콘을 먹어. ✎

쉬는 날에는 항상 여자 친구를 보러 갔었다. ✎

만약 그녀가 아침에 우편물실에서 소포를 찾아갔
다면, 그녀가 아직 교내에 있다는 뜻이야. ✎

만약 네가 수학 과목을 듣지 않았다면, 이 방정식
을 푸는 건 불가능해. ✎

타이어가 펑크 났을 때 우리는 옆집 이웃에게 도움
을 청하곤 했다. ✎

다음 주에 너 놀러 오면 새로 생긴 커피숍 꼭 가
보자. ✎

만약 그들이 뭔가에 대해 불만을 표하고 있다면 그냥 그 말을 들어보세요.

✎ ....

파란 불이 켜지면 배터리가 완충되었다는 뜻입니다.

✎ ....

하루 더 머무를 건지 그에게 물어봐.

✎

산 정상에 도착하면 이 동네의 풍력발전단지를 볼 수 있다.

✎ ....

만약 엄마가 욕을 하고 있다면, 엄마가 매우 화났다는 것을 의미한다.

✎ ....

집에 늦게 들어가면 엄마가 혼을 냈다.

✎

그는 화가 나면 아무 말 없이 먼 곳을 바라보기만 했다.

✎ ....

그는 화가 나면 소리를 지르고 문을 쾅 닫곤 했다.

✎

엄마, 아빠가 하루 쉬면 우리는 항상 동물원에 갔다.

✎ ....

지금 출발하지 않으면 막차를 놓칠 거야.

✎

Sam이 빨리 오지 않으면, 우리는 그를 두고 떠나야 한다.

✎ ....

술 너무 많이 마시면 내일 머리가 아플 거야.

✎

뉴욕에 간다면 뮤지컬 꼭 봐.

✎

시험지를 다 작성했으면 나가도 됩니다.

✎

나한테 그런 식으로 말할 거면 나가.

✎

이제 각 문제의 답을 모두 확인해봅시다. 영어에서 한국어로, 한국어에서 영어로 편안하게 바꿀 수 있을 때까지 연습해보는 것을 추천합니다.

Case 2 : 진리 또는 진실

모두가 아는 진리나 진실, 과학적인 사실에 대해 말할 때는 현재형을 사용합니다. 이미 동사 강의를 듣고 오셨다면 그 이유가 바로 이해될 거라 생각합니다. 현재형의 두 번째 용도가 바로 '일반적으로 우리가 믿는 진리나 사실에 대해 말할 때'였지요? 보통 'If you do A, you do B'라고 표현하며 이 표현은 '~하면 ~한다', ' ~하면 반드시 ~하게 되어 있다'라고 해석할 수 있습니다. 여기서 if를 when으로 바꾸더라도 의미가 달라지지 않습니다.

If you do A, you do B. ~하면 ~한다, ~하면 반드시 ~하게 되어 있다

If you smoke every day, your health declines.	매일 담배를 피우면 건강이 나빠집니다.
If you boil water, it evaporates.	물을 끓이면 증발합니다.
If water reaches 100 degrees, it boils.	물이 100도가 되면 끓습니다.
If you brush your teeth every day, you don't get cavities.	매일 이를 닦으면 충치가 생기지 않습니다.

지금까지는 실제로 일어난 일이나 앞으로 일어날 일에 대해 이야기했습니다. 우리가 평소에 아는 대로 시제를 사용하면 되니 어려운 점은 크게 없을 거라 생각합니다. 하지만 실현될 가능성이 거의 없는 일을 가정한다면 어떨까요? 이때는 시제가 예상치 못한 방향으로 바뀝니다. 현재의 일을 가정한다면 과거 시제로, 과거의 일을 가정한다면 과거 완료 시제로 바뀌는데요. 다음 장에서 차례로 살펴보겠습니다.

Case 3 : 현재 또는 미래, 희박한 가능성

🔥🔥

현재 또는 미래에 일어날 가능성이 희박한 일, 또는 아직 일어나지 않은 가상 상황을 말할 때는 아래와 같은 두 가지 표현을 사용합니다. 현재의 일임에도 과거형을 씁니다. 아래 예문을 해석해봅시다.

PRACTICE 66

If you were A, you would be B. (만약에) ~라면 ~일 텐데(일 것 같다)

If you did A, you would do B. (만약에) ~하면 ~할 텐데(할 것 같다)

If I were as tall as you, I would ask her out.	✎
If I were rich, I would buy that car.	✎
If I had a million dollars, I would buy that house.	✎
I wouldn't worry **if I were** you.	✎
It would be nice **if you moved** to Korea.	✎
If I didn't know him, I would be happier.	✎
If I didn't work the night shift, I would be healthier.	✎
If I knew the truth, I would tell you.	✎

It would be nice **if he helped** me with the dishes.

🖎 ....

If I had more money, I could buy that car.

🖎 ....

If I knew the answer, I would tell you.

🖎 ....

If we lived by the sea, we would be lying on the beach drinking Mai Tais right now.

🖎 ....

We might buy a bigger house **if we had** the money.

🖎 ....

He could go to the concert **if he had** the money.

🖎 ....

If I were a bit taller, I would make an amazing basketball player.

🖎 ....

If I were you, I'd stop smoking.

🖎 ....

If the Third World War broke out, it would mean the end of the world.

🖎 ....

If my wife lost her job, too, we would be in serious trouble.

🖎 ....

If I could become President, I would actively regulate greenhouse gas emissions.

🖎 ....

If you could anonymously destroy someone's life, would you do it?

🖎 ....

would 자리에는 '아마 ~일 거야'라는 약한 추측의 의미를 가진 could, might, should 등도 사용할 수 있습니다. 대화할 때는 문법 규칙을 고수한 'If she were' 대신 'If she was', 'If he was'도 자주 사용합니다. 다만 'If I were'은 통째로 굳어진 표현입니다. 방금 해석해봤던 문장을 이제 영작해보겠습니다. 위에서 본 내용을 참고하지 않고 영작해보세요.

내가 너처럼 키가 컸다면 그녀에게 데이트하자고 했을 거야. ✎ ....

내가 부자라면 그 차를 살 텐데. ✎

만약 나에게 백만 달러가 있다면, 나는 그 집을 살 거야. ✎ ....

내가 너라면 걱정하지 않을 거야. ✎

네가 한국으로 이사 오면 좋을 것 같아. ✎

내가 그를 몰랐으면 더 행복할 텐데. ✎

내가 야간 근무를 하지 않는다면 더 건강할 텐데. ✎

내가 진실을 안다면 너에게 말해줄 텐데. ✎

그가 설거지를 도와준다면 좋을 텐데. ✎

돈이 더 있었다면 저 차를 살 수 있을 텐데. ✎

내가 답을 알면 너한테 알려줬지. ✎

우리가 바다 주변에 살았으면, 지금 해변에 누워서 칵테일을 마시고 있을 텐데. ✎ ....

돈이 (충분히) 있었다면 더 큰 집을 살 텐데. ✎

돈이 충분히 있었다면 그는 콘서트를 보러 갈 수 있을 텐데. ✎ ....

내가 키만 좀 더 컸으면 엄청난 농구선수가 됐을 텐데. ✎

내가 너라면 담배 끊을 것 같아. ✎

제3차 세계대전이 일어난다면 세상은 끝이 나겠지. ✎

아내까지 직장을 잃으면 우리는 살기 힘들어질 거야. ✎

내가 대통령이 된다면 온실가스 배출을 적극적으로 규제할 것이다. ✎ ....

아무도 모르게 누군가의 인생을 파괴할 수 있다면 그렇게 하시겠습니까? ✎ ....

이제 각 문제의 답을 모두 확인해봅시다. 마찬가지로 영어에서 한국어로, 한국어에서 영어

조동사, 가정법 ③ 167

로 편안하게 바꿀 수 있을 때까지 연습해보세요.

예문을 하나씩 읽어보면 알겠지만 현재 상황을 가정하는 데 과거형 동사가 쓰입니다. 'if I had a million dollars'는 have가 아닌 had가 사용되었고, 'if I were you'에서는 am이 아닌 were이 사용되었습니다. 또 'if you moved to Korea'에서는 move가 아니라 moved가 사용되었지요.

영어에서 '과거형'은 세 가지 용도가 있습니다. 첫 번째로는 과거에 일어난 일을 말할 때 과거형을 사용하며, 두 번째로는 공손하게 말할 때도 과거형을 사용합니다. 이 부분은 동사의 마지막 강의에서 이미 설명한 바 있습니다. 마지막으로 불가능한 상황, 또는 불가능할 것이라 생각하지만, 희망을 품고 하는 말인 경우에도 과거형을 사용합니다. 실제와 가상의 거리감을 나타내기 위해 시제가 한 단계 뒤로 밀린다고 생각하면 됩니다. 지금을 기준으로 현재의 불가능한 일을 가정한다면 과거 시제를, 과거에 불가능했던 일을 가정한다면 과거 완료 시제를 사용합니다.

'불가능한, 벌어지지 않을 일을 상상'할 때 나오는 시제 변환은 참으로 희한한 것이어서 처음 보는 학습자들을 난처하게 만들곤 합니다. 하지만 한국어에서도 비슷한 시제 변화를 찾아볼 수 있습니다. 예를 들어 '내가 만약 너였다면 그런 사람 안 만나'라는 문장에서 '~였다'라는 과거형이 사용된 것을 볼 수 있습니다. 과거의 상황이 아닌데도 과거형이 사용되었지요? 우리가 평소에 '내가 만약 너였다면'이라는 말을 하면서 과거형인지, 현재형인지, 상상한 것인지, 불가능한 일인 것인지 생각하고 따져가면서 사용하지는 않습니다. 마찬가지로 if를 이용한 가정도 기본 쓰임을 습득한 다음에는 책을 통해 자주 접하다 보면 어느새 저절로 해석하게 될 겁니다. 일단 교재에 수록된 예문을 하나씩 해석해보고 영어로 바꿔보면서 if 사용법에 먼저 익숙해지도록 합시다.

Case 4 : 과거, 희박한 가능성

어떤 일이 과거에 일어났을 가능성이 매우 희박했던 경우를 상상하면서 하는 말입니다. Case 3과 마찬가지로 비현실적인 일을 가정하는 상황이죠. 차이점이 있다면 이번에는 현재의 일이 아니라 과거의 일을 가정하는 겁니다.

PRACTICE 67

If I had been A, I would have been B. (만약에) ~였더라면 ~였을 텐데(였을 거야)

If I had done A, I would have done B. (만약에) ~했더라면 ~했을 텐데(했을 거야)

If I had known how to drive, it would have been a lot easier to move all this.

If you had told me the truth, I would have forgiven you.

If I had finished my homework on time, I could have gone to the movies.

If I hadn't brought my dress, I would have been unable to join the dinner party.

If you had missed the 5 o'clock train, you would not have made it before 10.

If you had booked our flight earlier, it would have been way cheaper.

If I had revised more, I would have got better grades.	✎ ....
If I had known you guys were coming, I would have baked chocolate chip cookies.	✎ ....
If I had known she was sick, I would have brought her some soup.	✎ ....

would have 자리에 could have, might have, may have 등을 사용할 수도 있습니다. 대신 그 의미는 조금씩 다를 수 있는데요. 이 부분은 다음 수업에서 자세히 배울 예정입니다. 방금 해석해봤던 문장을 다시 영작해보겠습니다. 위에서 본 내용을 참고하지 말고 영작해보세요.

내가 운전할 줄 알았더라면, 이걸 다 옮기는 게 훨씬 쉬웠을 텐데.	✎ ....
네가 진실을 말했더라면, 나는 너를 용서했을 텐데.	✎
만약 내가 숙제를 제시간에 끝냈더라면, 나는 영화를 보러 갈 수 있었을 텐데.	✎
만약 내가 드레스를 가져오지 않았더라면, 나는 저녁 파티에 참석할 수 없었을 거야.	✎
5시 기차를 놓쳤더라면 10시 전에 도착하지 못했을 거야.	✎
일찍 항공권을 예매했다면 훨씬 더 저렴했을 텐데.	✎
좀 더 수정했더라면 더 좋은 점수를 받았을 텐데.	✎
너희가 오는 줄 알았다면 초코칩 쿠키를 만들었을 텐데.	✎
그녀가 아픈 걸 알았다면 내가 수프를 좀 가져다줬을 텐데.	✎

DAY 26.

조동사, 가정법 ④

지난 수업에서는 시제 변환 때문에 다소 헷갈리는 내용도 있었을 것 같아요. 급하게 다음 진도로 넘어가지 마시고 앞부분을 복습하고 오시길 바랍니다. 그럼 오늘도 달려봅시다!

Case 5 : 과거로 인해 달라질 수 있는 현재

🔥🔥

이번에는 과거에 어떤 일이 벌어졌더라면 현재가 이렇게 달라졌을 거라 상상할 때 사용하는 표현을 배워보겠습니다.

PRACTICE 68

If I had been A, I would be B. (만약에) ~였더라면 (지금) ~일 텐데(일 거야)

If I had done A, I would do B. (만약에) ~했더라면 (지금) ~할 텐데(할 거야)

If I had not met him, I would be single now.

✎ ....

If I hadn't met my dad then in the forest, I wouldn't be here now.

✎ ....

If they hadn't given him extra financial perks, he wouldn't still be working there.

✎ ....

If he had studied harder, he would have a better job now.

✎ ....

If we had had a map, we wouldn't be lost.

✎

We would be dead now **if we had caught** that plane to London.

✎

I could be a millionaire now **if I had invested** in Tesla in 2010.

✎ ....

If I had learned to ski, I might go with you.	✎

위에서 본 내용을 참고하지 않고 다시 영작해보세요.

내가 그를 만나지 않았더라면 나는 지금 남자 친구가 없을 거야.	✎
그때 숲에서 아빠를 만나지 않았더라면 지금 난 여기 없을 거야.	✎
만약 그들이 추가적인 금전적 특혜를 그에게 주지 않았다면, 그는 계속 그곳에서 일하지 않았을 것이다.	✎
그가 공부를 (그때) 좀 열심히 했다면 지금 좋은 직장에서 일할 텐데.	✎
지도가 있었으면 길을 잃은 상태가 아닐 텐데.	✎
(그때) 런던으로 가는 그 비행기를 탔더라면 우리는 지금 세상에 없을 거야.	✎
2010년에 테슬라에 투자했으면 지금 백만장자가 되어 있을 텐데.	✎
(예전에) 스키를 배웠으면 너랑 같이 갈 텐데.	✎

Case 6 : 어떤 사실로 인해 달라진 과거

이제 Case 5번과 반대로 생각해봅시다. 과거로 인해 현재가 달라질 수도 있지만, 어떤 사실 때문에 과거가 바뀌었을 수도 있지요. 이쯤 되면 시제 사용이 정말 많이 헷갈릴 거예요. 예문을 읽어보면서 감을 잡아봅시다.

If you were A, you would have been B. (만약에) ~라면 (과거에) ~였을 텐데

If you did A, you would have done B. (만약에) ~하면 (과거에) ~했을 텐데

If you were not my nephew, I would have fired you.	네가 내 조카가 아니라면 널 해고했을 거야.
If I were a boy, I would have traveled around the world.	만약 내가 남자라면 나는 세계 여행을 다녔을 거야.
If I weren't afraid of cockroaches, I would have picked it up.	바퀴벌레를 무서워하지 않는다면 손으로 집어 들었을 텐데.
If she weren't such a bad waitress, I would not have fired her.	그녀가 그렇게 형편없는 직원이 아니라면 나는 그녀를 해고하지 않았을 거야.

위의 마지막 문장은 그녀가 '과거에' 형편없는 직원이어서 해고했다는 것이니 weren't보다는 hadn't been이 올바른 시제입니다. If she hadn't been such a bad waitress, I would not have fired her. 하지만 미국 영어에서는 대화체에 이렇게 과거 완료를 써야 하는 곳에 과거형을 사용하기도 합니다.

지금까지 여섯 가지 상황을 통해 if를 이용한 표현을 다양하게 알아보았습니다. 마지막으로 조금 전 위에서 봤던 Case 4 표현을 조금 더 자세히 배워볼까요? Case 4에서는 다음과 같은 표현을 배웠습니다. 기억이 나지 않는다면 다시 살펴보고 와도 좋아요.

If I had been A, I would have been B. (만약에) ~였더라면 ~였을 텐데

If I had done A, I would have done B. (만약에) ~했더라면 ~했을 텐데

혹시 〈Inside Bill's Brain〉이라는 다큐멘터리를 아시나요? 며칠 전 점심을 먹으면서 넷플릭스에서 이 다큐를 봤는데요. 꽤 흥미롭더라고요. '억만장자 빌 게이츠는 평소 어떤 생각을 하며 살고 있을까?'라는 호기심을 품은 적이 있다면 한번 시간 내서 보시기 바랍니다. 아래 발췌문은 빌의 어릴 적 절친이었던 켄트에 대해 이야기하는 대목입니다. 여기서 would have가 사용된 부분을 함께 살펴봅시다.

Interviewer : So, how come you and Kent didn't keep working together?
그럼 왜 켄트와 계속 일하지 않나요?

Bill Gates : Well, we would've kept working together. 계속 일할 수도 있었을 거예요.

Uh, you know, I'm sure we would have gone to college together. You know, Kent was, even, you know, less oriented towards athletics, more geeky. And then he took a mountain climbing course. 물론 대학교도 같이 갈 수 있었을 거고요. 켄트는 뭐랄까, 운동보다는 컴퓨터에 더 빠져 있었어요. 그러다가 등반 수업을 하나 들었어요.

It was kind of this classic Kent thing, where he'd… he'd broaden his world view and decided that, you know, being a little bit physical was something that, you know, was valuable. So he goes and he signs up for, uh, a mountain climbing course. And as part of that when they were practicing, he… he fell down the hill and was killed. 켄트는 원래 좀 그런 애였어요. 세계관을 넓히고 몸을 사용하는 일을 하는 게 중요하다고 생각했어요. 그래서 등반 수업을 들으러 갔어요. 그러다 연습 중에 언덕에서 떨어져 목숨을 잃었어요.

이미 세상을 떠나고 없는 친구에 대해 이야기하며 만약 그가 살아 있었다면 우리는 계속 일도 함께 했을 것이고, 대학교도 함께 갔을 것이라는 아쉬움을 would have done(~했을 텐데)이라는 표현을 통해 전달하고 있습니다. 조동사가 이렇게 완료형과 함께 쓰인다면(ex. might have done, should have done) 과거 일에 대한 추측이나 후회 등을 나타냅니다. 각 조동사에 따라 완료 표현이 가지고 있는 의미가 다르니 아래 표에서 하나씩 자세히 배워봅시다. 영어 사전을 참고하여 빈칸을 먼저 채워보세요.

PRACTICE 69

would have done (틀림없이) ~했을 텐데, 했을 것이다

If I had had enough money, I **would have bought** that car.	✎
Why didn't you call me? I **would have helped** you.	✎
I **would have texted** Maggie, but I didn't know her number.	✎

자주 사용되지는 않지만 will have done을 사용하여 '(이미) ~했을 것이다(강한 확신)'를 표현할 수도 있습니다. (ex. As you will have noticed, there are new carpets installed. 보시다시피 새 카펫이 설치되었습니다)

would not have done (틀림없이) ~하지 않았을 텐데

It is not easy to find your own way as a woman in IT. You have to overcome challenges that men **would not have faced** in the same situation.	✎
Without your help, this **would not have been** possible.	✎

could have done ~지도 모른다/ (아마) ~였을(했을) 것이다

과거에 어떤 일이 가능했지만 그 일이 일어났는지, 일어나지 않았는지 확실하지 않을 때

The 2nd-floor explosion **could have been caused** by a gas leak.

Dan **could have got stuck** in traffic or he **could have overslept**.

Neanderthals **could have produced** the same sounds as modern humans today.

It **could have been** Derrick, but I'm not sure.

could have done ~할 뻔했다/ ~할 수도 있었다

과거에 어떤 일이 가능했지만 일어나지 않은 일일 때

You should be more careful. You **could have been** killed!

The movie that won Best Picture **could have been** made in Spanish.

He **could have practiced** it harder, but he was too into her.

She **could have married** Gerald if she'd wanted to.

If I had been there, I **could have helped** them out.

The test result **could have been** better.

could have done ~했어야지! (야단, 꾸중, 비난)

You **could have said** that you weren't coming!

You **could have told** me that earlier! ✎

You **could've given** me a heads up. ✎

야단, 꾸중, 비난은 could를 사용해서 말하기도 합니다. 아래 두 예문을 참고하세요!

You could at least say thank you. 너는 고맙다는 말도 못 하니.

How could you be so stupid! 너 어쩜 그렇게 바보 같니!

could not have done, never could have done ~일 수 없었을 것이다, ~할 수 없었을 것이다

It **could not have been** wrong! ✎

Kaya **could not have rowed away** to kill him. She didn't have a boat. ✎

That **couldn't have been** me — I was in Brazil. ✎

Gina **couldn't have made** it on time if she hadn't taken a cab. ✎

may have done ~지도 모른다/ (아마) ~였을(했을) 것이다

과거에 어떤 일이 가능했지만 그 일이 일어났는지, 일어나지 않았는지 확실하지 않을 때

Well, I **may have been** wrong. ✎

Tommy **may have missed** the train. ✎

She **may have forgotten** to mention his name at the time. ✎

might have done ~지도 모른다/ (아마) ~였을(했을) 것이다

과거에 어떤 일이 가능했지만 그 일이 일어났는지, 일어나지 않았는지 확실하지 않을 때

Well, I **might have been** wrong. ✎

Tommy **might have missed** the train. ✎

She **might have forgotten** to mention his name at the time.

✎ ....

might have done ~할 뻔했다/ ~할 수도 있었다

과거에 어떤 일이 가능했지만 일어나지 않은 일일 때

It was terrifying. We all **might have been** killed in that forest.

✎ ....

How different things **might have been**, if Maggie had stayed.

✎ ....

With him on the team, we **might have won** the match.

✎ ....

If I had not discovered his note on the fridge, I **might never have known** the truth.

✎ ....

might have done ~했어야지! (야단, 꾸중, 비난)

They **might have cleaned** up before they left!

✎ ....

You **might have told** me you were going to be late!

✎ ....

might not have, may not have ~하지 않았을지도 모른다(아마 ~하지 않았을 것이다)

He **may not have understood** what you taught him.

✎ ....

She **might not have known** that they were lying.

✎ ....

They **might not have arrived** yet.

✎

• 다른 조동사+완
료 표현에 비해 자
주 사용되는 표현
은 아닙니다.

cannot have done* (비교적 최근에 일어난 일에 대해) ~했을 리가 없다

Are you done already? You **can't have finished** it so quickly!

What? She **can't have done** it!

must have done ~였음에 틀림없다, ~했음에 틀림없다

This series **must have been written** by a bigoted old man.

You went to Paris last week? It **must have been** fun.

There's no one in there. They **must have gone** home.

should have done, ought to have done ~했어야 했다(그런데 하지 않음)

You **should have listened** to your mother.

You **should not have said** that!

Kenny **ought to have arrived** 3 hours ago but his flight was canceled.

You **ought not to have agreed** without reading the contract.

should have done, ought to have done 이미 ~했을 거야(추측)

It's 6 : 30. They **should have arrived** at the station by now.

It is 8 : 30. She **ought to have arrived** by now.

need not have done (이미 벌어진 일에 대해 말할 때) ~할 필요가 없었다

We **need not have worried** about mom. ✎

You **needn't have brought** wine. We ✎ ....
would have got one from the wine cellar.

need not have done과 비슷한 의미를 가진 표현으로 didn't need to do ~할 필요가 없었다도 있습니다. 이미 벌어진 일, 혹은 벌어지지 않은 일 모두에 사용할 수 있고 need not have에 비해 훨씬 더 자주 사용합니다.

I didn't need to tell him who they were. He already knew that jazz band.
나는 그들이 누구인지 그에게 설명할 필요가 없었다. 그는 이미 그 재즈 밴드를 알고 있었다.

조동사에 완료형이 조합되니 정말 다양한 의미를 가지게 되지요? 확률을 나타내는 조동사, 또는 조동사 + 완료형을 배우고 나면 학생들이 꼭 하는 질문이 있습니다. 어떤 표현이 가장 높은 확률을 나타내는가 하는 것입니다. 이에 대한 답은 책이나 사전마다 조금씩 다르지만 재미로 살펴볼 수 있도록 확실성 차트Certainty Chart를 준비해보았습니다. 위로 올라갈수록 어떤 일이 일어날 가능성이 큰 것이고, 아래로 내려갈수록 확률이나 확신이 점점 떨어집니다.

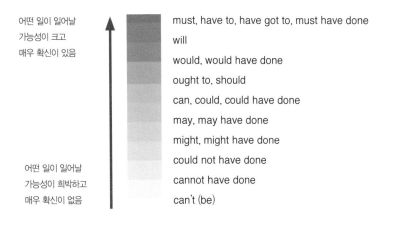

어떤 일이 일어날
가능성이 크고
매우 확신이 있음

must, have to, have got to, must have done

will

would, would have done

ought to, should

can, could, could have done

may, may have done

might, might have done

could not have done

어떤 일이 일어날
가능성이 희박하고
매우 확신이 없음

cannot have done

can't (be)

방금 배운 '비현실적인 상황을 나타내는 표현'은 소설에 특히나 많이 나오는데요. 기본적인 if 사용법은 모두 알아보았으니, 잠시 쉬어가는 차원에서 소설 하나를 소개해볼까 합니다.

《샬럿의 거미줄Charlotte's Web》이라는 작품인데 줄거리를 모르는 분들을 위해 간단히 설명해 드리겠습니다. 주인공 여자 아이인 '펀Fern'의 아버지는 돼지를 여러 마리 키우는데요. 어느 날 도끼를 들고 가장 작게 태어난 새끼 돼지를 죽이기 위해 집을 나섭니다. 너무 작고 발육이 더뎌 돈이 되지 않는 돼지는 죽일 수밖에 없었기 때문이었죠. 도끼를 들고 가는 아버지를 발견한 펀은 그를 막아서며 이렇게 말합니다. "내가 만약 작게 태어났으면, 저도 죽였을 건가요?" 이 대사를 원서에서 직접 찾아 읽어본 다음 아래 해석도 찬찬히 읽어보세요. 지금까지 배웠던 if를 이용한 가정과 조동사의 활용을 확인할 수 있는 문장입니다. 직독직해에 익숙해질 수 있도록 끊어 읽는 해석도 함께 싣습니다.

Tears ran down her cheeks and she took hold of the ax and tried to pull it out of her father's hand. "Fern," said Mr. Arable, "I know more about raising a litter of pigs than you do. A weakling makes trouble. Now run along!" "But it's unfair," cried Fern. "The pig couldn't help being born small, could it? If I had been very small at birth, would you have killed me?" Mr. Arable(Fern's father) smiled. "Certainly not," he said, looking down at his daughter with love.

---

run down (눈물, 물 등이) 흘러내리다 **take hold of** ~을 잡다, 붙잡다 **pull something out of** ~을 ~에서 꺼내다 **a litter of pigs** 한배에서 태어난 새끼 돼지들 **weakling** 약골, 약한 생명체 **run along** (아이들에게) 저리 가거라 **unfair** 불공평한 **couldn't help being born small** 어쩔 수 없이 작게 태어나다 **at birth** 태어났을 때에 **look down at** ~을 내려다보다

➡ **Tears ran down** 눈물이 흘러내렸다 **her cheeks** 그녀의 볼에 **and** 그리고 **she took hold of the ax** 그녀는 도끼를 붙잡았다 **and** 그리고 **tried to pull it** 당기려고 시도했다 **out of her father's hand.** 아버지의 손 밖으로 **"Fern,"** "펀", **said Mr. Arable.** 애러블 씨가 말했다 **"I know** 나는 안다 **more** 더 잘 **about raising** 키우는 것에 대해 **a litter of pigs** 새끼 돼지들을 **than you do.** 너보다 **A weakling** 약한 생명체는 **makes trouble.** 문제를 만든다 **Now run along!"** 저리 가거라 **"But it's unfair,"** 하지만 그건 공정하지 않아요 **cried Fern.** 펀이 외쳤다 **"The pig couldn't help being born small,** 그 돼지는 어쩔 수 없이 작게 태어났잖아요 **could it?** 아니에요? **If I** 만약 제가 **had been very small** 아주 작았다면 **at birth,** 태어났을 때에 **would you have killed me?"** 저도 죽였을 건가요? **Mr. Arable(Fern's father) smiled.** 애러블이 미소지었다. **"Certainly not,** 당연히 아니지" **he said,** 그가 말했다 **looking down at his daughter** 딸을 내려다보며 **with love.** 사랑스럽게

펀의 두 볼 위로 눈물이 흘러내렸다. 펀은 아빠의 손에서 도끼를 빼앗으려 힘껏 당겼다. "펀, 새끼 돼지를 기르는 건 아빠가 너보다 더 많이 알아. 약한 놈은 골칫거리야. 그만 비키렴!"
펀이 소리쳤다. "하지만 불공평해요, 그 돼지는 어쩔 수 없이 작게 태어난 거잖아요. 돼지 잘못이 아니에요. 만약 제가 태어났을 때 아주 작았다면 아빠는 저를 죽이셨을 거예요?"
애러블 씨는 미소를 지었다. 그리고 사랑스러운 눈길로 딸을 내려다보며 말했다. "물론 아니지."

이어서 작품 하나만 더 소개해드릴게요. R. J. 팔라시오의 《원더Wonder》라는 작품입니다. 2021년 6월 기준으로 300주 이상 〈뉴욕 타임스〉 베스트셀러의 자리를 지키고 있고, 마흔 다섯 가지 언어로 번역되어 전 세계적으로 판매된 매우 유명한 아동 및 청소년 소설입니다. 저는 소설보다 영화를 먼저 접하게 되었는데, '평범함이란 무엇인가'를 고민하게 했던 작품 으로 정말 추천하고 싶습니다.

주인공 '어기Auggie'는 선천성 안면 기형 때문에 수십 번의 수술을 겪은 꼬마입니다. 수술 후 의 모습이 평범하지 않다 보니 어기를 처음 보는 사람들의 반응은 제각각입니다. 이런 상황 에 어기를 보호하기 위해 부모님은 홈스쿨링을 선택하고, 아이는 열 살이 되어서야 처음으 로 학교에 가게 됩니다. 세상에 상처받은 많은 아이가 그러하겠지만 어기 역시 '내가 이랬다 면, 저랬다면' 하고 상상을 참 많이 하는 아이입니다. 이 소설에는 약 200개의 if가 나오는 데 여기서는 첫 부분만 살펴보도록 하겠습니다.

> I know I'm not an ordinary ten-year- old kid. I mean, sure, I do ordinary things. I eat ice cream. I ride my bike. I play ball. I have an XBOX. Stuff like that makes me ordinary. I guess. And I feel ordinary. Inside. But I know ordinary kids don't make other ordinary kids run away screaming in playgrounds. I know ordinary kids don't get stared at wherever they go. If I found a magic lamp and I could have one wish, I would wish that I had a normal face that no one ever noticed at all. I would wish that I could walk down the street without people seeing me and then doing that look-away thing.

ordinary 평범한 play ball 공놀이를 하다 stuff like that 그런 것들 make someone run away ∼을 도망가게 만들다 screaming in playgrounds 놀이터에서 고함지르며 get stared at 쳐다보는 것을 당하다, 주목받다 wherever they go 어디를 가든 no one ever 아무도 (절대) ∼하지 않는 notice 주목하다, 알아차리다 at all 전혀 people seeing me and then doing that look–away thing 사람들이 나를 쳐다봤다가 고개를 돌리는 것

➡ **I know** 나는 안다 **(that) I'm not an ordinary ten-year-old kid.** 내가 평범한 열 살 아이가 아니라는 것을 **I mean.** 내 말은 **sure** 맞다, **I do ordinary things.** 나는 평범한 일을 한다 **I eat ice cream.** 나는 아이스크림을 먹는다 **I ride my bike.** 나는 자전거를 탄다 **I play ball.** 나는 공놀이를 한다 **I have an XBOX.** 나는 게임을 한다 **Stuff like that makes me ordinary.** 그런 일들은 나를 평범하게 만든다 **I guess.** 아마도 **And I feel ordinary.** 그리고 나는 평범하다고 느낀다 **Inside.** 마음속으로는 **But I know** 하지만 나는 안다 **ordinary kids don't make** 평범한 아이들은 만들지 않는다고 **other ordinary kids** 다른 평범한 아이들을 **run away** 도망가도록 **screaming** 고함지르면서 **in playgrounds.** 놀이터에서 **I know** 나는 안다 **ordinary kids** 평범한 아이들은 **don't get stared** 따가운 시선을 받지 않는다고 **at wherever they go.** 어디에서든 **If I found a magic lamp** 내가 요술 램프를 얻게 되고 **and I could have one wish,** 그리고 하나의 소원을 빌 수 있게 된다면 **I would wish that** ~라고 빌고 싶다 **I had a normal face** 내가 평범한 얼굴을 가지고 있어서 **that no one ever noticed at all.** 아무도 나에게 주목하지 않았으면 한다고 **I would wish that** 나는 또 이렇게 빌고 싶다 **I could walk down the street** 길을 걸어 다닐 수 있다고 **without people** 사람들 없이 **seeing me** 나를 쳐다보는 **and then doing that look-away thing.** 그리고 고개를 돌리는 것을 하는

내가 평범한 열 살짜리 아이가 아니라는 것쯤은 나도 안다. 물론 나는 아이스크림도 먹고, 자전거도 타고, 야구도 하고, 게임도 한다. 아마도 그런 일들은 나를 평범하게 만든다. 마음속으로는 나도 평범하다고 생각한다. 하지만 난 알고 있다. 내가 정말 평범하다면 다른 아이들이 놀이터에서 고함을 지르며 도망가지 않을 거는 걸. 평범한 아이들은 어디를 가든 따가운 시선을 받지도 않는다. 만약 내가 요술 램프에 소원 하나를 빌 수 있다면 아무도 주목하지 않을 평범한 얼굴을 갖게 해달라고 빌고 싶다. 또 길을 걸어 다녀도 사람들이 날 쳐다보거나 외면하는 일이 없게 해달라고 빌고 싶다.

작가 R. J. 팔라시오는 쓸쓸했던 자신의 경험을 기반으로 소설을 썼습니다. 어느 날 어린 아들과 외출을 나갔는데 안면기형을 가진 소녀를 보고 아들이 울음을 터뜨리는 일이 있었습니다. 당황한 팔라시오는 사과하거나 소녀의 안부를 묻는 대신 그 자리에서 도망치듯 자리를 피해버립니다. 작가는 자신의 대처법이 많이 후회된다고 회상합니다. 아래 지문은 이 내용을 다룬 인터뷰 기사입니다. if가 직접 들어가는 문장은 아니지만 가정하는 상황을 볼 수 있으니 함께 읽어보도록 합시다.

R. J. Palacio's 2012 book, "Wonder," tells the story of 10-year- old Auggie Pullman, a fictional boy with facial differences, and his experiences in everyday life dealing with the condition.

The book was inspired by a real-life encounter Palacio had with a child who had a craniofacial disorder. After her son saw the child and began crying, she quickly turned his stroller around and pushed him away to protect the girl from his reaction.

"It was terrible, and I was so mad at myself for the way that I handled it," Palacio told "20/20" in a 2017 interview. "For the rest of the day, I just kept thinking about all the things I wished I'd(had) said and done."

fictional 허구적인, 소설의 **facial differences** 외모의 차이 **deal with** 다루다, 처리하다 **the condition** 그 상태 (문맥상 특정 질병) **be inspired by** ~에 영감을 받다 **a real-life encounter** (Palacio had) (팔라시오가 경험한) 실제 만남 **craniofacial** 두개 및 안면의 **disorder** 장애, 불편 **turn a stroller around** 유모차의 방향을 돌리다 **protect someone from something** ~을 ~로부터 지키다, 보호하다 **'20/20'** ABC의 뉴스 매거진 프로그램

➡ **R. J. Palacio's 2012 book**, R. J. 팔라시오의 2012년 책 **"Wonder,"** 원더는 **tells the story of 10-year-old** 열 살짜리 아이의 이야기를 한다 **Auggie Pullman**, 어기 풀먼이라는 **a fictional boy with facial differences**, 안면기형을 가진 허구의 아이 **and his experiences** 그리고 그의 경험 **in everyday life** 매일의 삶에서 **dealing with the condition**. 그 상태를 다루는

The book was inspired 그 책은 영감을 받았다 **by a real-life encounter Palacio had** 팔라시오가 가진 실제 만남에서 **with a child** 어떤 아이와의 **who had a craniofacial disorder**. 안면기형이 있는 **After her son saw the child and** 그녀의 아들이 그 아이를 보고 **began crying**, 울기 시작한 후에 **she quickly turned his stroller around and** 그녀는 빠르게 유모차를 돌려서 **pushed him away** 그를 밀고 나갔다 **to protect the girl** 그 여자아이를 보호하기 위해 **from his reaction**. 그의 반응으로부터

"It was terrible, 끔찍했어요 **and I was so mad at myself** 그리고 나는 나 스스로에게 화가 났었다 **for the way** 그 방식에 **that I handled it,"** 내가 그 일을 처리했던 **Palacio told "20/20"** 팔라시오는 20/20에서 말했다 **in a 2017 interview.** 2017년 인터뷰에서 **"For the rest of the day**, 그 일이 있었던 날의 나머지에 **I just kept thinking about all the things** 그저 모든 것에 대해 계속 생각했다 **I wished I'd(had) said and done."** 내가 말하거나 했어야 한다고 생각하는 (것에 대해)

R. J. 팔라시오의 2012년 책 《원더》는 어기 풀먼이라는 열 살짜리 아이를 주인공으로 한다. 이 아이는 안면기형을 가진 허구 인물이며 《원더》는 안면기형을 가지고 살아가는 아이의 매일의 삶과 경험을 그린다.

이 책은 작가인 팔라시오가 안면기형이 있는 한 여자아이를 실제로 만나게 된 날 받은 영감으로 써 내려갔다. 작가의 아들이 그 여자아이를 보고 울음을 터뜨리자 당황한 팔라시오는 여자아이가 상처받을까 우려하여 황급히 유모차를 돌려 그 자리를 벗어났다.

"정말 끔찍했어요. 그리고 제 대처 방식에 대해 스스로에게 화도 났죠." 2017년, ABC의 뉴스 매거진 프로그램인 〈20/20〉에서 그녀는 말했다. "그 일이 있고 나서 종일 계속 생각했어요. 이렇게 말했어야 했는데, 저렇게 했어야 했는데."

위 인터뷰에서 'wish'라는 표현이 나옵니다. if 이외에 소망이나 가정을 표현할 때 wish를 쓸 수 있습니다. wish는 '~을 바라다, 원하다'라는 뜻을 가진 단어로 보통 원하는 바를 말할 때는 wish보다는 want를 더 자주 사용하는 편입니다. wish의 쓰임에 대해서도 조금 더 알아볼까요?

If you wish to discuss this with her, this is her phone number. Call her.

그녀와 이것에 대해 의논하고 싶다면, 여기 그녀의 전화번호가 있어요. 전화해보세요.

I wish to speak to Mrs. Jensen, please.

Jensen 부인 좀 바꿔주세요.

We wish you a Merry Christmas and a Happy New Year!

즐거운 크리스마스 보내시고 새해 복도 많이 받으세요!

I'm coming in. Wish me luck!

이제 들어갈게. 행운을 빌어줘!

if를 사용할 때처럼 wish를 사용할 때도 마찬가지로 불가능한 상황을 가정할 때 시제가 바뀝니다. '(지금) ~면 좋을 텐데', '(지금) ~라면 좋겠다'라는 표현은 과거형을 사용해서 표현합니다.

It is so cold. I wish (that) it was warmer.

너무 춥다. 더 따뜻했으면 좋겠어.

I wish it were Friday.

금요일이었으면 좋겠어.

Oh, I wish I were you!

아, 내가 너라면 얼마나 좋을까!

I wish you were my boyfriend.

네가 내 남자 친구라면 얼마나 좋을까!

I wish I didn't have to go to work today.

오늘 회사에 안 가도 되면 좋겠어.

I wish I didn't have to go to school today.

오늘 학교에 안 가도 되면 좋겠어.

I wish I could speak English.

영어로 말할 수 있으면 좋겠어.

I wish it would rain.

비가 왔으면 좋겠어.

I wish I had a new iPhone.

새 아이폰이 있다면 좋을 텐데.

I wish I had that new MacBook pro.

저 새 맥북 프로를 가지고 있다면 좋을 텐데.

I wish I spoke Spanish.

스페인어를 할 수 있다면 좋을 텐데.

I wish you married someone else.

네가 다른 사람과 결혼하면 좋을 텐데.

I wish he had a car. (If only he had a car.)

그가 차를 가지고 있다면 좋았을걸.

마지막 문장은 if only를 사용해서 동일한 뜻을 나타낼 수 있습니다. if only는 '~라면 좋을 걸, 좋았을걸' 하는 아쉬움과 소망을 강조하는 표현입니다.

If only you were my boyfriend. 네가 내 남자 친구였으면 좋을 텐데.

If only someone would save us. 누구라도 우릴 좀 도와주면 좋을 텐데.

지금이 아니라 만약 '(예전에) ~했으면 좋았을 텐데, ~할 걸 그랬어'라고 말하고 싶다면 다음 과 같이 말하면 됩니다.

I wish I had brought her.

그녀를 데려왔으면 좋았을 텐데.

I wish I had paid more attention to her words.

그녀의 말을 더 잘 들어줄 걸 그랬어.

I wish I hadn't married her. (If only I hadn't married her.)

그녀와 결혼하지 않았더라면 좋았을 텐데.

I wish I had listened to her.

그녀의 말을 들었다면 좋았을 텐데. (그녀의 말을 들을 걸 그랬어.)

I wish I had not left school.

학교를 그만두지 않았더라면 좋았을 텐데.

I wish I could have been there for you.

널 위해 거기 있을 수 있었더라면 좋았을 텐데.

I wish I had gone to college.

대학에 갔으면 좋았을 텐데.

만약 과거에 소망했던 일이라면 어떻게 말할까요? '~했으면 좋았을 거라고 생각했다, 바랐다'라고 말하고 싶다면 아래와 같이 말합니다.

He wished his parents were with him.

그는 부모님과 함께 있었으면 좋았을 거라 생각했다.

He wished he were rich.

그는 자신이 부자이기를 바랐다.

We all desperately wished him alive.

우리는 모두 그가 살아 있기를 간절히 바랐다.

I wished I could stay with him.

나는 그와 함께 있기를 바랐다.

I wished that I had listened to her more carefully.

그녀의 말을 더 신중하게 들었어야 했는데.

다양한 if와 조동사의 사용

오늘 수업을 마무리하면서 if절에 조동사가 나오는 몇 가지 경우를 더 알아볼 겁니다. 먼저 아래에 나온 문장을 하나씩 읽어보세요.

> He asked me if I could give him dance lessons.
>
> If he can't come to the party, he will call you.
>
> I don't know if I should go.
>
> I'm not sure if we'll be ready.

if가 들어간 절에 can, could, should, will 등이 들어가 있습니다. 원래 우리가 알던 조동사의 의미가 그대로 사용되어 딱히 어색한 느낌이 들지 않지요? 하지만 if가 있는 절에 should나 will, would 등이 와서 의미가 조금 달라지는 경우가 있습니다. 예를 들어 '혹시라도 ~하게 된다면'이라는 뜻으로 if절에 should를 쓸 수 있습니다.

> If you should meet him, please tell him to submit the paper.
> 그를 만나게 된다면 과제를 제출하라고 말해주세요.
>
> If the government should regulate private companies, they cannot form monopolies. 만약 정부가 사기업을 규제한다면 그들은 독점을 형성하지 못할 것이다.

'흔쾌히 ~해준다면(제안)'이라는 뜻과 '만약 (결과적으로) ~하게 된다면'이라는 뜻으로 if 절에 will이나 would를 쓸 수도 있습니다.

If you will come and wait inside, I'll fetch the keys.
안에서 기다리면 열쇠를 가져올게요.

If you would* come and wait inside, I'll fetch the keys.
안에서 기다리고 계시면 열쇠를 가져올게요.

• will 대신 would
를 사용하면 보다
정중한 표현이 됩
니다.

If you would sign here, please.
여기에 사인해주세요.

If the therapy will really help us, I will go.
그 치료가 정말 (결과적으로) 우리에게 도움이 된다면 나도 갈게.

If the pill will ease the pain, I will take some.
그 약이 (결과적으로) 통증을 줄여준다면 먹어 볼게.

마지막 두 문장인 If-will은 원인과 결과의 순서가 뒤바뀐 표현입니다. 지금까지 수업에서 봤던 If가 들어간 (will은 없는) 문장의 원인과 결과를 잠시 살펴볼게요. 기억에 남도록 다소 과격한 문장을 가져왔습니다.

If you marry her, I will kill you. 그녀와 결혼하면, 널 죽여버릴 거야.

이 문장에서는 marry가 먼저 일어나는 일입니다. 결혼하면 → 죽이겠다는 표현이지요? 하지만 will이 들어간 문장은 그 차례가 다릅니다.

If the pill will ease the pain, I will take some.

통증이 줄어들고 → 약을 먹는 게 아니라 약을 먹어야 → 통증이 줄어듭니다. will이 들어가면서 이렇게 원인과 결과의 순서가 바뀔 수 있습니다.

만약 if절에 were to가 온다면 '진짜 그런 일이 일어난다면' 혹은 '~해주신다면(제안)'으로 해석하면 됩니다. 자주 쓰는 표현은 아니지만 두 뜻이 완전히 달라서 문맥상 어떤 뜻으로 사용한 것인지 파악해야 합니다.

If you were to be sick, would you quit your current job?

만약 아프게 된다면 지금 직장을 그만두실 건가요?

If Maggie were to be late again, she would get fired.

Maggie는 한 번만 더 지각하면 해고당할 거야.

If you were to die this evening with no opportunity to communicate with any-
one, what would you most regret?

만약 당신이 오늘 저녁 누구와 이야기할 기회도 없이 죽게 된다면, 당신은 무엇을 가장 후회할까요?

If you were to hire a mover, it could be helpful for all of us.

만약 이삿짐센터를 예약한다면 우리 모두에게 좋을 것 같아요.

be to는 원래 어떤 뜻일까요? to 자체가 워낙 뜻이 많아서 be to에도 다양한 뜻이 있지만 다음의 네 가지로 자주 사용합니다.

1. ~해라

You are to finish your vegetables before you eat your dessert.

채소 다 먹으면 디저트 줄 거야.

2. ~하게 될 예정이다

On Friday, the queen is to visit the World War II Memorial.

금요일에 여왕은 제2차 세계대전 기념비를 방문할 예정입니다.

3. ~하려면

If you are to get there on time, you should leave now.

제시간에 거기 도착하려면 너 지금 가야 해.

4. ~할 운명인

Don't cry. We are to meet again. 울지 마. 우린 다시 만나게 될 거야.

• 구어체에서는 'as if'를 'like'로 대신하여 자주 사용합니다.

It looks like it's going to snow.

다음으로 if에 as가 붙으면 어떤 의미가 될까요? as if*는 '(사실인지 아닌지 확실하지 않지만) ~인 것처럼(보이다/느끼다/말하다/대하다 등)'이라는 뜻을 가지고 있습니다. as if나 as though 둘 다 동일한 의미로 사용할 수 있지만 as if를 훨씬 더 자주 사용합니다.

It looks as if(as though) it's going to snow.
눈이 올 것 같아.

The man looks as if he has done a lot of exercise.
그 남자는 운동을 많이 하는 사람처럼 보였다.

She felt as if(as though) she had a headache.
그녀는 머리가 아픈 것 같았다.

Gary moved his lips as if to speak.
Gary는 말을 하려는 듯 입술을 움직였다.

She looks as if she is a millionaire.
그녀는 백만장자처럼 보인다.

His mom always talked to them as if they were children.
그의 엄마는 항상 그들을 아이 대하듯 했다.

They looked at each other as if they didn't know.
그들은 모르는 척 서로를 쳐다보았다.

I felt as if they were all against me.
마치 그들이 모두 내 의견에 반대하는 것 같은 느낌이었다.

She felt as if all her worries had gone.
그녀는 모든 걱정이 사라진 것처럼 느꼈다.

They acted as if they knew everything.

그들은 모든 걸 다 아는 것처럼 행동했다.

They acted as if they had never met her before.

그들은 한 번도 그녀를 만난 적이 없는 것처럼 행동했다.

You looked as if you had seen a ghost.

너 무슨 귀신 본 사람 같았어.

They shivered as if with a cold.

그들은 감기에 걸린 것처럼 떨었다.

He looked as if he hadn't eaten all week.

그는 마치 (누가 보면) 일주일 내내 못 먹은 것처럼 보였다.

Christopher acted as if he had been rich.

Christopher는 (부자도 아니었으면서) 마치 부자였던 것처럼 행동했다.

만약 사실이 아닌 일에 대해 '마치 ~인 척 하다'라고 강조하고 싶다면 if를 이용한 가정에서
배운 바와 마찬가지로 동사의 시제를 과거로 바꿔줍니다.

She acts as if she were a millionaire.

그녀는 마치 자기가 백만장자인 것처럼 행동한다.

She treats him as if he were her husband.

그녀는 그를 남편인 양 대한다.

She always treats him as if he were a servant.

그녀는 항상 그를 하인처럼 대한다.

They are looking at me as if they knew me.

그들은 마치 나를 아는 사람인 양 쳐다보고 있다.

또한 if 자체에 even though^{그럼에도 불구하고}의 의미도 있습니다. '만약 ~라면'이라는 뜻을 가진 단어가 동시에 갖고 있기에는 다소 의아한 의미이긴 합니다. if not~의 형태로 자주 사용하니 예문을 통해 익혀두는 게 좋습니다.

> The weather was good, if not great.
> 날씨가 좋았다. 아주 최상은 아니지만.

> Your actions were understandable, if not forgivable.
> 너의 행동은 이해가 돼. 용서받을 수 있는 건 아니지만.

지금까지는 가정이나 상상을 표현하기 위해 if를 썼습니다. 하지만 if가 생략되는 경우도 있으니 생략된 문장도 살펴봅시다. if가 생략된 문장은 문어체뿐만 아니라 구어체에서도 은근히 자주 사용됩니다.

> Should (= if) you need any help, you can call me at the shop.
> 도움이 필요하시면 가게로 전화 주세요.

> *Were it not for you, I would not be here. (= If it were not for you)
> 당신이 없다면 저는 여기 없을 거예요.

> *Had it not been for you, I would not have finished the project. (= if it had not been for you) 당신이 없었다면 나는 그 프로젝트를 끝내지 못했을 거예요.

> *Had I known, I would not have said that. (= if I had known)
> 만약 내가 알았다면 그런 말을 하지 않았을 텐데.

• if가 생략되고 주어와 동사의 위치가 바뀌었지요. 이를 '도치'라고 합니다.

지금까지 if를 사용한 가정에 대해 모두 알아보았습니다. 여기에 포함되지 않은 표현들, 예컨대 only if^{~할 경우에 한해}, if nothing else^{적어도}, if any^{만약에 있다고 하더라도}, if possible^{가능하다면}, if ever^{설사 ~하는 일이 있다고 해도}, if necessary^{필요할 경우}, if in doubt^{의심스럽다면} 등의 표현은 사전을 참고하여 쉽게 해석할 수 있으니 추가 설명은 하지 않겠습니다. 그럼 오늘도 수고 많으셨습니다!

DAY 27.
접속사, 관계사, 의문사 ①

이번 수업에서는 의문문, 명령문, 감탄문에 대해 배워볼 예정입니다. 기본적인 용어부터 파악해봅시다. 단어의 의미는 모두 표준국어대사전에서 발췌하였습니다.

> **평서문** : 화자가 사건의 내용을 객관적으로 진술하는 문장. 평서형 어미로 문장을 끝맺는데, "하얀 눈이 왔다." 따위이다.
>
> **의문문** : 화자가 청자에게 질문을 하여 그 해답을 요구하는 문장. 의문형 어미로 문장을 끝맺는데, "거기서 무얼 하고 있니?", "아직도 밖에 비가 오느냐?" 따위이다.
>
> **명령문** : 화자가 청자에게 무엇을 시키거나 행동을 요구하는 문장. 명령형 어미로 끝맺는데, '눈을 크게 떠라.' 따위이다.
>
> **감탄문** : 화자가 청자를 별로 의식하지 않거나 거의 독백 상태에서 자기의 느낌을 표현하는 문장. 감탄형 어미로 문장을 끝맺는데, '날씨가 좋구나!' 따위이다.

의문문에 대하여

(be동사/조동사를 제외한) 일반적인 동사가 사용된 문장은 do/does/did를 앞에 붙이면 질문 형태가 됩니다. 만약 be동사/조동사가 사용된 경우 주어와 동사 자리만 바꾸면 됩니다. 항상 말하듯 공식은 이렇지만 문장 자체를 여러 번 크게 읽어서 입에 익도록 하는 게 더 효과적입니다. 아래 평서문을 의문문으로 바꿔 써봅시다.

PRACTICE 70

She knows Maggie.
그녀는 Maggie를 안다.

They like chocolate.
그들은 초콜릿을 좋아한다.

Tom likes swimming.
톰은 수영을 좋아한다.

This dog likes to run.
이 개는 달리기를 좋아한다.

We like parties.
우리는 파티를 좋아한다.

People love Christmas.
사람들은 크리스마스를 좋아한다.

They know Maggie.
그들은 Maggie를 안다.

She enjoys reading.
그녀는 독서를 즐긴다.

We go out very often.
우리는 자주 외출을 한다.

They speak Korean.
그들은 한국어를 한다.

He went to the party.
그는 파티에 갔다.

He has no idea.
그는 아무것도 모른다.

She doesn't understand it.
그녀는 그것을 이해하지 못한다.

He is coming.
그가 오고 있다. (그가 온다.)

Tom is at home.
Tom은 집에 있다.

You are ready.
(너는) 준비가 되었다.

This vase is broken.
이 꽃병은 깨졌다.

It was lonely at times.
때로는 외로웠다.

This is all that's left.
이게 남은 전부야.

Mary can swim.
Mary는 수영을 할 수 있다.

She will never see again.
그녀는 다시는 앞을 볼 수 없을 것이다.

She will come, too.
그녀도 올 거야.

They won't come.
그들은 오지 않을 거야.

She will have finished by lunch.
점심시간이면 그녀는 일을 마쳤을 것이다.

He has been working with them.
그는 그들과 함께 일해왔다.

✎ ....

I have read this article.
나는 이 기사를 읽은 적이 있다.

✎ ....

We don't have milk.
(우리 집에) 우유가 없다.

✎ ....

We do yoga every day.
우리는 매일 요가를 한다.

✎ ....

자세히 질문하기

DAY 27

단순히 평서문을 의문문으로 바꾸는 것이 아닌 who, when, where, why, what, how, which 등을 사용하여 자세히 질문하는 방법에 대해서도 알아봅시다. who, when, where, why, what, how, which 등은 질문하는 데 사용될 뿐만 아니라 관계사나 접속사로도 쓰입니다. 각 단어의 접속사, 관계사로서의 쓰임은 내일 수업에서 배울 예정이니, 오늘은 질문을 위해서만 위 단어들을 사용해봅시다. 아래 예문의 해석을 써봅시다.

PRACTICE 71

Who, whom 누구(야?)

Who is it?	✎
Who was it?	✎
Who are you?	✎
Who are they?	✎
I wonder who they are.*	✎
Who is he?	✎
I don't know who he is.*	✎
Who are you calling?	✎
Who is going to drive?	✎
Who is it for?	✎
Who was standing next to you?	✎
Who do you work for?	✎

• 'I wonder who are they.'라고 하지 않으니 유의하도록 합니다!

• 'I don't know who is he.'라고 하지 않으니 유의하도록 합니다!

접속사, 관계사, 의문사 ① **199**

Who did you see?	✎
Who did you give the money to?	✎
Who has been invited to her party?	✎
Do you know who has been invited to her party?	✎
Who are the boys over there with Maggie?	✎
Who made the decision?	✎
Whom did you see?	✎
Who is the killer?	✎
Who do you think is the killer?	✎
Who is the best artist?	✎
Who do you think is the best artist?	✎
Who's got time to slow down?	✎
Who cares? (= Nobody cares.)	✎
Who do you think you are?	✎
Who do you think we should hire?	✎
Who do you think is outside?	✎
A : Who has been using my make-up? B : Jenny has been using your make-up.	✎ A: ✎ B:
Who will be the next president?	✎
I would love to be a billionaire. Think about it. Who wouldn't?	✎
Who wants to come second?	✎
Are they coming, too? - Who knows?	✎

When 언제(야?)

When is your birthday?	✎
When are you coming back?	✎

When does she arrive?

When did she call you?

When would you be coming home?

When can you come over?

When can you start?

Since when have you been interested
in my feelings?

where 어디(야?)

Where are you going?

Do you know where she is?

Where is he now?

Where were they?

Where were you last night?

Where to? (= What place do you want to
go to?)

Where do you live?

Where did you go?

Where did you get that from?

Where should I put it?

why 왜 (~해?), ~하는 게 어때?

Why did you do that?

Why did you say that?

Why do people want to change the
world?

Why do you want to meet him?

Why pay more at other services? We
offer the best bargain.

Why don't you buy this one? ✎

If you don't want to go, why not just say
so? ✎

what 무엇(이야?), 뭐야?

What book did you read? ✎

What are you doing? ✎

What is she doing? ✎

What are they saying? ✎

What were they eating? ✎

What will you choose? ✎

What will they say? ✎

What happened? ✎

What did you know about the case? ✎

What do you think of my idea? ✎

What do you want? ✎

What did she need? ✎

What did you do? ✎

What did they say? ✎

What does he look like? ✎

What do you mean? ✎

What did she mean? ✎

What did you say? ✎

What have you done? ✎

What has she been up to? ✎

What kind of cat is it? ✎

What sort of lizard is it? ✎

What color are they? ✎

What time is it?

What time do you finish work?

What is the matter with you?

What is wrong?

What's up?

What is it like?

What was it like?

What is this for?

What about you?

What about it?

What about Jim?

What has happened to you?

What is she cooking?

What are you talking about?

What are you going there for?

how 어떻게 (~해?)

How many of them accepted the offer?

How many guests are there?

How big are they?

How much is it?

How long was it?

How old is she?

How well can you write?

How much money have we got?

How many were there?

How do you know all that?

How do I get to the nearest bus stop?

How did you know that?

How long have you lived there?

How old are your kids?

How good a candidate is he?

which (둘 중, 여러 개 중) 어떤 것

Which do you like the best?

Which is the best flavor?

Which is the most popular brand?

Which of the answers was the correct one?

Which of your parents do you feel closer to?

Which is your daughter?

Which is your favorite?

whose 누구 거(야?)

Whose is it?

Whose dog is this?

Whose is nearer?

Whose is this?

Whose coat is this?

Whose socks are they?

Whose book is it?

Whose turn is it?

Whose idea was it?

질문에 답하기

질문하는 법을 배웠으니 대답하는 방법도 배워봅시다. who라고 물었다면 누구인지 답하고, where이라고 물었다면 어디인지, would로 물었다면 would로, did로 물었다면 did로 대답하는 게 일반적입니다. 아래 대화를 보며 질문에 어떻게 대답할 수 있는지 살펴보고, 빈칸에 해석을 적어봅시다. yes, no 이외에도 I'm afraid, I think 등 다양한 표현을 살펴보세요!

PRACTICE 72

A : Would you like some more coffee?	✎ A:
B : Yes, I would (like some more coffee).	✎ B:
A : Can you visit him tomorrow?	✎ A:
B : Yes, we can./Yes, I can./Yes, I think so.	✎ B:
C : No, I'm afraid we can't./No, I don't think I can.	✎ C:
A : Is it raining now?	✎ A:
B : I'm afraid so.	✎ B:
A : Do you like working here?	✎ A:
B : Yes, I do./No, I don't.	✎ B:
A : Is she single?	✎ A:
B : Yes, I think so./I don't think so.	✎ B:
A : Will they be at home by 9?	✎ A:
B : Yes, they will (be).	✎ B:
A : Are you single?	✎ A:
B : Yes, I am (single)./No, I am not (single).	✎ B:

A : Is he married?	✎ A:
B : Yes, I am afraid so.	✎ B:
A : Is he coming?	✎ A:
B : I'm afraid not.	✎ B:
A : Have you finished your assignment?	✎ A:
B : Yes, I have.	✎ B:
A : Did you tell them everything?	✎ A:
B : Yes, I did.	✎ B:
A : You have never been there, have you?	✎ A:
B : Yes, I have.	✎ B:
A : You don't like Maggie?	✎ A:
B : No, I don't (like Maggie).	✎ B:
A: You didn't know that?	✎ A:
B: No, I didn't (know that).	✎ B:
A : You were nicer then.	✎ A:
B : So were you.	✎ B:
A : I'm going home!	✎ A:
B : So am I.	✎ B:
A : You guys are tough cookies.	✎ A:
B : So are you.	✎ B:
A : I don't usually drink.	✎ A:
B : Neither do I.	✎ B:
A : I don't want to go.	✎ A:
B : Nor do I.	✎ B:
A : I can't do it.	✎ A:
B : Nor can I.	✎ B:

위에서 봤던 표현 중 한 가지를 추가로 설명하겠습니다.

A : You don't like Maggie? 너 Maggie 싫어하니?

B : No, I don't (like Maggie). 나 Maggie 싫어해.

A : You didn't know that? 너 그거 몰랐어?

B : No, I didn't (know that). 아니, 전혀 몰랐어.

한국어로는 '너 누구누구 싫어하니?'라는 물음에 싫어한다면 '응, 싫어해'라고 대답합니다. 하지만 영어는 반대로 '아니, 싫어해'라고 대답합니다. 대답(No)과 대답 뒤에 나오는 내용 (I don't like her.)의 긍정 또는 부정을 통일해주는 겁니다. 영어 문장만 놓고 보자면 'Yes, I don't.'는 좀 어색하긴 합니다. 우리는 이 부분이 직관적으로 들어오지 않아 자주 실수하게 되죠. 개념을 제대로 알고 있다고 해도 막상 말할 때는 실수하기 쉬우니 오히려 실수를 거듭 하면서 익힌다고 생각하는 게 더 좋을 듯합니다.

부가의문문

부가의문문은 평서문 뒤에 짧게 '그렇지?', '맞지?'라는 말을 붙여서 의견이나 사실을 물어보는 표현입니다. 예를 들어 '그 사람 지금 일본에 있는 거 아니지, 그렇지?'라는 문장에서 '그렇지?'가 부가의문문에 해당합니다.

He is not really in Japan, is he?

그 사람 지금 일본에 있는 거 아니지, 그렇지?

지금까지는 who, what, when 등의 단어를 사용하여 상대의 의견이나 사실을 물어봤습니다. 하지만 부가의문문에서는 앞에 있는 주어와 동사만 이용하여 질문할 수 있습니다. 위 문장에서는 He is를 거꾸로 바꾸어 'is he?'라는 질문을 만들었습니다. 문장을 하나 더 볼까요?

You know Mary, don't you?

너 Mary 알지, 그렇지 않아?

여기에서는 you know가 know you가 아니라 don't you가 되었습니다. 가만히 살펴보니 is는 그대로 순서만 바뀌고, 일반 동사(be동사 제외)는 do가 오는 것 같죠? 잘 생각해보면 부정문이나 의문문을 만들 때도 그랬던 것 같습니다. 일반 동사는 do를 정말 좋아하는 것 같네요! (ex.You know Mary. You don't know Mary. Do you know Mary?)

질문 앞에 말한 문장이 긍정문이라면 부가된 질문은 부정문으로(know → don't), 질문 앞에 말한 문장이 부정문이라면 부가된 질문은 긍정문으로(is not → is), 즉 반대로 말하면 됩니다.

He is not really in Japan, is he?

그 사람 지금 일본에 있는 거 아니지, 그렇지?

You know Mary, don't you?

너 Mary 알지, 그렇지 않아?

법칙만 본다면 다소 복잡해 보입니다. 역시 예문을 통해 익숙해지는 게 좋겠습니다. 각 예문 뒤에 이어지는 부가의문문을 직접 써봅시다.

PRACTICE 73

You like Mary a lot, ...?	너 Mary 많이 좋아하지, 그렇지 않아(안 그래)?
You didn't get it, ...?	이해 못 했지, 그렇지?
They ate them all, ...?	걔들이 다 먹었잖아, 안 그래?
They didn't finish the job, ...?	걔들이 일을 다 끝내지 못했지, 그렇지?
He didn't have any money, ...?	그는 돈이 하나도 없었잖아, 맞지?
Mary still works for him, ...?	Mary는 아직 그와 일하지, 그렇지 않니?
It doesn't work, ...?	안 되지, 그렇지?
Nothing matters now, ...?	이젠 아무것도 중요하지 않아, 그렇지? (이게 다 무슨 소용이겠어, 그렇지?)
Something should be done right now, ...?	지금 당장 조치를 취해야지, 그렇지 않아?
It is Sunday today, ...?	오늘은 일요일이야, 그렇지 않니?
She is so beautiful, ...?	그녀는 정말 아름다워, 그렇지 않니?
You are eleven, ...?	너 열한 살이지, 그렇지 않니?
You're here for the interview, ...?	인터뷰 때문에 오신 거죠, 그렇죠?
I am a total fool, ...?	나 완전 바보지, 안 그래?
They were so rude, ...?	걔들 정말 무례했어, 그렇지 않니?
Maggie has not been here before, ...?	Maggie는 여기 와본 적이 없지, 그렇지?
The movie hasn't started, ...?	영화 시작 안 했지, 그렇지?
The show has already started, ...?	벌써 쇼가 시작됐지, 그렇지?

You have never been to the Netherlands, ...?	너는 네덜란드에 가본 적이 없지, 그렇지?
She can't drive, ...?	그녀는 운전할 줄 모르지, 그렇지?
You won't tell anyone, ...?	아무한테도 말 안 할 거지, 할 거야?
Everyone will stay here for a while, ...?	다들 당분간은 여기 있을 거야, 안 그래?
Nobody will come, ...?	아무도 안 올 거야, 그렇지?
You wouldn't do that to her, ...?	설마 그녀에게 그렇게 하진 않겠지, 그렇지?
Let's move on, ...?	다음으로 넘어가볼까?
Let's dance, ...?	춤출까요?
Look after her, ...?	그녀를 돌봐줄래?
Hurry up, ...?	서둘러, 좀!
For God's sake be patient, ...?	제발 인내심을 가져, 좀!
She never smiles, ...?	그녀는 절대 웃지 않지, 그렇지?
There is little point in arguing about it, ...?	그것에 대해 논쟁하는 것은 무의미해, 그렇지?

명령문과 감탄문

명령문과 감탄문은 말 그대로 명령할 때, 또 감탄할 때 사용하는 표현입니다. 평서문과 다른 점이 있다면 명령문에서는 동사가 가장 먼저 나옵니다. 무엇을 해야 하는지, 또는 하지 말아야 하는지 '동작'이 가장 먼저 등장합니다. 한국어도 명령할 때는 동작부터 말하는 것 같지요?

그는 빠르게 달렸다. → 달려!

나는 손을 씻었다. → 씻어!

아래 표에서는 자주 사용하는 명령문 형태를 볼 수 있습니다. 통째로 외워두면 문장 그대로 사용할 수 있으니 큰 소리로 읽어보며 해석을 써봅시다.

PRACTICE 74

In an emergency, **dial** 911.	✎
Come to my place at 8.	✎
Don't write on this paper.	✎
Never open the lid.	✎
Turn right here.	✎
Store this in a dry place.	✎
Let me **do** this for you.	✎
Let's go outside.	✎
Let's not **talk** about that now.	✎

Hey, **let** me see!	✎
Make sure to wash the whites separately.	✎
Ask me anything.	✎
Please have them sent up to my room.	✎
Say nothing!	✎
Don't just **say** nothing!	✎
(**You**) **Please** close the curtains.	✎
(**Somebody**) **Answer** the door.	✎
(**You**) **Go** ahead.	✎
Do be careful!	✎
Have a sandwich.	✎

감탄문 역시 명령문과 마찬가지로 구조가 조금 다릅니다. how나 what을 사용하는, 아래와 같은 문장이 바로 감탄문에 속합니다. how 뒤에는 (형용사/부사) 주어 + 동사라는 규칙이, what 뒤에는 (a/an) + (형용사) + 명사 또는 목적어 + 주어 + 동사라는 어순 규칙이 있으나 규칙보다는 예문을 여러 번 읽어보면서 감을 익히도록 합니다.

What a lovely house!
참 멋진 집이네요!

What a lovely house you have!
집이 참 예쁘네요!

What a lucky boy!
정말 운이 좋은 아이네요!

What a small world!
세상 참 좁네요!

What beautiful weather!

날씨가 참 좋네요!

How cold it was!

어찌나 춥던지!

How lovely to see you all!

다들 만나서 정말 반가워요!

Did you hear the news? How awful!

그 소식 들었어? 정말 끔찍해!

How kind of you to say that!

그렇게 말해주시다니 정말 친절하시네요!

DAY 28.
접속사, 관계사, 의문사 ②

오늘 배울 내용은 접속사와 관계사입니다. 접속사와 관계대명사 수업은 매운맛 2단계부터 시작하니 이전 수업 중 특히 2단계에 해당하는 내용을 모두 숙지한 후 공부해야 합니다. 오늘은 문장을 길게, 더 길게 만드는 방법에 대해 알려드릴 예정이니 기본적으로 짧은 문장은 쉽고 빠르게 읽고 쓸 수 있어야 이해하기 쉬울 겁니다.

먼저 국어사전에 오늘 배울 내용인 '접속사'와 '관계사'를 검색해보면 다음과 같은 의미를 찾아볼 수 있습니다.

> 접속사 : 앞의 체언이나 문장의 뜻을 뒤의 체언이나 문장에 이어주면서
>
> 뒤의 말을 꾸며 주는 부사. '그러나', '그런데', '그리고', '하지만' 따위가 있다.
>
> 관계사 : 체언*이나 부사, 어미 따위에 붙어 그 말과 다른 말과의 문법적 관계를 표시하거나
>
> 그 말의 뜻을 도와주는 품사. 크게 격 조사, 접속 조사, 보조사로 나눈다.
>
> • 체언 : 문장에서 주어 따위의 기능을 하는 명사, 대명사, 수사를 통틀어 이르는 말.

접속사는 문장과 문장을 이어주고, 관계사는 문장 사이의 관계를 알려주는 단어입니다. 접속사나 관계사를 사용하는 이유는 문장과 문장 사이를 연결해주고, 또 설명해주면서 더 길고 알찬 문장을 만들기 위해서입니다. 다음 예시를 한번 볼까요?

> 아름이는 오랜 시간 비어 있던 어두운 방 안으로 들어왔다. '너와 나'라는 세 글자가 투박하게 새겨진 나무 상자가 잠시 허공에 떠오르더니 바닥으로 내동댕이쳐졌다. 추억을 품고 있던 부서진 나무조각 위에 그의 그림자가 어른거렸다.

만약 접속사나 관계사가 없다면 위의 문장은 아래와 같이 다소 볼품없어집니다.

> 아름이는 어두운 방 안으로 들어왔다. 그 방은 오랜 시간 비어 있었다. '너와 나'라는 세 글자가 투박하게 새겨진 나무 상자가 있다. 그 나무 상자가 잠시 허공에 떠오르더니 바닥으로 내동댕이쳐졌다. 나무 상자는 추억을 품고 있었다. 부서진 나무 상자의 조각 위에 그의 그림자가 어른거렸다.

글이 쓸데없이 길어지고 호흡이 엉망이 되지요. 글을 깔끔하게 다듬고 관련된 단어를 이어주는 게 바로 접속사와 관계사의 역할입니다. 접속사와 관계사는 종류가 매우 많으니 먼저 그 종류를 살펴봅시다. 관계사는 사람, 사물, 동물 등을 부가 설명하거나 제한적으로 설명하기 위해 사용합니다. 대표적으로 who, whom, which, that, whose, what, where, when 등이 있습니다. 어떤 사람인지, 어떤 장소인지, 시간대는 언제인지 등을 설명하는 단어입니다.

반면 접속사는 두 개 이상의 문장을 연결하기 위해 사용합니다. 대표적으로 and, but, or, so, if, though, because, as, while 등이 있는데요. 단순하게 '그리고'라는 접속사를 사용할 수도 있지만 이전 수업에서 배운 if를 사용해서 가정의 의미를 나타낼 수도 있고 because를 사용해 어떤 일에 대한 이유를 설명할 수도 있습니다.

관계사는 관계부사, 관계대명사, 소유격 관계대명사 등 다양하게 분류할 수 있고, 관계사 중에는 접속사의 기능도 하는 where과 같은 단어도 있습니다. 한 단어가 여러 용어 그룹에 해당될 수 있으므로 본 수업에서는 각 단어의 쓰임과 의미를 집중적으로 살펴보되 문법적으로 카테고리를 나누지는 않았습니다.

관계사와 접속사에 관해 얼마큼 알고 있는지 한번 체크해볼까요? 아래 단어를 사전의 도움

없이 해석해보세요. 여러 의미를 지닌 단어는 관계사나 접속사로 사용될 때의 의미를 적으
면 됩니다.

PRACTICE 75

for	✎	after	✎
and	✎	by the time	✎
nor	✎	until	✎
but	✎	till	✎
or	✎	lest	✎
yet	✎	once	✎
so	✎	than	✎
though	✎	while	✎
although	✎	who/whom	✎
as	✎	whoever/whomever	✎
as though	✎	which	✎
as if	✎	whichever	✎
as long as	✎	that	✎
as soon as	✎	whose	✎
if	✎	what	✎
provided that	✎	whatever	✎
only if	✎	where	✎
if only	✎	wherever	✎
unless	✎	when	✎
even if	✎	whenever	✎
even though	✎	how	✎
because	✎	however	✎
since	✎	why	✎

so that	✎	whether, whether … or	✎
in order that	✎	both … and	✎
it's time that	✎	either … or	✎
in case	✎	neither … nor	✎
before	✎	not only … but also	✎

위 리스트에 나오는 단어들은 관계사나 접속사 외 다른 용도가 있는 경우도 많습니다. 예를 들어 for는 접속사보다는 전치사로 알고 있는 경우가 많지요? while은 접속사, 명사, 동사 등 다양한 품사로 사용할 수 있습니다. 이번 수업에서는 문장과 문장을 이어주는 접속사의 역할을 하는 경우와 문장에 의미를 더해주는 관계사의 역할을 하는 경우에 대해서만 배울 예정입니다.

사람이나 사물을 보다 자세히 묘사하고 싶다면 접속사와 관계사를 쓰면 됩니다. 접속사와 관계사의 위력은 우리가 생각했던 것보다 훨씬 대단합니다. 이어주는 단어들만 적절히 사용한다면 한 문장으로 책 한 권도 쓸 수 있거든요. 2019년 부커상 최종 후보 명단에 들어간 소설 《Ducks, Newburyport》의 한 단락만 가져올게요. 문장이 어떻게 연결되는지 가볍게 읽어보세요.

The fact **that** the raccoons are now banging an empty yogurt carton around on the driveway, the fact **that** in the early morning stillness it sounds like gunshots, the fact **that**, even in fog, with ice on the road and snow banks blocking their vision, people are already zooming around our corner, the site of many a minor accident, the fact **that** a guy in a pickup once accidentally skidded into our garage, **and** next time it could be our house, **or** a child, Wake Up Picture Day, dicamba, Kleenex, the fact **that** a pickup truck killed Dilly, the fact **that** she'd successfully dodged cars for three whole years, the fact **that** she knew all about cars, **but** during that time the traffic grew, the fact **that** it's crazee now, the fact **that after** Dilly got killed, the kids painted a big warning sign with a big black cat on it **and** stuck it right by the fence, **but** nobody notices it, the fact **that** they're all going too fast to see it,

---

who/whom

가장 먼저 사람이나 동물 등의 특성을 설명할 때 사용하는 who*부터 배워봅시다. who는 사람(가끔은 사물), 동물 등의 성격이나 특징을 설명할 때 사용합니다. 예를 들어 '엔지니어인 나의 삼촌'이라는 표현은 who를 사용하여 'My uncle who is an engineer.'라고 표현할 수 있습니다. who가 들어가면 '~인 (사람), ~한 (사람), (어떤 사람)이다'로 해석하면 됩니다. 이제 아래 예문을 해석해봅시다.

• 관계대명사: (대)명사처럼 문장에서 주어 또는 목적어 역할. 관계사절에는 주어나 목적어가 빠져있습니다.

PRACTICE 76

the one who suggested that idea *the one : 바로 그 사람, 바로 그것	✎
I think Brian was **the one who suggested** that idea.	✎
people who have excellent communication skills	✎
We need **more people who have** excellent communication skills.	✎
someone who handles stress well	✎
Someone who handles stress well is suited for this job.	✎
my uncle who is an engineer	✎
My uncle who is an engineer lives in Paris.	✎
the people who live next door	✎

The people who live next door have two dogs.	✎
I know the people who live next door.	✎
the only person who can pass this test	✎
You are the only person who can pass this test.	✎
the man whom we met yesterday	✎
I still remember the man whom we met yesterday.	✎
It was him who started the fire.	✎
It was Jim who ran away.	✎
I have no idea who to invite.	✎
My uncle, who is an engineer, lives next door.	✎
Surprisingly, Kate, who was always late, was already there.	✎
Yesterday, I called my sister, whom I hadn't spoken to in years.	✎

혹시 위 예문에서 이상한 문장을 발견하진 않으셨나요? 다음 두 문장을 다시 살펴봅시다.

My uncle who is an engineer lives in Paris.
My uncle, who is an engineer, lives next door.*

한 문장은 콤마가 있고, 한 문장은 없죠? 콤마의 유무에 따라 두 문장은 어떤 차이가 있을까요? 아래 연필 아이콘 옆에 적어보세요. 바로 다음 페이지에 있는 정답을 확인하기 전에 자신의 생각을 먼저 써보는 게 중요합니다!

• 콤마를 사용하여 정보를 추가하는 방식은 격식체에 해당합니다.

✎

콤마가 있는 문장은 '정보 추가'의 기능이 있고, 콤마가 없는 문장은 '사람이나 사물을 제한' 하는 기능이 있습니다. 괄호를 써서 없애도 말이 되는 정보이거나 단순히 추가해준 정보에 불과하다면 콤마를 사용하여 나타냅니다. 'My uncle, who is an engineer, lives next door.'는 '우리 삼촌이 옆집에 살아. 그런데 삼촌 직업이 엔지니어야'라는 뜻입니다. 여기서 화자가 말하고 싶은 내용은 우리 삼촌이 옆집에 산다는 사실입니다. 삼촌의 직업이 엔지니어라는 것은 추가 설명에 불과합니다. 반면 콤마가 없다면 어떤 사람을 '특정' 또는 '제한'하여 설명하는 것입니다. 'My uncle who is an engineer lives in Paris.'는 '엔지니어인 삼촌은 파리에 살아'라는 뜻입니다. 화자가 말하고 싶은 것은 단순히 삼촌이 파리에 사는 게 아니라 엔지니어인 삼촌이 파리에 산다는 사실입니다.

다음으로 who와 whom도 구분해볼까요? 일단 위의 표에서 whom이 사용된 예문이 상대적으로 적다는 걸 눈치채셨나요? 하단의 두 문장 정도가 전부입니다. 그만큼 whom의 사용 빈도가 낮다는 걸 의미합니다. 학문적 글쓰기에서는 who와 whom을 엄격하게 구분하는 반면, 일상 대화에서는 who의 사용이 지배적으로 많습니다. 토플이나 아이엘츠, GRE를 대비하거나 유학 중에 학문적 글쓰기가 필요한 학생들도 있을 테니 who와 whom을 구분하는 방법을 간단히 설명드릴게요. 일단 법칙은 이렇습니다.

who : (문장의) 주어 **자리에 사용**

whom : (동사 또는 전치사의) 목적어 **자리에 사용**

who나 whom이 문장에서 어떤 단어를 대신해서 들어왔는지 판단해야 합니다. 주어를 대신해서 들어온 거라면 who, 목적어를 대신해서 들어온 거라면 whom을 사용합니다.

Kate was always late. + Kate was already there.

Kate, who was always late, was already there.

who로 합쳐진 문장을 보면 주어인 Kate가 사라지고 who가 대신 왔지요? 주어가 사라졌으니 who를 쓰면 됩니다. 다음 문장은 어떨까요?

Maggie was introduced to the man. + Maggie(she) was anxious to meet him(the man).

매기는 그 남자를 소개받았다. + Maggie는 그를 매우 만나고 싶어했다.

Maggie was introduced to the man, whom she was anxious to meet.

whom으로 합쳐진 문장을 보면 목적어인 him이 사라지고 whom이 대신 왔지요? 목적어가 사라졌으니 whom을 쓰면 됩니다. who 또는 whom이 포함된 절에서 주어가 없다면 who를, 목적어가 없다면 whom을 사용하면 됩니다! 글을 많이 읽다 보면 who, whom에 대한 '감'이 생겨서 이게 목적어의 자리를 대체한 건지, 주어의 자리를 대체한 건지 금방 알아챌 수 있습니다. whom 자리에 who가 오면 주어가 두 개(who와 who뒤에 온 주어)로 보여서 어색한 느낌이 들거든요!

의문문은 평서문으로 만들어보면 쉽게 알 수 있습니다.

Who made these candies?

누가 이 사탕들 만들었어?

→ I made these candies. / He made these candies.

(who가 주어를 대신하는 단어로 들어왔습니다.)

Whom do you believe?

너는 누구를 믿니?

→ You believe him. / I believe her.

(whom이 목적어 him, her를 대신하는 단어로 들어왔습니다.)

To whom did you speak?

누구랑 얘기했어?

→ I spoke to mom. / I spoke to the staff.

(whom이 목적어 mom, the staff를 대신하는 단어로 들어왔습니다.)

실제로 말할 때는 'Whom do you believe?'나 'To whom did you speak?'보다는 'Who do you believe?', 'Who did you speak to?'를 더 자주 사용합니다. 일상적인 대화에서 who는 주어를 대신해서도 쓰이고 동사나 전치사의 목적어 자리에서도 사용됩니다.

방금 배운 who는 관계대명사입니다. 관계대명사는 말 그대로 두 문장을 이어주며 명사를 대신하는 단어를 말합니다. 대표적으로 who, whom, which, that, whose 등이 있습니다. 명사를 대신하므로 문장에서는 주어 또는 목적어 역할을 합니다. 예를 들어 'He is the man who lives next-door.' (He is the man. + The man lives next-door.)라는 문장에서 who는 앞서 나온 명사인 'the man'을 대신하여 사용되었고(영어는 중복으로 같은 단어를 쓰는 걸 정말 싫어합니다), 원래 두 개였던 문장을 하나로 이어주는 역할을 하고 있습니다. 문법 시험을 대비하는 게 아니라면 평소 문장을 읽고 말할 때 the man who does something이라는 문장을 보고 '~을 하는 그 남자'라 해석할 수 있으면 충분합니다.

whose

who와 whom에 이어 whose*에 대해서도 살펴보겠습니다. whose는 자주 접해보지 않아서 who보다는 어색하다는 분이 많은데요. whose도 익숙해지면 문장을 간단하고 깔끔하게 정리할 수 있는 유용한 단어입니다. whose의 의미는 '(바로 앞서 나온 단어)의 (것)'이라는 뜻인데요. 의미만 봐서는 바로 와닿지 않죠. 예문으로 자세히 알아보겠습니다.

* 소유격(his, her, its, their) 관계대명사

I met the painter whose works I adore.

여기에서 whose를 바로 앞에 나온 단어인 the painter의 소유격으로 바꿔봅니다.

I met the painter. + The painter's works I adore.
나는 그 화가를 만났다. + 나는 그 화가의 작품을 좋아한다.

I met the painter and I adore the painter's works.

첫 문장에서 whose 바로 앞에 있는 'the painter'를 소유격으로 만들어주면 the painter's가 되는데, 이걸 whose가 대신하면서 두 문장을 이어줄 수 있습니다. whose로 말하나 and로 이어서 말하나 두 문장은 의미가 동일합니다. 그럼 I를 두 번 말하기 귀찮아서 whose를 쓰는 걸까요? 다음 문장을 하나 더 보겠습니다.

The woman whose laptop crashed was very agitated.

The woman was very agitated. + The woman's laptop crashed.

The woman's laptop crashed and the woman was very agitated.

여기에서는 the woman을 한 번만 말해주면 되니 확실히 더 문장이 경제적인 느낌이 들죠? 문장이 경제적이라는 건 말하기 더 쉽고 간결한 걸 의미합니다. 위에서 봤던 who나 whom 도 문장 사이에 들어오면서 전체 문장의 길이를 단축시켜줍니다. 아래 whose가 들어간 문장을 해석해봅시다.

PRACTICE 77

Jenson's the only woman **whose** opinion I respect.	
I'm looking for a house **whose** door is painted green.	
I met the painter **whose** works I adore.	
My sister **whose** kids go to the same school with ours recently went through a horrible divorce.	
The woman **whose** laptop crashed was very agitated.	
We helped a family **whose** house burned down.	
I had friends **whose** husbands drank too much.	
I've just found someone **whose** ears are exactly like mine.	
The singer, **whose** name I've since forgotten, sang the most beautiful songs.	
Federal jurors, **whose** identities will be kept secret, will receive $50 a day after serving 45 days on a grand jury.	

which

주로 사람의 특성을 설명할 때 who를 썼다면 사물의 특성이나 상황을 설명할 때는 which*를 사용합니다. 예를 들어 '내가 어제 삭제한 메시지'는 which를 사용하여 'the message which I deleted yesterday'라고 표현할 수 있습니다. which가 쓰인 문장은 ~인 (것), ~이다, ~였다 등으로 다양하게 해석할 수 있습니다. 아래 예문을 보면서 which의 사용법을 익혀봅시다.

• 관계대명사: (대)명사처럼 문장에서 주어 또는 목적어 역할. 관계사절에는 주어나 목적어가 빠져 있습니다.

PRACTICE 78

(여러 개 중) 어떤 것

Which is better – red or blue?	✎
We sometimes don't know **which** of the two roads to take.	✎
Which class are you looking for?	✎
Choose **which** flavor you want for your ice cream.	✎

~인, ~한 (사물이나 동물 등을 설명할 때)

the message **which** I deleted yesterday	✎
books **which** were published in the 1800s	✎
apartments **which** overlooked the river	✎
the e–mail **which** came last week	✎

I am looking for **the message which I deleted yesterday**.

He had a stack of **books which were published in the 1800s**.

Apartments which overlooked the river cost more.

Did you check out **the e-mail which came last week**?

콤마 + which 그리고 ~은(는)

The city has recently built a new mall, **which** is close to my workplace.

Dr. Milan has taught at Cambridge, **which** was recently ranked second among the world's top universities.

The museums and art galleries, **which** were completed in the 1900s, were famous for their vast collections.

I finally found your dog, **which** was uninjured.

His recent movie, ⟨Parasite⟩, **which** won several international awards, was about capitalism in a way.

콤마 + which ~라는 사실이, ~라는 사실을 (앞 문장 전체를 설명)

My laptop crashes every day, **which** is so annoying.

They all burst into tears, **which** I did not expect.

이제 답안을 참고하여 문장에 대한 해석을 하나씩 확인해봅시다. 각 문장이 어떻게 다르게 해석되는지 잘 살펴봐야 합니다. who에서 설명한 것과 같이 which가 들어간 문장에서도 콤마의 유무에 따라 의미가 달라집니다. who와 마찬가지로 추가적인 정보에 불과하다면 콤마를 사용하고, 제한적으로 설명할 때는 콤마를 쓰지 않습니다.

> The Fellowship, which I received last year, was a great honor.
> 그 장학금은 정말 큰 영광이었다. 그리고 그 장학금은 작년에 받았다.

> The car which is parked outside is my car.
> 밖에 주차된 차는 내 차이다.

콤마 없이 who, which 등을 사용하여 특정 사람이나 사물의 의미를 제한하는 것을 '제한적 용법'이라고 부릅니다. (영문법 원서에서는 이 부분을 restrictive, identifying, defining 등 다양한 단어로 표현합니다.) 개인적으로 '제한적'보다는 '필수적'이라는 말이 조금 더 좋은 것 같긴 합니다. 해당 정보가 빠지면 문장에서 중요한 의미 일부를 잃게 되니 반드시 필요한 부분이라는 뜻으로요. 이렇게 who, whom, which, whose, where 등은 콤마의 유무에 따라 의미가 달라집니다. 구어체에서는 whom, which 등이 제한적(필수적) 용법으로 사용되었을 때 whom, which를 생략해서 말하기도 합니다. 예를 들어 'The Fellowship which I received last year was a great honor.' 대신 'The Fellowship I received last year was a great honor.'라고 말할 수 있습니다.

콤마는 관계사뿐만 아니라 분사에서도 필수적인 정보와 그렇지 않은 정보를 구분해주는 역할을 합니다.*

> 이 부분이 잘 이해되지 않는다면 동사의 마지막 수업에서 분사를 학습하고 오세요.

> The student earning the best score will be offered a free trip to Mexico.
> 최고 점수를 받은 학생은 무료 멕시코 여행을 갈 수 있다.

> Maggie drifted in and out of sleep, watching an old black and white movie.
> Maggie는 오래된 흑백 영화를 보면서 자다 깨기를 반복했다.

콤마가 없다면 '~하는 것 또는 ~하는 사람'(의미 제한), 콤마가 있다면 '~하면서, ~해서'(부가 설명) 등으로 해석하면 됩니다.

that

which와 마찬가지로 사물의 특성이나 상황을 설명할 때 that*을 사용합니다. 위에서 봤던 콤마가 없던 which 문장은 모두 that으로 바꿔서 사용해도 무방합니다.

* 관계대명사 : (대)
명사처럼 문장에서
주어 또는 목적어
역할. 관계사절에
는 주어나 목적어
가 빠져 있습니다.

I am looking for the message which I deleted yesterday.

→ I am looking for the message that I deleted yesterday.

He had a stack of books which were published in the 1800s.

→ He had a stack of books that were published in the 1800s.

Apartments which overlooked the river cost more.

→ Apartments that overlooked the river cost more.

Did you check out the e-mail which came last week?

→ Did you check out the e-mail that came last week?

하지만 콤마를 사용하여 내용을 더해주는 which는 that으로 바꿔서 사용할 수 없습니다. 콤마를 사용해서 내용을 더해주는 것은 that이 할 수 없는 which만의 역할입니다. that은 '제한적 용법'으로만 사용합니다. 이제 that이 사용된 문장을 살펴볼까요? 다음 예문을 해석해봅시다.

PRACTICE 79

~인, ~한 (사물이나 동물 등을 설명할 때)

The car **that** had extra seats was needed. (= The car which had extra seats was needed.)	✎
They were playing the songs **that** made me cry.	✎
The black car **that** I want to buy is now for sale. (= The black car I want to buy is now for sale.)	✎
I'm going to marry the woman **that** I love.	✎
It is fame **that** we want.	✎
I don't recall anyone **that** we met on holiday. I was so wasted.	✎
The mansion **that** they lived in was humongous.	✎
The thing **that** she really liked about it was its texture.	✎
It was an interesting question **that** everyone should ask themselves.	✎

~라고 (생각하다, 말하다 등), ~라는 것(사실)

Tom says **that** no one understands him. *say that : ~라고 말하다	✎
He said **that** he was very sad.	✎
They all said **that** the party was great.	✎
The man said we had to wait.	✎
That they said yes was exceptional.	✎

Did you tell him **that** she was looking for a job?

*tell someone that : ~에게 ~라고 말하다

✎ ....

I told everyone (**that**) they had to bring their lunch.

✎ ....

Doctors are now agreed **that** the cause of the virus is environmental.

*agree that : ~라는 것에 동의하다

✎ ....

My parents explained **that** I had been very sick.

*explain that : ~라고 설명하다

✎ ....

I don't think **that** the show was very good.

*think that : ~라고 생각하다

✎ ....

She believes **that** God exists.

*believe that : ~라고 믿다

✎ ....

It's believed **that** Samsung will launch new smartwatches soon.

✎ ....

The fact **that** she is your sister should not cloud your judgment.

*the fact that : ~라는 사실

✎ ....

It's hard to accept the fact **that** she's dead.

✎ ....

바로 이전 페이지에서 'The black car that I want to buy is now for sale. (= The black car I want to buy is now for sale.)'라는 문장을 다시 한번 살펴봐주세요. 앞 문장은 that을 포함하고 있고, 괄호 안에 있는 문장에서는 that을 찾아볼 수 없습니다. 격식을 차릴 필요가 없는 대화에서는 that을 자주 생략해서 말합니다.

I want to buy the black car.

그 검은색 차를 사고 싶어.

The black car is now for sale.

그 검은색 차가 지금 판매 중이다.

the black car (that) I want to buy.

내가 사고 싶은 그 검은색 차

The black car that I want to buy is now for sale.

내가 사고 싶은 검은색 차가 지금 판매 중이다.

여기서 생략되는 that을 목적격 관계대명사라고 부릅니다. 원래 buy라는 동사는 I want to buy + something이라는 형태로 something(목적어)이 있어야 의미가 완성되는 단어인데요. 'The black car that I want to buy is now for sale.' 문장에서는 buy 뒤에 something(목적어)이 없지요? 대신 that이 목적어의 역할을 해준다고 하여 목적격 관계대명사라는 이름이 붙은 겁니다.

The black car that I want to buy is now for sale.

→The black car is now for sale. + I want to buy the black car.

(목적어인 the black car가 사라지고 that이 왔음)

목적격 관계대명사가 자주 생략된다는 것은 이미 알고 계실 거예요. 그 용어나 종류를 기억하는 것은 크게 중요하지 않습니다. 보통 말이나 글에서 단어가 생략되는 이유는 생략해도 의미가 통하기 때문입니다. that을 생략할 수 있다고 해서 아무 때나 생략하기보다는 많은 글을 읽어보고 어떻게 생략하는 것이 자연스러운지 습득하도록 합니다.

that은 이뿐만 아니라 know^{알다}, say^{말하다}, explain^{설명하다}, hope^{바라다}, remember^{기억하다}, learn^{배우다} 등의 단어와 사용할 때도 자주 생략됩니다. 이런 동사들을 'reporting verbs^{전달 동사}'라고 하는데 리스트를 보여드릴게요. 아래 리스트는 암기할 필요가 없으니 한번 읽어보고 넘어가세요!

accept that	acknowledge that	add (that)	admit (that)
~라는 것을 받아들이다	~라는 것을 인정하다	~라고 덧붙이다	~라는 것을 인정하다
advise that	announce (that)	argue that	ask that
~하라고 조언하다	~라고 알리다	~라고 주장하다	~하라고 요청하다
believe (that)	command (that)	comment that	complain (that)
~라고 믿다	~하라고 명령하다	~라고 덧붙이다	~라고 불평하다
conclude that	confirm (that)	consider that	decide (that)
~라고 결론짓다	~라는 것을 확인하다	~라는 것을 고려하다	~라고 결정하다
discover (that)	doubt (that)	expect (that)	explain (that)
~라는 것을 알게 되다	~라는 것을 의심하다	~라는 사실을 예상하다	~라고 설명하다
inform someone (that)	insist (that)	persuade someone (that)	recommend (that)
~에게 ~라고 알려주다	~할 거라고 우기다	~에게 ~하라고 설득하다	~하라고 권고하다
report that	request that	say (that)	suggest (that)
~라고 전하다	~라고 요청하다	~라고 말하다	~하자고 제안하다
warn that	tell someone (that)	suppose (that)	
~라고 경고하다	~에게 ~라고 말하다	~라고 생각하다, 예상하다	

처음 본 동사가 that을 생략해 사용할 수 있는지 알고 싶다면 맥밀란 사전에서 검색해보세요. 예를 들어 위 리스트에 수록된 단어 say를 검색해보면 'say (that)'이라는 뜻 풀이를 볼 수 있습니다.

오늘은 주요 관계사 네 가지를 알아보았습니다. 내일은 이어서 what, where, when을 비롯하여 다양한 접속사와 관계사를 알아볼 예정인데요. 오늘 배웠던 '제한적 용법'이 이해되지 않는다면 꼭 다시 읽어본 후에 다음 수업으로 넘어가주세요!

DAY 29.

접속사, 관계사, 의문사 ③

오늘 수업에서는 what을 시작으로 접속사와 관계사를 살펴볼 예정인데요. 먼저 what, where, when에 대해 자세히 알아본 후 자주 사용하는 접속사와 관계사에 대해 배워볼 겁니다. 이전 시간에도 해석해야 하는 문장이 꽤 많았는데요. 오늘도 그럴 것 같습니다. 연필, 지우개 그리고 커피 한 잔과 함께 출발해볼까요?

what

오늘 먼저 배울 관계대명사는 what입니다. what은 아마 지금까지 본 관계사 중에 가장 친숙할 것 같습니다. '뭐라고?'라는 물음에 'What?'을 사용한다는 정도는 이미 많은 분이 알고 계실 거라 생각합니다. what은 주로 사물을 설명할 때 사용하며, ~인 것, 무슨, 무엇으로 해석하면 됩니다. 아래 문장을 하나씩 해석해보면서 what이 어떻게 사용되는지 익혀봅시다. 앞서 배운 who, which, that에 비해 간단한 쓰임을 가지고 있으니 비교적 편하게 빈칸을 채울 수 있을 거예요.

PRACTICE 80

You did **what**?!	
What a lovely day, today!	
what appeared to be a crushed spider	
I sat on **what** appeared to be a crushed spider.	
what was going on	
I wanted to know what was going on.	
what happened yesterday	
I don't know exactly **what** happened yesterday.	
Tell me **what** to do next.	
Stop telling me **what** to do next.	

Do you have any idea **what** you are talking about?	✎
She told me **what** she wanted for her birthday.	✎
He asked me **what** we wanted for dinner.	✎
What he said was so rude and insensitive.	✎
What you need is some time off.	✎
Take **what** you need. Shotgun, crossbow, anything.	✎
What they said made me upset.	✎
She asked **what** he needed.	✎

where

사람과 사물에 대해 설명할 때 who, which, that을 사용했다면 장소나 상황을 설명할 때는 where을 사용합니다. 예를 들어 '우리가 사는 마을(동네)'라는 표현은 'The town where we live'라고 말할 수 있습니다. where은 장소뿐만 아니라 다소 광범위하게 사용되는 관계사 중 하나인데요. ~인 곳, ~인 상황이라는 의미를 가지고 있습니다. 아래에서 빈칸을 채우며 where의 다양한 쓰임을 살펴봅시다. where도 마찬가지로 콤마가 있는 표현과 없는 표현을 눈여겨보세요!

PRACTICE 81

the town **where** we live	✎
The town **where** we live has three rivers.	✎
where you are	✎
You should stay **where** you are.	✎
the city **where** we visited lots of temples and museums	✎
the place **where** the tribes normally live	✎
They were forced to leave the place **where** they normally lived.	✎
Seward Park, **where** I used to frequent, boasts 2.9 miles of cycling and walking path.	✎
I know **where** he is.	✎

That's **where** you're wrong.	✎
Last year, my family moved to New York, **where** my grandparents lived.	✎
a special room **where** the experiments were conducted	✎
All gathered in a room, **where** the experiment was conducted.	✎

when

사람과 사물, 장소에 대해 설명했던 이전 단어들과 달리 when은 시간적 상황을 설명합니다. 예를 들어 '(이전) 방학 때'를 말하고 싶다면 'when we were on vacation'이라고 표현하면 됩니다. when이 들어간 문장은 ~할 때, ~하면으로 해석하면 됩니다. 아래 예문을 해석해봅시다.

PRACTICE 82

What do you see **when** you look in the mirror?	
when I saw you for the first time	
Call me **when** you all get home.	
When you have no one to call, you are really on your own.	
We went skinny-dipping **when** we were on vacation.	
When I was in college, I had two part-time jobs.	
Call me **when** you get home.	
Spring is the season **when** flowers bloom.	
October, **when** Halloween is celebrated, is my favorite month.	
When he woke up next morning, he saw a pile of red packages at the foot of their beds.	

자주 사용하는 접속사 및 관계사

자주 사용되는 접속사 및 관계사에 해당하는 who, whom, which, that, where, when에 대해 하나씩 자세히 배워보았습니다. 지난 수업 시작할 때 보여드렸던 접속사 및 관계사의 종류를 기억하고 계신가요?

> **for**(왜냐하면) …니까, **and**그리고, **nor**~도 아니다, **but**그러나, **or**또는, **yet**그렇지만, **so**그래서, **though**비록 ~이지만, **although**비록 ~이지만, **as**~동안에, ~때문에, **as though**마치 ~인 것처럼, **as if**마치 ~인 것처럼, **as long as**~하는 한, **as soon as**~하자마자, **if**만약에 ~라면, **provided that**~라는 조건하에, **only if**~인 경우에 한해, **if only**~이면 좋을 텐데, **unless**~하지 않는 한, **even if**(설령) ~라 하더라도, **even though**비록 ~일지라도, ~인데도 불구하고, **because**왜냐하면, **since**왜냐하면, ~이후로(부터), **so that**~하기 위하여, **in order that**~하기 위하여, **it's time that**~할 시간이다, **in case**~할 경우에 대비하여, **before**~전에, **after**~후에, **by the time**~할 즈음, **until**~(때)까지 계속, **till**~(때)까지 계속, **lest**~하지 않도록, ~할까 봐, **once**~하자마자, 일단 ~하면, **than**~보다, **while**~하는 동안, **who/whom**~인 사람, **whoever/whomever**누구든, **which**~인 것, 무엇, **whichever**어느 쪽이든, **that**~인 것, **whose**누구의 (것), 그 사람의, **what**(주로 사물을 설명할 때) ~인 것, 무슨, 무엇, **whatever**무엇이든, **where**어디, ~인 곳, ~인 상황, **wherever**어디든, **when**언제, ~할 때, ~하면, **whenever**언제든, **how**어떻게, **however**어떤 방식이든, **why**왜, **whether/whether … or~**인지 (아닌지)/~인지 어떤지, **both … and**둘 다, **either … or**이것 아니면 저것, **neither … nor**이도 저도 아닌, **not only … but also**~뿐만 아니라 ~도

지금까지 배운 내용은 위 표에 나온 단어들에 비하면 10분의 1에 불과합니다. 이제 꼭 알아야 하는 접속사 및 관계사가 들어간 예문을 직접 해석해보면서 익혀보도록 할게요.

PRACTICE 83

as ~하는 동안에, ~하면서

They left as we were working on the project.

🖉 ....

As I get older, I get more pessimistic.

I met him as I was leaving the apartment.

알다시피

As you know, he is bisexual.

It snowed all day, as often happens.

~대로

Do as I say, not as I do.

Do it as I do.

~처럼, ~만큼 ~한

The dress was (as) soft as new snow.

He is as pretty as she (is).

I am as tall as you.

She was as white as snow when I took her to the hospital.

They crossed the ice path just as their grandfathers did.
*just as : 꼭 ~처럼

~긴 하지만(though)

Strange as it may sound, I don't like ice cream.

Much as I respect her, I still have to say no.

~때문에(because)

As it was getting dark, we left for home.

He stayed home all day as he had no job.

as는 의미가 아주 많은 단어 중 하나입니다. 사전에 검색해보면 열 개 이상의 의미를 가지고 있습니다. 영어에는 as처럼 하나의 단어가 수십 개의 의미를 가지고 있는 경우가 심심찮게 있습니다. 예를 들어 take라는 단어는 마흔 개가 넘는 의미를, have는 스무 개 이상, get은 서른 개 이상의 의미를 가지고 있습니다. 이렇게 의미가 많은 단어는 의미를 모두 외우기보다는 영영사전에 나오는 예문을 여러 번 읽어보면서 핵심적인 의미를 파악하는 게 더 중요합니다.

PRACTICE 84

it is just as well that ~해서 다행이다

It's getting darker — it's just as well that we brought flashlights.

It was just as well that I had a car.

as soon as ~하자마자

He burst into tears as soon as he met her.

Please give us a call as soon as you get there.

before ~전에, ~하기까지

Before she moved to Canada, she had never seen a grizzly bear.

I had to finish all my assignments before going to see the movie.

I had to finish all my assignments before I went to see the movie.

We should leave before morning comes.

It did not take long before they realized the truth.

🖉 ....

Call me before you leave.

🖉 ....

how (방법을 설명할 때) 어떻게, 얼마나, ～하는 방법(how to～)

Do you know how to ride a bike?

🖉 ....

He thought to himself how amazing it would feel.

🖉 ....

How to get rid of a headache.

🖉 ....

Could you show me how to turn this off?

🖉 ....

If I had known how to drive, it would have been a lot easier to move all this.

🖉 ....

why 왜 ～인지, 이유

There are a couple of reasons why I can't do it.

🖉 ....

I know why they did it.

🖉 ....

They asked me why I was late.

🖉 ....

－ever

A prize will be given to whoever solves the puzzle quickest.
*whoever/whomever : 누구든

🖉 ....

We can visit her at 10 a.m. or 8 p.m., whichever you choose.
*whichever : 어느 쪽이든, 어느 것이든

🖉 ....

You can do whatever you want.
*whatever : 무엇이든

🖉 ....

Whatever I say, my father always disagrees.

Sit wherever you like.
*wherever : 어디든

Come back whenever you want.
*whenever : 언제든

Do it however you like.
*however : 어떤 방식이든

and & or & but 그리고 & 또는, 혹은 & 그러나(하지만)

They laughed, talked, and drank.

He called me and said he liked me.

She is both beautiful and energetic.

Both he and his wife play tennis.

You can have coffee or tea.

I don't drink or smoke.

I called his name twice, but he did not answer.

I'm sorry, but I have to go now.

We were poor but smart.

either - or & neither - nor (둘 중) 어느 하나, 각각 & (둘 중) 어느 것도 아니다

Neither is correct.

He didn't say anything and neither did I.

It's neither good nor bad.

You can have either coffee or tea.

It was not your fault, nor his.

She didn't show up today. Neither did Marie.

She's not here today. Marie isn't here either.
✎ ....

whether (whether … or) ~인지 (아닌지), ~인지 어떤지

I wondered whether it really did make any difference.
✎ ....

I don't know whether I am invited to his party.
✎ ....

We will continue whether it rains or not.
✎

though, although 비록 ~이긴 하지만, ~임에도 불구하고, 그러나

Although he was very late, everyone welcomed him.
✎ ....

Though it was windy and rainy, they surfed.
✎ ....

You can borrow my laptop, although it is slow.
✎ ....

even if (설령) ~라 하더라도

Even if you apologize, I will not forgive you.
✎ ....

They are going to buy houses even if you raise the tax.
✎ ....

I wouldn't tell you even if I knew.
✎

even though ~인데도 불구하고

Even though he's old enough, he acts like a child.
✎ ....

I still remember all of their names, even though it has been years.
✎ ....

I smiled even though I didn't want to let her see me smile.

✎ ....

since 왜냐하면, ~이후로(부터)

We've been waiting for her since 9 a.m.

✎

At least 12 politicians or candidates for office have been killed since last year.

✎

I have always wanted to be a scientist since I was a child.

✎

Since you've finished your homework, you may watch TV.

✎

so that someone does something ~가 ~하기 위해서

in order to do something, in order that ~하려고, ~하기 위해서

so as to do something ~하려고, ~하기 위해서

I bought him a car so that he can commute easily.

✎

After the divorce, he gave up his career in order to take care of his children.

✎

I wrote down all the details in my journal so as not to forget them.

✎

it's time (that) someone did something, it's time to do something ~할 시간이다

It's time we **went**˚ home.

✎

It's time to go.

✎

It's time to take your medicine.

✎

- '이미 ~했어야 한다' 는 상황의 긴급성을 나타내기 위해 현재가 아닌 과거형(went)을 사용합니다!

after ~후에

I often go to Starbucks after I've finished my work.

✎

After reading the book, I wrote an essay.

Call me after you arrive.

He finished the meal after she did.

by the time ~할 즈음(when)

By the time I went to bed, I was so frazzled.

The bell was ringing and ringing but by the time I found my phone, it had stopped.

By the time we arrived, they were already there.

By the time you get this letter, I will have left the country.

until, till ~(때)까지 계속

Can I stay here till they come back?

We will support our daughter until she gets back on her feet.

*get back on one's feet : 자립하다, 다시 일어서다

Up until last month, we could not even afford the rent.

while ~하는 동안

Maggie looked after my kids while I was in London.

Marjorie continued to work while she spoke.

John Challenger came up with the idea to play the organ while people were being given the vaccine.

✎ ....

while 반면에

While everyone else thought the idea was good, I didn't think it was feasible.

✎ ....

While she was willing to help, she was always busy.

✎ ....

so … (that)/such … (that) 너무 ~해서 ~하다

She is so beautiful (that) I can't get my eyes off her.

✎ ....

It was such a good book (that) everyone read it more than twice.

✎ ....

Margaret had such a shock that she fell down on the ground.

✎ ....

Everybody was in such a panic that no one budged.

✎ ....

They said such horrible things that I excused myself from the table.

✎ ....

DAY 30.
접속사, 관계사, 의문사 ④

오늘은 지난 시간에 봤던 which와 that에 대해 더 깊게 이야기를 나눠볼 예정입니다. 둘의 공통점과 차이점, 그리고 전치사와 관계대명사가 함께 오는 경우까지 모두 살펴볼 텐데요. 심화 내용으로 들어가는 만큼 이전 내용을 충분히 숙지하고 오시길 바랍니다.

which vs. that

🔥🔥🔥

지난 시간에 봤던 문장을 다시 한번 살펴봅시다.

The car that had extra seats was needed.
= The car which had extra seats was needed.
여분의 좌석이 있는 차가 필요했다.

that에 관한 지난 수업에서는 두 개의 문장이 같은 뜻이라고 배웠습니다. 그렇다면 that과 which는 동일한 것일까요? which, that은 어떤 차이가 있는지 한번 생각해볼까요?

두 단어는 많은 상황에서 서로 교환이 가능하지만, 분명한 차이가 있습니다.

첫 번째로 which는 사물이나 동물에 주로 사용하지만 that은 사물이나 동물뿐만 아니라 사람에게도 사용합니다.

두 번째로 이미 배운 바와 같이 that은 콤마를 사용하여 문장에 내용을 덧붙이는 용도로 쓰지 않습니다. that은 '제한적 용법'으로만 사용합니다. 다시 말해 제한적인 용법(콤마 없이)으로 사용할 때는 which가 아닌 that만 사용해야 합니다. 반면 규범 문법상 which는 항상 콤마를 찍어서 내용을 추가해주는 역할만 할 수 있습니다. 하지만 현재 대부분의 영어 사용자가 which와 that을 혼용하므로 이 책에서는 실제 언어 사용을 기준으로 which의 다양한 사용법을 설명해두었습니다. 학교 또는 기관에서 시험을 보는 경우 학교에서 학습한 내용을 기준으로 암기하도록 합니다.

세 번째로 콤마를 사용할 수 있는 which는 콤마 유무에 따라 의미가 미묘하게 달라집니다. 이렇게 사용되는 단어들은 who, whom, which, whose, where, when입니다.

• 2.9마일의 도로가 있는 바로 그 공원을 제한적으로 지칭함

The park where I used to frequent boasts 2.9 miles of cycling and walking path.*

내가 자주 가는 (바로) 그 공원은 자전거와 산책로가 2.9마일이나 된다.

• 2.9마일의 도로가 있다는 정보 추가

Seward Park, where I used to frequent, boasts 2.9 miles of cycling and walking path.*

Seward Park라는 곳은 자전거와 산책로가 2.9마일이나 되는데, 나는 거기에 자주 갔다.

= 내가 자주 가는 Seward Park라는 곳은 자전거와 산책로가 2.9마일이나 된다.

Spring is the season when flowers bloom.

봄은 꽃이 피는 (바로) 그 계절이다.

• 10월에는 핼러윈이 있다는 정보 추가

October, when Halloween is celebrated, is my favorite month.*

10월은 내가 가장 좋아하는 달인데, 그 달에는 핼러윈이 있다.

네 번째로 that과 달리 which는 전치사와 자주 다닙니다. on which, at which, in which가 바로 그 예시입니다. 격식 있는 글 혹은 공식적 글에서는 문장을 전치사로 마무리하지 않는 규칙이 있긴 합니다만, 일상적인 대화에서는 잘 지켜지지 않는 경우가 많습니다. 예를 들어 다음 문장은 학술적 글쓰기에서 전치사의 위치가 바뀌게 됩니다.

• 학술적 글쓰기라면 in을 which 앞으로 토스!

This is the haunted house which the whole family was murdered in.

This is the haunted house in* which the whole family was murdered.

이곳은 온 가족이 살해된 흉가이다.

이제 아래에서 전치사와 함께 사용된 which 표현을 해석해봅시다.

PRACTICE 85

My mom was diagnosed with angina in 2017, by which time she was already very sick.

✎ ....

This is the haunted house in which the whole family was murdered.

✎ ....

Oxford dictionary is vastly different from other dictionaries, in which the focus is on present–day meanings and usages.

✎ ....

I remember the day on which* we first met.

✎ ....

• on which = when
(on which보다는
when을 자주 사용)

He lived in the city's downtown in which* all the stores are open at midnight.

✎ ....

• at which, in which
= where (at which,
in which보다는
where를 자주 사용)

Our managers were remembered for their charisma but also for the kindness with which they treated customers.

✎ ....

The speed at which we've learned about this virus is unprecedented.

*the speed at which : ~하는(한) 속도

✎ ....

A fantasy movie, in which you can vicariously experience magical elements, is more enchanting.

✎ ....

He must have decided not to come, in which* case we should leave now.

✎ ....

• , in which case =
and in that case

The town has small bays, many of which have the best sandy beaches.

✎ ....

She has written an article the name of which I've already forgotten.

✎ ....

위 문장들을 어떤 순서로 해석했나요? 혹시 앞뒤로 왔다 갔다 해석하지는 않았나요? 영어

문장을 속독하려면 반드시 앞에서 뒤로, 순서대로 문장을 읽어가며 의미를 받아들여야 합니다. 절대 뒤에서 앞으로 해석해서는 안 됩니다.

This is the haunted house in which the whole family was murdered.
= This is the haunted house which the whole family was murdered in.

위의 문장에서 in을 의미상의 본래 위치로 옮겨 해석하다 보면 두세 번 문장을 다시 읽게 되고, 집중도와 읽는 속도가 떨어지게 됩니다. 문장이 짧다면 몰라도 아주 긴 문장을 해석해야 한다면 어떨까요? which 뒤에 일일이 전치사를 옮겨서 다시 문장을 읽는다면 정말 많은 시간이 낭비되겠지요? 그래서 제가 학생들에게 전치사와 which가 함께 온 문장을 보면 다음과 같이 바꿔서 생각해보라고 합니다.

This is the haunted house in which the whole family was murdered.
→ This is the haunted house. In the house, the whole family was murdered.

which는 대명사라서 바로 앞에 나온 (명사) 단어를 대신합니다. 따라서 which를 바로 앞에 읽은 'the haunted house'라고 생각하고 읽어나가면 됩니다. 조금 더 연습해볼까요?

Our managers were remembered for their charisma but also for the kindness with which they treated customers.
→ Our managers were remembered for their charisma but also for the kindness. With the kindness, they treated customers.
*the kindness with which : ~하는 친절

The speed at which we've learned about coronavirus is unprecedented.
→ The speed, at the speed we've learned about coronavirus, is unprecedented.
*the speed at which : ~하는(한) 속도

조금 더 편하게 읽히는 느낌이 드나요? 대부분 '전치사 + which'가 이 방법이 통하지만 따

로 의미를 알아두어야 하는 아래와 같은 표현도 있습니다. 예를 들어 in which case는 and in that case로 생각하면 됩니다.

Sometimes after misconduct, people will rationalize it, in which case they would judge others less severely for the same action.
→ Sometimes after misconduct, people will rationalize it. In that case, they would judge others less severely for the same action.

전치사 + which가 있는 표현에서도 콤마 법칙(제한적 용법)은 그대로 적용되니 참고하세요!

A fantasy movie, in which you can vicariously experience magical elements, is more enchanting. 마법적인 요소를 간접 경험할 수 있어서 판타지 영화는 더 매력적이다. (모든 판타지 영화가 재미있다고 말할 때)

A fantasy movie in which you can vicariously experience magical elements is more enchanting. 마법적인 요소를 간접 경험할 수 있는 판타지 영화가 더 매력적이다. (마법적인 요소가 들어 있는 판타지 영화가 매력적이라고 말할 때)

which 외에 이렇게 앞에 전치사를 데리고 나올 수 있는 관계사로 whom, whose가 있습니다. with whom, of whom, some of whom, none of whom, above whom 등 다양한 표현이 있습니다.

The people with whom he worked have all been promoted.*
그와 함께 일했던 사람들은 승진했다.

• 격식을 갖춘 표현
(formal)

The people (who) he worked with have all been promoted.**
그와 함께 일했던 사람들은 승진했다.

•• 대화체(informal)

My kid had a rag doll, both of whose arms were outstretched.*
내 아이는 헝겊 인형을 가지고 있었는데, 두 팔이 쭉 뻗어 있는 인형이었다.

DAY 31.
특수 구문 ①

마지막 남은 세 번의 수업만 더 하면 중급 영문법 강의가 마무리됩니다. 시원섭섭한 느낌이 드는 건 저뿐인가요? 마지막 세 개의 강의는 모두 분량도 적어서 단숨에 읽을 수 있을 거라 생각합니다.

비교하기

오늘 배워볼 내용은 '비교하기'입니다. 이번 수업을 배우고 나면 '이것이 저것보다 더 어떠하다', 혹은 '이것만큼 저것이 어떠하다', 혹은 '이것이 가장 어떠하다'라는 표현을 자유롭게 사용할 수 있을 거예요. 비교하기에 항상 사용되는 단어들은 more, than, (the) most, as인데요. 아래 대화문에서 새로운 친구 소피아를 소개시켜준 상황을 살펴봅시다.

대화문

Justine : Did you meet Sophia?

Ben : Yes, sort of.

Justine : What do you mean, 'sort of'?

Ben : We didn't really talk much. She was not **as** nice **as** you said she would be.

Justine : What did you say to her?

Ben : Nothing! She just never looked me in the eye, and kept ignoring me. Why was she giving me the cold shoulder?

Justine : Sophia just needs a little time to warm up to new people. Trust me. She'll be **the most** loyal friend you've ever had.

Justine : Sophia랑 인사했어?

Ben : 응, 대충.

Justine : 대충이라, 그게 무슨 말이야?

Ben : 별로 얘기 나눈 게 없어. 네가 말한 것처럼 좋은 사람은 아닌 것 같던데.

Justine : 네가 뭐라고 했길래?

Ben : 아무 말도 안 했어! 내 눈도 자꾸 피하고 자꾸 날 없는 사람 취급했어. 왜 나한테 쌀쌀맞게 구는 거지?

Justine : Sophia는 새로운 사람들이랑 친해지는 데 시간이 좀 걸려. 내 말 믿어봐. 일단 친구가 되면 정말 든든할걸.

She was not as nice as you said she would be.

She'll be the most loyal friend you've ever had.

보아하니 as - as는 '~만큼, ~처럼 어떠하다'라는 뜻을, the most는 '가장 어떠하다'는 의미를 가지고 있는 것 같죠? 아래 문장에서 더 자세하게 살펴봅시다.

This necklace is expensive. 이 목걸이는 비싸다.

This necklace is more expensive. 이 목걸이가 더 비싸다.

This necklace is more expensive than that one. 이 목걸이가 더 비싸다./저 목걸이보다

This is the most expensive necklace. 이 목걸이가 가장 비싸다.

This necklace is as expensive as that one. 이 목걸이는 저 목걸이만큼 비싸다.

첫 번째 문장은 우리가 자주 보던 평서문에 해당합니다. 여기에 more을 사용해서 '더'라는 의미를, than(~보다)까지 사용하면 비교 대상도 언급할 수 있습니다. most를 사용하면 '가장'이라는 의미를 나타낼 수 있습니다. 또한 as - as를 사용해 '~만큼'이라는 의미를 전달할 수 있습니다. 이제 기본적인 표현은 모두 익혔으니 문장을 조금 더 살펴보겠습니다. 아래 예문을 해석해봅시다.

PRACTICE 86

good - better - best
좋은 - 더 좋은 - 가장 좋은

She has as good a voice as you.	✎
She has a better voice than you.	✎
She has the best voice in town.	✎

tall - taller - tallest
키가 큰 - 키가 더 큰 - 키가 가장 큰

She is as tall as I am.*	✎
She is taller than me.	✎
She is the tallest in her class.	✎

• 대화에서는 보통 'She is as tall as me.'를 더 자주 사용합니다!

cheap - cheaper - cheapest
값이 싼 - 값이 더 싼 - 값이 가장 싼

This necklace is way cheaper than that one.	✎
This is the cheapest option.	✎
He bought the cheapest.	✎
The cheaper, the better.*	✎

• the 비교급, the 비교급 : ~하면 할수록 ~하다

comfortable - more comfortable - most comfortable
편안한 - 더 편안한 - 가장 편안한

These new boots were not nearly as comfortable as her old ones.	✎
This chair feels more comfortable than that one.	✎
This is by far the most comfortable chair.	✎

위 표현을 잘 읽어보면 '더 ~하다'라는 표현을 할 때 more을 붙이는 경우도 있고, 원래 단어에 '-er'만 붙이는 경우도 있지요? 언제 -er, 혹은 more을 붙이는지 헷갈린다면 다음의 '어림 법칙rule of thumb'을 참고하세요. 1음절의 경우 -er을 붙이고 2음절이면 -er, more 둘 다 사용할 수 있습니다. 3음절 이상이라면 more을 붙입니다. (-est, most를 붙일 때도 마찬가지로 적용되는 법칙입니다.) 음절은 한 번에 발음할 수 있는 소리 덩어리를 말하는데, 영어의 음절은 단어의 모음 소리에 집중해서 구분해야 합니다. 예를 들어 fun[펀]은 1음절, picnic[픽닉]은

2음절, syllable[실러블]은 3음절입니다. 이런 어림 법칙은 참고만 하는 게 좋습니다. 일일이 단어가 몇 음절인지 계산해가며 법칙을 적용할 수 없으므로 많이 읽고 접하다 보면 어떤 표현이 가장 자연스럽게 들리는지 알 수 있게 됩니다. 문장 몇 개만 더 볼까요?

happy - happier - happiest
행복한 - 더 행복한 - 가장 행복한

You have a right to be as happy as anybody.
당신도 다른 사람들처럼 행복할 권리가 있어요.

I would be happier at home.
나는 집에 있는 게 더 행복할 것 같아.

He was the happiest man.
그는 세상에서 가장 행복한 사람이었다.

Some say, 'the less you know, the happier you are.'
어떤 사람들은 '모르면 모를수록 더 행복하다'고 말한다.

big - bigger - biggest
큰 - 더 큰 - 가장 큰

The world's biggest house is as big as a blue whale.
세계에서 가장 큰 집은 대왕고래만큼 크다.

He gets bigger every day.
그는 매일 더 덩치가 커진다.

The biggest problem was not the budget deficit.
가장 큰 문제는 재정 적자가 아니었다.

We visited the second biggest* rainforest.
우리는 두 번째로 큰 열대우림을 방문했다.

• 최상급은 서수와 함께 사용하여 '~번째로 ~한'이라는 의미를 가집니다.

마지막으로 우리에게도 익숙한 동화책인 《찰리와 초콜릿 공장Charlie and the Chocolate Factory》에서 참고할 만한 문장을 살펴보도록 하겠습니다. 이 책은 로알드 달Roald Dahl이 쓴 동화 중 가장 유명한 동화가 아닐까 싶습니다. 이 소설을 원작으로, 2005년에 개봉한 동명의 영화는 제가 참 좋아하는 감독인 팀 버튼이 연출하고 조니 뎁이 출연해 큰 화제가 되었습니다. 조니 뎁은 초콜릿 공장 사장 '윌리 웡카'를 연기했는데요. 책으로 봤을 때 움파룸파족이 대체 어떤 사람들인지 궁금했는데 팀 버튼식 해석을 신기하게 지켜봤던 기억이 납니다. 동화는 그 특성상 생동감 있는 전달력이 무척 중요합니다. '비교법'은 뭔가를 묘사할 때 절대 빠질 수 없는 용법 중 하나죠. 먼저 책 내용을 간단히 살펴볼까요?

'찰리 버켓'이라는 꼬마가 주인공입니다. 허름한 판잣집에 여섯 명의 어른과 꼬마 찰리가 살고 있습니다. 함께 사는 조부모님은 모두 아흔 살이 넘었고 말린 자두처럼 쭈글쭈글 주름지고 해골처럼 앙상하게 뼈만 남은 상태입니다.

Every one of these old people was over ninety.
They were as shrivelled as prunes, and as bony as skeletons,…

대가족이 살기에는 너무 좁은 집이었지만 찢어지게 가난했기 때문에 더 나은 집은커녕 침대 하나를 더 들여놓기도 힘든 상황인데요.

There wasn't any question of them being able to buy a better house or even one more bed to sleep in.

*there is/was no question of something happening/somebody doing something : ~일 가능성은 없다/없었다

당연히 식구들은 밥도 제대로 챙겨 먹지 못합니다. 항상 배가 고픈 찰리는 아침 등굣길에 있는 가게에서 초콜릿을 쳐다보느라 시간 가는 줄 모릅니다. 마음껏 초콜릿을 먹는 친구들을 보며 괴로워하는 찰리. 그는 1년에 딱 한 번, 생일에만 초콜릿을 먹을 수 있습니다. 온 식구가 이날을 위해 돈을 모아 작은 초콜릿을 선물하고, 매번 받은 초콜릿은 한 달에 걸쳐 아주 아껴 먹어요. 그런데 찰리가 사는 동네에는 초콜릿 공장이 하나 있습니다. 평범하고 덩치만 큰 공장이 아니라 전 세계에서 가장 크고도 유명한 바로 '웡카의 공장'입니다! 웡카의 공장 주인인 윌리 웡카 씨는 이 세상에서 가장 대단한 초콜릿을 만드는 사람입니다.

And it wasn't simply an ordinary enormous chocolate factory, either.

It was the largest and most famous in the whole world!

It was WONKA'S FACTORY, owned by a man called Mr Willy Wonka,

the greatest inventor and maker of chocolates that there has ever been.

찰리는 등·하굣길에 공장 앞을 지나치며 초콜릿 향기를 맡습니다. 그러던 어느 날 찰리는 할아버지네 방에 가서 웡카 씨의 공장이 정말 이 세상에서 제일 크냐고 물어봅니다.

Is it really true that Wonka's Chocolate Factory is the biggest in the world?

할아버지는 대답합니다. "당연히 그렇지! 세상에, 아직도 몰랐니? 웬만한 공장의 50배는 될걸!"

Of course it's true! Good heavens, didn't you know that? It's about fifty times as big as any other!

이어 찰리는 그럼 윌리 웡카 씨가 정말 초콜릿을 만드는 사람 중 제일 대단한 사람이냐고 물었고,

And is Mr Willy Wonka really the cleverest chocolate maker in the world?

할아버지는 웡카 씨가 세계에서 누구보다 놀랍고, 훌륭하고, 누구보다 색다른 초콜릿을 만든다고 알려줍니다.

Mr Willy Wonka is the most amazing, the most fantastic, the most extraordinary chocolate maker the world has ever seen!

앞부분 몇 장만 읽었는데도 more, -er, most, as를 쓰는 표현이 후드득 쏟아집니다. 만약 비교하는 표현이 익숙하지 않다면《찰리와 초콜릿 공장》을 처음부터 끝까지 읽어보길 권합니다.

비교하는 표현에는 than, 최상급 표현에는 the가 자주 따라다닙니다. 최상급과 the의 관계에 대해서는 관사 수업에서 더 자세히 설명했지요? 자주 사용되는 형용사에 −er 또는 more, −est 또는 most를 붙여봤습니다. 비교급과 최상급을 만드는 게 아직 어색하다면 아래 표를 참고해보세요.

angry 화난	angrier (than)	(the) angriest
bad 나쁜	worse (than)	(the) worst
beautiful 아름다운	more beautiful (than)	(the) most beautiful
big 큰	bigger (than)	(the) biggest
busy 바쁜	busier (than)	(the) busiest
careful 조심스러운	more careful (than)	(the) most careful
clean 깨끗한	cleaner (than)	(the) cleanest
clever 영리한	cleverer (than)	(the) cleverest
cold 차가운	colder (than)	(the) coldest
confused 혼란스러운	more confused (than)	(the) most confused
dangerous 위험한	more dangerous (than)	(the) most dangerous
dark 어두운	darker (than)	(the) darkest
famous 유명한	more famous (than)	(the) most famous
far 멀리에 있는	farther/further (than)	(the) farthest/furthest
fast 빠른	faster (than)	(the) fastest
gentle 온화한	gentler, more gentle (than)	(the) gentlest, most gentle
good/well 좋은	better (than)	(the) best
hot 뜨거운	hotter (than)	(the) hottest
large 큰	larger (than)	(the) largest
old 나이가 든	older (than)	(the) oldest
polite 공손한	politer, more polite (than)	(the) most polite
proud 자랑스러운	prouder (than)	(the) proudest
quick 빠른	quicker (than)	(the) quickest
quiet 조용한	quieter (than)	(the) quietest
safe 안전한	safer (than)	(the) safest
seriously 진지하게	more seriously (than)	(the) most seriously
simple 간단한	simpler, more simple (than)	(the) most simple

small 작은	smaller (than)	(the) smallest
strange 이상한	stranger (than)	(the) strangest
strong 강한	stronger (than)	(the) strongest
stupid 바보 같은	stupider, more stupid (than)	(the) stupidest, most stupid
terrible 형편없는	more terrible (than)	(the) most terrible
thin 얇은	thinner (than)	(the) thinnest
weak 약한	weaker (than)	(the) weakest
wise 지혜로운	wiser (than)	(the) wisest
young 어린	younger (than)	(the) youngest

DAY 32.
특수 구문 ②

오늘 수업은 곧바로 매운맛 3단계로 진입합니다. 이전 수업에서 1~2단계를 뛰고 넘어왔다면 잘 숙지한 다음 오늘 수업을 시작하세요!

말의 순서가 바뀌는 도치

오늘 배울 내용은 원래 알던 주어, 동사 등의 순서가 바뀌는 현상입니다. 이걸 '도치'라고 하는데요. 예를 들면 이런 식입니다.

영숙아, 가자 어서.

어서 가자, 영숙아.

가자, 영숙아 어서.

왜 이런 일이 일어날까요? 한 문장씩 읽어보면서 어떤 상황에 내가 저렇게 말할지 생각해보세요. 제일 첫 문장은 '영숙아'를 먼저, 두 번째 문장은 '어서 가자'를 먼저, 세 번째 문장은 '가자'를 먼저 말했습니다. 각자 강조하는 바가 다른 것 같지요? 하고 싶은 말이 먼저 툭! 튀어나온 겁니다. 이 개념을 영어 문장으로도 한번 볼게요.

A man with a suitcase came in.

위 문장을 천천히 소리 내어 읽어보세요. 어떤 이미지가 머릿속에 그려지나요? 먼저 '한 남자'가 보이죠? 그리고 그가 들고 있는 '여행 가방'이 눈에 들어옵니다. 그리고 마지막으로 그 사람이 어딘가로 '걸어 들어오는 장면'이 보입니다. 그렇다면 아래 문장은 어떤 이미지가 떠오르나요? 천천히 문장을 소리 내어 읽어보세요.

In came a man with a suitcase.

일단 뭔가가 들어오는 게 보입니다. 그러고 나서 남자가 보이고, 그 남자가 여행 가방을 들고 있는 게 머릿속에 떠오릅니다. 만약 실제 영화의 한 장면이라면 여기에서 남자를 먼저 볼지, 가방에 눈이 먼저 갈지, 아니면 들어오는 행위 자체에 집중할지는 영화를 보고 있는 관객에게 달려 있습니다. 하지만 글은 작가가 독자에게 어떤 것을 먼저 보여줄지 선택할 수 있어요. 책으로 읽은 소설이 영화화 되었을 때 내가 상상했던 것과 많이 다른 것은 기본적으로 이런 차이에서 기인합니다. 작가의 문장을 따라가며 머릿속에 그렸던 것들이 감독의 손에서는 완전히 달라지기 때문이죠.

도치는 기존에 배운 문장 속 단어들의 순서가 바뀌는 거라 처음 배우면 낯설어하는 경우가 있습니다. 조금 친숙한 아래 문장을 한번 볼게요.

Here comes the bus!
버스 온다!

Here is the record that you asked for.
요청하신 기록물 여기에 있습니다.

위 문장들 역시 주어(the bus, the record)가 동사 뒤에 나오는 도치의 형태입니다. 하지만 이 문장이 자연스럽게 느껴지는 이유는 자주 봤기 때문입니다. 그래서 오늘은 도치된 문장들을 자주 볼 예정입니다. 자주 볼수록 눈에 익고, 덜 어색하고, 그래야 나중에 직접 사용할 수도 있게 될 테니까요!

She(Alice) tried to open the doors, but they were all locked. 'How will I ever get out again?' she thought sadly. Then she saw a little glass table with three legs, and on the top of it was a very small gold key.

위 문장은 《이상한 나라의 앨리스 Alice's Adventures in Wonderland》라는 동화에 나오는 문장입니다. 마지막 부분에 'on top of it was a very small gold key'라는 말이 있지요? 우리가 원래 알던 순서는 'There was a very small gold key on the top of it.'입니다. 하지만 on top of it을 먼저 말해서 '금색 열쇠'가 아니라 '그 위'를 먼저 이미지로 그리게 만듭니다.

문장을 더 보기 전에 도치 규칙을 잠시 볼까요? 주어와 동사 자리를 바꾸는 규칙이 정해져 있긴 합니다만, 규칙은 읽어만 보고 실제 문장을 많이 접하는 걸 권합니다. 원어민은 규칙에 따라 주어와 동사를 교체해야 한다고 의식적으로 생각하는 것이 아니라 도치 문장 자체가 새로운, 그러나 자연스러운 규칙이라고 생각하고 말합니다. 자, 이제 하나씩 봅시다.

1. 장소나 방향을 나타내는 구가 문장의 앞으로 간다면 주어와 동사 자리를 교체한다.

Her dogs were on the street.

= On the street were her dogs.

길 위에 / 있었다 / 그녀의 개들이

2. 부정어가 포함된 구가 문장의 앞으로 간다면 주어와 동사 자리를 교체한다.

I have never felt more thrilled.

= Never have I felt more thrilled.

한 번도 ~없었다 / 내가 더 신난다고 느낀 적이

I have never felt more thrilled in my life.

= Never in my life have I felt more thrilled.

한 번도 ~ 없었다 / 내 인생에서 / 내가 더 신난다고 느낀 적이

• 'Not only felt I sad…'가 아니니 유의합니다!

I not only felt sad,* but I also felt angry.

= Not only did I feel sad, but I also felt angry.

~뿐만 아니라 / 내가 슬펐을 (뿐만 아니라) / 또한 / 나는 화가 났다

• 'Rarely forgive they…'가 아니니 유의합니다!

They rarely forgive others.

= Rarely do they forgive others.*

거의 ~하지 않는다 / 그들은 / 다른 이들을 용서하지

Until the early 20th century, there wasn't a movement to protect nature.

→ Not until the early 20th century was there a movement to protect nature.

아니었다 / 20세기 초반까지는 / 있었다 / 자연을 보호하려는 움직임이

(자연을 보호하려는 움직임이 20세기 초반 이후에야 비로소 있었다.)

도치 문장을 봤을 때는 원래 문장이 어땠는지 되돌려서 해석할 필요 없이 적힌 순서대로 이미지화하여 해석하면 됩니다.

No longer did she daydream of winging with eagles.

위 문장을 우리에게 조금 더 익숙한 구조인 'She no longer daydreamed of winging with eagles.'로 바꿀 필요 없이 문장을 그대로 쪼개서 읽으면 됩니다.

No longer did she daydream of winging with eagles.

더는 ~하지 않았다 / 그녀는 / 몽상하다 / 독수리와 함께 날아가는 (몽상을)

3. only가 포함된 구가 문장의 앞으로 나온다면 주어와 동사의 자리를 교체한다.

You can improve only by practicing.

= Only by practicing can you improve.*

연습을 통해서만 / 할 수 있다 / 너는 / 발전을

* only가 포함된 구
 + 조동사/be동
 사/do동사 + 주어
 + 동사

4. if가 들어간 문장에서 if가 사라진 경우 were, had, should 등이 문두에 나온다.

If it had not been for your guidance, I would not have passed the test.

= Had it not been for your guidance, I would not have passed the test.*

네가 가르쳐주지 않았더라면 / 나는 시험을 통과하지 못했을 거야.

* were/had/
 should + 주어 +
 동사

If I had known that, I would never have come back.

= Had I known that, I would never have come back.

내가 그걸 알았더라면, 난 절대 돌아오지 않았을 거야.

5. so/neither/nor*가 문장의 앞에 올 때 주어와 동사 자리가 바뀐다.

• so/neither/nor +
do/be동사 + 주어

So did you.

너도 마찬가지야. (너도 그랬잖아.)

So does Maggie.

Maggie도 마찬가지야.

I am not a fool. Neither is Jack.

난 바보가 아니야. Jack도 마찬가지고.

I didn't quit my job, nor was I fired.

나는 직장을 그만둔 것도 아니고 해고된 것도 아니다.

6. so~*가 문장의 앞에 올 때 주어와 동사의 자리가 바뀐다.

• so ~ + 조동사/
be동사/do동사 +
주어 + 동사

So delicious did it look that everyone waited in line to taste it.

너무 맛있어 보여서 모든 사람들이 그것을 맛보려고 줄을 서서 기다렸다.

So fast did they run that no one could catch up.

그들은 너무 빨리 달려서 아무도 따라잡을 수 없었다.

오늘 살펴본 도치는 말보다는 글에서 훨씬 더 자주 사용하는데요. 말할 때 자주 쓰는 표현은
정해져 있는 편입니다. 특히나 다음과 같은 말들은 정말 자주 들을 수 있습니다.

Little did I know…

나는 미처 알지 못했다

Had I been there…

내가 거기 있었더라면

Had I known that…

내가 그걸 알았더라면

So are you.

너도 마찬가지야.

DAY 33.

특수 구문 ③

오늘 수업을 마지막으로 문법 수업이 모두 끝납니다. 지금까지 배운 문장들을 축약하거나 생략하는 방법을 배울 텐데요. 오늘 수업도 역시 지난 수업과 마찬가지로 곧바로 매운맛 3 단계로 진입합니다. 이전 수업들을 잘 숙지하고 오기를 바랍니다!

축약 및 생략

🔥🔥🔥

의미상 시간을 나타내는 절(when, after, until, while, before, since, once 등)과 if, unless, (al) though 절은 축약이나 생략이 자주 일어납니다. 예를 들면 다음과 같이 말할 수 있습니다.

The boy is still recovering after he got bitten by a shark.

→ The boy is still recovering after getting bitten by a shark.

주절과 종속절의 주어가 같을 경우 주어를 생략하고 동사를 -ing 또는 P.P 형태(과거 분사, done의 형태)로 만들어서 사용할 수 있습니다. 하지만 이 법칙을 외우려고 하기 전에 먼저 지금까지 배웠던 내용을 떠올리며 아래 문장을 잘 해석할 수 있는지 확인해봅시다.

PRACTICE 87

The boy is still recovering after getting bitten by a shark.	✎
I saw a big moose while walking in the forest.	✎
After talking to you, I called mom and dad.	✎
Once deprived of their freedom, they had no reason to stay.	✎
When in doubt, know your way out.	✎
Although poor, we still have two cars.	✎

사전을 참고한다면 아마 어려움 없이 다 잘 해석하셨을 거라 생각합니다. 이제 각 문장에서 어떤 것들이 사라진 건지 되살려봅시다.

The boy is still recovering after getting bitten by a shark.

→ The boy is still recovering after he got bitten by a shark.

I saw a big moose while walking in the forest.

→ I saw a big moose while I was walking in the forest.

After talking to you, I called mom and dad.

→ After I talked to you, I called mom and dad.

Once deprived of their freedom, they had no reason to stay.

→ Once they were deprived of their freedom, they had no reason to stay.

When in doubt, know your way out.

→ When you are in doubt, (you should) know your way out.

Although poor, we still have two cars.

→ Although we are poor, we still have two cars.

어떠셨나요? 두 번째로 적힌 문장들은 이전 문장과 비교해서 다소 매끄럽지 못하거나 중복된 느낌이 있지 않나요? 오늘 수업에서 주어 등이 생략된 문장을 처음 보신 거라면 다소 당황스러울 수 있을 것 같아요. '굳이 왜 또 생략을?'이라고 생각할 수도 있지만 방금 보여드린 문장은 생략의 예시에 불과하며, 무조건 이런 문장을 모두 생략해야 하는 건 아닙니다. 다만, 글이 더 깔끔하고 경제적이기 때문에 중복되는 단어를 생략하는 것뿐입니다.

오늘 수업을 시작할 때 말했던 것처럼 when, until, after, before, while, since, once, if, unless, (al)though 등이 들어간 절은 축약과 생략이 빈번하게 일어납니다. 주절과 종속절의 주어가 같을 때는 주어를 생략한 후에 동사를 변형합니다. 굳이 같은 주어를 두 번 말할 필요는 없기 때문이겠죠?

그리고 이어 나오는 동사 변형의 법칙은 다음과 같습니다. 일반 동사라면 '일반 동사에 ing'를 붙이고, be동사는 삭제하면 됩니다. 만약 be동사에 형용사가 붙어 있다면 '(being) 형용사'로 변형합니다. 여기에 더해 접속사까지 생략하기도 합니다. 생략해도 의미를 전달하는 데 문제가 없다면 생략해버리는 거죠. 규칙을 말로 나열하니 뭔가 복잡해 보이지만, 예문으로 연습하다 보면 그리 어렵지 않을 겁니다. 아래 문장을 보면서 축약이 어떻게 이루어지는지 연습해볼게요.

Since some college students are afraid of public speaking, some college students choose to drop discussion-based classes.
일부 대학생들은 대중 앞에서 말하는 것을 두려워하기 때문에, 일부 대학생들은 토론 기반 수업을 듣지 않기로 선택한다.

위 문장을 천천히 읽어보고 중복되는 부분을 다듬어봅시다. 한국어로 적힌 부분에도 중복된 부분(일부 대학생들은)이 보이지요? 위 문장은 아래와 같이 다듬을 수도 있고,

Since some college students are afraid of public speaking, they choose to drop discussion-based classes.

또 다음처럼 다듬어도 됩니다.

(Being) afraid of public speaking, some college students choose to drop discussion-based classes.

since를 생략해도 올바른 뜻을 유추할 수 있다면 생략합니다. 주절과 종속절의 주어가 같으니 생략하고, be동사에 형용사가 붙어 있다면 '(being) + 형용사'로 바꿔줍니다.

원어민은 위와 같이 법칙을 일부러 떠올린 다음 중복된 단어를 빼는 게 아니라 애초에 생략된 상태로 씁니다. 예를 들어 Although we are poor로 쓴 후 '주어가 겹치네! be동사는 생략할까?' 하면서 주어, 동사를 빼 Although poor라고 고쳐 쓰는 게 아니라는 거죠. '가난했지만'을 'Although poor'로 바로 시작해버립니다. 따라서 법칙에 따라 모든 문장을 변형해 보는 깃보다는 많이 읽으며 변형된 문장 자체를 하나의 표현으로 받아들이는 게 좋습니다. 그럼 어떻게 문장을 줄여 쓰는지 조금 더 살펴볼까요?

Even though the dogs were on a leash, **they looked menacing.**

→ Even though on a leash, **the dogs looked menacing.**

개들은 목줄을 매고 있음에도 불구하고 위협적으로 보였다.

even though를 생략했을 때 올바른 뜻을 유추하기 힘들다면 그대로 써줍니다. 주어가 양쪽이 같으니 생략하고 be동사는 삭제합니다.

He always replies with a question when he is asked **a question.**

→ **He always replies with a question** when (being) asked **a question.**

그는 질문을 받으면 항상 질문으로 대답한다.

when을 생략했을 때 올바른 뜻을 유추하기 힘들다면 그대로 씁니다. 양쪽의 주어가 같으니 생략하고 be동사에 형용사가 붙어 있다면 '(being) + 형용사'로 바꿔줍니다.

A 22-year-old black man died last month after he was arrested **on bribery charges.**

→ **A 22-year-old black man died last month** after being arrested **on bribery charges.**

22세의 흑인 남성이 뇌물 수수 혐의로 체포된 후 지난달 사망했다.

after를 생략했을 때 올바른 뜻을 유추하기 힘들다면 그대로 씁니다. 주어는 같으니까 생략할 수 있습니다. 이 문장에서는 다른 축약 방법과 달리 명사의 형태인 ing 형태가 오는데요.

전치사 느낌이 강한 after 또는 before 뒤에는 p.p만 덩그러니 오기보다는 being p.p를 사용합니다.

지금까지는 when, until, after, before, while, since, once, if, unless, (al)though 등이 들어간 절에서 생략이 일어나는 것을 보았는데요. 이런 문장뿐만 아니라 생략 가능한 문장이 있습니다. 법칙 먼저 설명하기 전에 예문부터 봅시다.

The group assignment which was given to all participants was extremely hard.
모든 참가자에게 주어진 그룹 과제는 매우 어려웠다.

The hepatitis B virus, which was discovered by Dr. Baruch Blumberg, was originally known as the 'Australia Antigen'. Baruch Blumberg 박사에 의해 발견된 B형 간염 바이러스는 원래 '호주 항원'으로 알려져 있었다.

Scientists who studied evolution were hired en masse for the government project. 진화를 연구하는 과학자들이 정부 프로젝트에 대거 고용되었다.

위 세 문장을 깔끔하게 바꿔볼까요? 의미가 변형되거나 내용이 삭제되지 않도록 주의해주세요!

The group assignment which was given to all participants was extremely hard.

✎ _____

The hepatitis B virus, which was discovered by Dr. Baruch Blumberg, was originally known as the 'Australia Antigen'.

✎ _____

Scientists who studied evolution were hired en masse for the government project.

✎ _____

위 문장을 보며 눈치챈 분도 있겠지만 who, which, that (주어 역할을 하는 관계대명사) 등이 들어간 부분은 생략 가능합니다. 주어 역할의 관계대명사는 깔끔하게 생략되고 동사는 변형되는 거죠. 일반 동사라면 일반 동사에 ing가 붙은 형태로, be동사가 있다면 be동사를 생략하는 방식으로 변형하면 됩니다.

The group assignment which was given to all participants was extremely hard.

→ The group assignment given to all participants was extremely hard.

*given : 주어진

The hepatitis B virus, which was discovered by Dr. Baruch Blumberg, was originally known as the 'Australia Antigen'.

→ The hepatitis B virus, discovered by Dr. Baruch Blumberg, was originally known as the 'Australia Antigen'.

*discovered : 발견된

Scientists who studied evolution were hired en masse for the government project.

→ Scientists studying evolution were hired en masse for the government project.

*studying : 연구하는

오늘 배운 축약이나 생략법에는 공식이 있긴 하지만 모든 상황에 적용할 수 있는 게 아니기 때문에 기존에 있는 축약 방식을 따라 쓰는 것이 가장 안전합니다. 법칙만 따져서 문장을 자르다 보면 굉장히 어색한 (아무도 줄이지 않는데 혼자 줄여서 쓰는) 경우가 생길 수 있으니 꼭 유의하세요!

마치며
감사의 말

이 책은 제가 학생들과 실제 수업한 내용을 바탕으로 짜깁고 수정하여 완성된 생생한 문법 강의입니다. 집필에 도움을 준 많은 학생에게 다시 한번 감사의 인사를 전합니다. 뒤돌아보니 지난 10년은 오히려 제가 학생들에게 배우는 시간이었습니다. 언어는 나이로 배우는 게 아니라 열정으로 배우는 것임. 수많은 학생이 보여준 영어에 대한 끝없는 열정이 오히려 제게 힘이 되었습니다. 미국에 있는 조카와 소통하고 싶어 늦은 나이에도 외국어를 시작하는 게 가능한 일인지 물으셨던 마흔셋의 여자분, 글을 쓸 때마다 자주 문법이 틀려 고민이었던 열정 가득한 고등학생, 업무와 가사일을 저글링하느라 공부할 시간이 턱없이 부족했던 서른 중반의 마케터, 두 번이나 승진 탈락의 고배를 마셨지만 이번에는 기필코 토플 점수를 제대로 내고야 말겠다던 서른셋의 대리님…. 원고에 추가 설명을 써넣을 때마다 그 설명을 이끌어낸 분들의 목소리가 귓가에 스쳤습니다. 오랜 시간 영어를 배우고자 했던 이들의 노력과 열정이 담긴 결과물을 마주하자니 감회가 새롭습니다. 이 책을 통해 더욱 많은 분이 영어를 쉽고 즐겁게 배울 수 있기를 바랍니다.

이 책을 잘 소화해냈다면 영어를 '배우는 것'에서 벗어나 직접 '살아내길' 바랍니다. 문법서는 너무 자주 돌아보지 않아도 됩니다. 문법책이나 영어 학습서에만 기대는 것은 연애를 책으로 배우는 것과도 같습니다. 이제 세상으로 나가서 진짜 영어를 시작해보세요! 저와 이번 여정을 함께해주신 모든 분께 행운이 깃들기를 바랍니다.

Education is an admirable thing,

but it is well to remember from time to time that nothing

that is worth knowing can be taught.

_ Oscar Wilde

교육이란 참 대단한 것이다.

하지만 세상을 살아가며 정말 알아야 하는 것들은 남이 가르쳐줄 수 없다.

_ 오스카 와일드

정답

ANSWERS

Vol. 2

DAY 20. 부사

PRACTICE 32

빈도를 나타내는 부사	
always 흔히, 항상	She always says that. 그녀는 항상 그렇게 말한다. I'm always losing my car key. 나는 항상 차 열쇠를 잃어버린다.
usually, frequently 보통, 대개, 자주	She is usually very late on Mondays. 그녀는 보통 월요일에 아주 늦게 온다.
often, regularly 자주, 규칙적으로	We often go skiing. 우리는 종종 스키를 타러 간다. He often finds beauty in the mundane. 그는 종종 평범함 속에서 아름다움을 발견한다.
sometimes, occasionally (= not regularly) 가끔	They see each other occasionally. 그들은 가끔 만난다.
rarely (= not often) 드물게	She rarely eats. 그녀는 거의 먹지 않는다.
seldom (= rarely) 거의 ~하지 않는	We seldom dance. 우리는 거의 춤을 추지 않는다.
hardly (= almost not) 거의 ~하지 않는	I hardly ever go out. 나는 거의 외출을 하지 않는다.
never 절대 ~하지 않는	I have never been to Australia. 나는 호주에 가본 적이 없다.

시간을 나타내는 부사	
ago (시간) 전에	I saw him three days ago. 3일 전에 그를 봤어.
ages ago 한참 전에, 옛날에	I saw him ages ago. 오래전에 그를 봤어.
some time ago 며칠 전에, 얼마 전에	I saw him some time ago. 얼마 전에 그를 봤어.
immediately 즉시, 곧바로	We immediately left that place. 우리는 즉시 그곳을 떠났다.
later 나중에	See you later! 나중에 봐!
now 지금	What do you do now? 요즘은 뭐 해?
tomorrow 내일	See you tomorrow! 내일 봬요!

yet 아직/이제, 지금쯤	It's not time to eat yet. 아직 밥 먹을 시간이 아니야. Have you done your homework yet? 숙제 다 했어?* *yet은 부정문에서 '아직'으로 해석되며 긍정문에서는 '이제, 지금쯤(at this time)'으로 해석하거나 한국어로는 특별히 해석되지 않기도 합니다.
already 벌써	The book is already published in Korea. 그 책은 이미 한국에서 출판되었다.

확률을 나타내는 부사

definitely 확실히	You are definitely wrong. 네 말은 완전히 틀렸어.
certainly 틀림없이	I am certainly right. 내 말이 확실히 맞아.
undoubtedly 의심할 여지가 없이	This is undoubtedly true. 이것은 의심할 여지없이 사실이다.
surely 당연히, 틀림없이	We can surely be friends. 우리는 당연히 친구가 될 수 있어.
probably 아마	You are probably right. 아마 네 말이 맞을 거야.
maybe 아마	Maybe, you are right. 아마 네 말이 맞을 거야.
possibly (= maybe, perhaps) 아마	The construction will take months, possibly longer. 그 공사는 몇 달, 어쩌면 더 오래 걸릴 거야.

양이나 정도를 나타내는 부사

a lot 많이	Babies cry a lot. 아기들은 많이 운다.
very much 아주, 매우	We love you very much. 우리는 너를 많이 사랑해.
much 훨씬, 매우, 많이	I'm feeling much better. 기분이 훨씬 나아졌어. He is much older. 그는 나이가 훨씬 많다. Do you exercise much? 운동을 많이 하시나요?
more 더 (많이)	I like her more. 난 그녀가 더 좋아.
little 조금, 약간	She works very little. 그녀는 일을 거의 하지 않는다.
less 더 적게, 덜하게	The quiz seemed much less hard. 그 퀴즈는 훨씬 덜 어려워 보였다.
enough ~할 만큼 충분히	He was old enough to know what was right. 그는 무엇이 옳은지 알 수 있는 나이였다. I don't have enough information to confirm that. 저는 그 부분을 확인하기에 충분한 정보를 가지고 있지 않아요.

DAY 21. 전치사 ①

PRACTICE 33

전치사 문장	해석 써보기
There is an old bridge over the river.	강 위에 오래된 다리가 하나 있다.
I see several lamps hanging from the ceiling.	천장에 램프 몇 개가 매달려 있는 것이 보인다.
There's a big plant in the corner of the room.	방 한구석에 큰 화분이 있다.
Two walked through the tunnel.	둘은 터널을 (통해) 걸어갔다.
She is about to jump off a rock.	그녀는 바위에서 막 뛰어내리려고 하고 있다.
At the shop, I asked her to knock $30 off the regular price.	나는 가게에서 그녀에게(상점 주인에게) 정가에서 30달러를 깎아달라고 했다.

PRACTICE 34 at

(장소) ~에

No one was at the party.	아무도 파티 장소에 없었다.
We were at the cinema.	우리는 영화관에 있었다.
We had a dinner party at the back of the house.	우리는 집 뒤편에서 디너파티를 했다.
We didn't stay at a hotel.	우리는 호텔에 묵지 않았다.
Who is at the door?	현관에 누구야?
I was at the bank all day yesterday.	나는 어제 온종일 은행에 있었다.
We had a good time at the concert.	우리는 콘서트(연주회)에서 좋은 시간을 보냈다.
There were notes at the back of the book.	책의 뒷부분에 노트(메모)가 있었다.
We finally arrived at the top of the mountain.	우리는 드디어 산 정상에 도착했다.
We played games at her house.	우리는 그녀의 집에서 게임을 했다.

(시간) ~에

They did nothing at the weekend.	그들은 주말에 아무것도 하지 않았다.
I go to work at 9 o'clock.	나는 9시에 출근한다.
I had a bagel at breakfast.	나는 아침으로 베이글을 먹었다.
We always have wine at dinner.	우리는 항상 저녁 식사 중에 와인을 마신다.
White eggs are only sold at Easter.	하얀 달걀은 부활절에만 판다.
at Christmas	크리스마스에
at noon	정오에
at lunch	점심에
at the time	당시에, 그때
at midnight	한밤중에, 자정에

(수치, 나이) ~에

at the age of 15	15살에
at 100 kilometers an hour	시속 100킬로미터로
I went to college at 25.	나는 25살에 대학에 갔다.
at 90 degrees	90도로, 90도에

(분야) ~에

I'm bad at cooking.	저는 요리를 잘 못해요.
She's good at math.	그녀는 수학을 잘한다.
They're all doing very well at their studies.	그들은 모두 공부를 아주 잘하고 있다.

(상태, 상황) ~에, ~에 처한

patients at risk	위험한 상태에 있는 환자들
two countries at war	전쟁 중인 두 나라
We are at peace with them.	우리는 그들과 평화 상태이다.
I am not at liberty to share any additional details.	추가적인 세부 정보를 공유해드릴 수 없습니다.

(향해서) ~에게

They laughed at me.	그들은 나를 비웃었다.
Look at those lions!	저 사자들 좀 봐!
What are you looking at?	뭘 보고 있니? / 뭘 보냐?

PRACTICE 35 in

(장소나 공간) ~안에

I was in Seoul last year.	나는 작년에 서울에 있었다.
My family lived in America when I was little.	내가 어릴 때 우리 가족은 미국에서 살았다.
This time tomorrow they'll be in Canada.	내일 이 시간이면 그들은 캐나다에 있을 것이다.
Is there room for one more in your car?	네 차에 한 명 더 태울 수 있어?
Get in the car.	차에 타.
in this park	이 공원에(서)
in the classroom	교실에
in the picture	사진 속에
in the office	사무실에(서)
Get in the van.	승합차에 타.
This town is safe to live in.	이 마을은 살기에 안전하다.

(언어, 순서 등 어떤 방식) ~(으)로

My grandparents speak in English.	우리 조부모님은 영어로 말한다.
The letter was written in Japanese.	그 편지는 일본어로 쓰여 있었다.
written in pen	펜으로 쓴
entries in alphabetical order	알파벳순으로 된 항목들
million dollars in cash	현금 백만 달러
in capital letters	대문자로

(시간) ~동안에, ~내에

I'll be back in a week.	나는 1주 안에(1주 뒤에) 돌아올 거야.
We haven't seen her in years.	우리는 그녀를 몇 년 동안이나 보지 못했다.
in December	12월에
in an hour	한 시간 안에, 한 시간 후에
in 2021	2021년에
in the year 2010	2010년에
in the 1930s	1930년대에
in the morning	아침에
in the afternoon	오후에
in the evening	저녁에
in summer	여름에
in (the) spring	봄에

(색이나 모양) ~으로

The kids were standing in a circle.	아이들은 둥글게 서 있었다.
dressed in black	검은색 옷을 입은
sitting in a row	일렬로 앉은
She looks good in red.	그녀는 빨간색이 잘 어울린다.

(상황) ~에 처한

She's in trouble.	그녀는 곤경에 처해 있다.
She's in a good mood.	그녀는 기분이 좋다.
She's in a bad mood.	그녀는 기분이 좋지 않다.
in a hurry	서둘러, 급하게

PRACTICE 36 on

(어떤 물체) ~위에

My cat was on the bed.	내 고양이는 침대 위에 있었다.
Heavy rain pounded on the roof all day.	폭우가 온종일 지붕 위를 때렸다.
on my hand	내 손 위에
on the desk	책상 위에
on the floor	바닥에
on the table	테이블 위에

(시간, 날짜) ~에

on my birthday	내 생일에
on Monday	월요일에
on Monday morning	월요일 아침에
on the seventh of May	5월 7일에
on our anniversary	우리 기념일에
on New Year's Eve	새해 전날 (밤)에
on that day	그날에
on Christmas Eve	크리스마스 전날 (밤)에
on New Year's Day	설날에
on Monday evening	월요일 저녁에

(어떤 상태) ~에

I am on it.	내가 할게. (그거 내가 처리할게.)
My dad is on a business trip.	우리 아빠는 출장 중에 있다. (출장 가셨다.)
Three games from last year were on sale.	작년 게임 중 세 개가 할인 중이었다.

(비교적 큰 교통수단, 엉덩이가 닿는 자전거 등) ~에

Den got on at the last station.	Den은 마지막 역에서 탔다.
We met Scarlett Johansson on the train	우리는 기차에서 Scarlett Johansson을 만났다.
She left her bag on the bus.	그녀는 버스에 가방을 두고 내렸다.
The refugees crossed the mountains on foot.	피난민들은 걸어서 산을 넘었다.
He is on a skateboard.	그는 스케이트보드를 타고 있다.
on the bike	자전거에
on the ship	배 위에(탑승하여)
on the boat	보트에(탑승하여)

(방향이나 장소) ~에

The vase on the left is mine.	왼쪽에 있는 꽃병은 내 것이다.
on the right	오른쪽에
on the side of the road	길가에
on page 20	20페이지에

(TV나 라디오) ~에

I looked it up on the Internet.	나는 그것을 인터넷에서 찾아보았다. (검색해보았다)
Look! She's on TV.	저것 봐! 그녀가 TV에 나와.
on YouTube	유튜브에(서)
on the radio	라디오에(서)
articles on CNN	CNN의 기사
The news is on.	뉴스가 나오고 있어.

표면에 (달라붙어) 있는

There was a sticker on the van.	승합차에 스티커가 붙어 있었다.
This looks good on you.	이거 너한테 잘 어울리네.
I stared at the ring on her finger.	나는 그녀의 손가락에 끼워진 반지를 빤히 쳐다봤다.
a cut on her face	그녀 얼굴에 있는 상처

PRACTICE 37 over

(어떤 물체) ~위를 넘어, 너머에

They climbed over the fence.	그들은 담장을 넘어갔다.
over the rainbow	무지개 너머에
I looked out over the city.	나는 시내를 내다보았다.
fly over the trees	나무 위를 날다
crossing over the border	국경을 넘어
a bridge over the river	강 위로 놓인 다리
Grandma looked at him over the top of her glasses.	할머니는 안경 너머로 그를 바라보았다.

(덮거나 입고 있는) ~위에

He put his hands over her ears.	그는 그녀의 귀 위로 손을 얹었다.
Put your hands over your eyes.	두 손으로 눈을 가리세요.
She had a shawl over her shoulders.	그녀는 어깨에 숄을 걸치고 있었다.

(위치의 변화) ~로

Come over here.	이쪽으로 오세요.
Bring it over there.	저쪽으로 가져가세요.
I'll be right over.	금방 갈게.
Do you want to come over?	우리 집에 올래? (여기 올래?)

지난, 끝이 난

The spring semester is over now.	이제 봄 학기가 끝났다.
We are over.	우리 사이는 끝났어. (헤어짐)
The meeting's over.	회의가 끝났다.
My mom is not fully recovered, but at least, she's over the worst.	엄마는 완전히 회복되지는 않았지만, 적어도 최악의 상태는 넘겼다.

(기간) ~하는 동안

Let's discuss it over lunch.	점심 먹으면서 의논해요.
over the weekend	주말에, 주말 동안
over the years	몇 년 동안
over the last few months	지난 몇 달 동안

(수치) ~초과한, ~넘게

over an hour	한 시간 넘게
over a year	일 년 넘게
men weighing over 100kg	100kg이 넘는 남자들
men over 55	55세가 넘는 남자들 *55 and over : 55세 이상
women over 30	30세가 넘는 여자들
over ten times	열 번 넘게, 열 배 넘게
over a hundred people at the venue	행사장에 모인 100명이 넘는 사람들

PRACTICE 38 under

(어떤 물체) ~아래에 있는

under the sky	하늘 아래
under the bed	침대 밑에
under the bridge	다리 밑에
under the ground	지하에
a shirt under the coat	코트 안에 입은 셔츠
under the table	탁자 아래에
lines under each sentence	각 문장 아래의 줄
under a palm tree	야자나무 아래에(서)

(어떤 기준보다) 아래에 있는, 적은, 작은

under an hour	한 시간 안에
under 20 (age)	20세 미만
under the age of 15	15세 미만
under 100 bucks	100달러 미만

(어떤 영향하에) 있는

under attack from all sides	사방의 공격을 받는
under arrest	체포된
The area is under construction.	그 지역은 공사 중이다.
The new policy is under consideration now.	새로운 정책이 현재 고려 중에 있다.
They were still under investigation.	그들은 아직 조사 중에 있었다.
Your paper is still under review.	제출하신 논문은 아직 검토 중입니다.
under new management	새 경영진이 맡은
under pressure	압력을 받는
under a lot of stress	막대한 스트레스를 받는
under the influence	영향 아래/ 과음한 상태에(서)
I was under the impression that she was rich.	나는 그녀가 부자라고 생각했다.
Under no circumstances are you to open that bloodied door.	어떤 경우라도(어떤 이유에서라도) 저 피 묻은 문을 열어서는 안 돼.

PRACTICE 39 between & among

(두 사물 및 사람) ~사이에

between me and you	너랑 나 사이에, 우리 사이에
between two friends	두 친구 사이에
between meals	식간에
between the desk and the wall	책상과 벽 사이에
between husband and wife	부부간에
There was a ball between them.	그들 사이에 공이 있었다.
between work and family	일과 가정 사이에
between two choices	양자택일의
There's nothing between us.	우리 아무 사이도 아니야.
between men and women	남녀 간에
There is no difference between the two.	둘은 아무런 차이가 없다.
Go sit between Maggie and Cole.	가서 Maggie와 Cole 사이에 앉아.

(시간) 사이에

between 7 and 10 hours	7시간에서 10시간 사이
between 10 and 11 o'clock	10시에서 11시 사이에

(셋 이상의 사물 및 사람) ~사이에

Their new song is popular among many people	그들의 신곡은 많은 사람들 사이에서 유명하다. (인기가 많다.)
There was a small rabbit among the leaves.	잎사귀들 사이에 작은 토끼가 한 마리 있었다.
among family	가족끼리
among friends	친구들 사이에
among artists	예술가들 사이에
among us	우리들 중에

PRACTICE 40 before & after

(시간) ~전에

I usually go jogging before breakfast.	나는 주로 아침 식사 전에 조깅을 한다.
Let's have a meeting before lunch.	점심 전에 회의합시다.
before dinner	저녁 식사 전에
before 6 (o'clock)	6시 전에
before sunrise	해가 뜨기 전에
before the war	전쟁 전에
the day before yesterday	그저께
before departure	출발 전에

(공간) ~앞의, 먼저

Those violent delinquents were brought up before the judge.	그 폭력적인 비행 청소년들은 판사 앞에 끌려갔다.
He is standing before me.	그는 내 앞에 서 있다.
swear before God	하느님 앞에 맹세하다
The contest took place before thousands of people.	그 대회는 수천 명의 사람들 앞에서 열렸다.

(시간) ~후에

I usually go jogging after breakfast.	나는 주로 아침 식사 후에 조깅을 한다.
Let's have a meeting after lunch.	점심 먹고 나서 회의합시다.
We all went home after dinner.	저녁 식사 후에 우리는 모두 집으로 돌아갔다.
after an hour	한 시간 후에
after the movie	영화 상영 후에
after 5 (o'clock)	5시 이후에
after the war	전쟁 후에
the day after tomorrow	모레
time after time	자주, 매번, 누차
I made the same mistake time after time.	나는 매번 같은 실수를 저질렀다.
day after day	매일같이
He stood there in front of her house day after day.	그는 매일 그녀의 집 앞에 서 있었다.

(공간) 뒤따르는

After you.	먼저 가세요./ 먼저 쓰세요.
After you with the pencil.	연필 쓰신 후에 저도 좀 쓸게요.

PRACTICE 41 for

(사람을 염두에 두고) ~을 위해

This is for mom.	이건 엄마 드릴 거야.
These are for Eric.	이것들은 다 Eric을 위한 거야. (Eric을 위해 준비한 거야.)
for everyone	모두를 위해
for my children	우리 아이들을 위해
What can I do for you?	무엇을 도와드릴까요?
This cake is for everyone.	이 케이크는 같이 먹으려고 산(만든) 거야.
I am speaking for everyone.	난 모두를 대변하고 있는 거야.
Let me carry the bags for you.	제가 가방을 들어 드릴게요.
Who's the gift for?	누구 (줄) 선물이야?
A : I got a new job! B : Good for you!	A : 나 직장 구했어! B : 잘됐네!
A : Everybody hates him. B : Speak for yourself.	A : 다들 그를 싫어해. B : 너나 그렇겠지. (나는 그렇지 않아)

(시간 또는 거리) ~동안에

They interviewed me for an hour.	그들은 한 시간 동안 나를 인터뷰했다.
I waited for more than ten hours.	나는 10시간이 넘게 기다렸다.
The spring break is for two weeks.	봄 방학은 2주(동안) 입니다.
for a long time	오랫동안
for a while	잠시 동안
for years	몇 년 동안
for miles	수 마일에 걸쳐(서)
for half an hour	30분 동안

(장소) ~을 향해서

The bus is for Busan.	이 버스는 부산행이다.
The train at platform 9 is for London.	9번 승강장의 기차는 런던행이다.
This train is for JFK airport.	이 열차는 JFK 공항행이다.
They just left for home.	그들은 방금 집으로 떠났다.

(목적, 용도) ~하기 위해, ~을 위한

a device for measuring weight	무게를 측정하기 위한 장치
studying for tests	시험공부
I had a burger for lunch.	나는 점심에 버거를 먹었어.
her good-for-nothing husband	아무짝에도 쓸모없는 그녀의 남편
He is good for nothing.	그는 아무런 쓸모가 없다.
a machine for cutting bread	빵을 자르는 기계
a glass for wine	와인 잔
I saw students waiting for a bus.	나는 학생들이 버스를 기다리는 것을 보았다.
money for a concert ticket	콘서트 티켓을 사기 위한 돈

~인 것치고는, ~에 비해

It was cool for June.	6월치고는 시원했다.
He is small for his age.	그는 나이에 비해 (키, 체구가) 작다.

(이유) ~때문에, ~로 인한

What did you do that for?	왜 그런 짓을 한 거야?
for any reason	어떤 이유로든
a reward for good behavior	착한 행동에 대한 상
a medal for bravery	무공훈장
I could hardly see for the heavy fog.	짙은 안개 때문에 거의 보이지 않았다.
He was sent to prison for murder.	그는 살인죄로 투옥되었다.

~을 지지하여

Three cheers for the team!	팀을 위해 만세 삼창!
Who did you vote for?	누구 뽑았어?
the case for and the case against gun control	총기 규제에 대한 찬반

PRACTICE 42 from & to

(근원, 시작점) ~부터

I looked down from the top.	나는 위에서 내려다보았다.
Let's take it from the top.	처음부터 다시 해봅시다.
a call from my physician	의사로부터 온 전화
We hope to hear from you soon.	곧 소식 전해주세요.
from mom	어머니로부터
This package is from Paris.	이 소포는 파리에서 왔다.
from 9 a.m. to 7 p.m.	오전 9시부터 오후 7시까지
from 10 to 12 o'clock	10시부터 12시까지
from Monday to Friday	월요일부터 금요일까지
He was blind from birth.	그는 태어날 때부터 장님이었다.

from bad to worse	점점 더 악화되는
from my point of view	내 생각에는
from 9 a.m. until 7 p.m.	오전 9시부터 오후 7시까지

(원인) ~때문에, ~로 인해

from tiredness	피곤해서
He died from serious injuries.	그는 중상을 입고 죽었다.
She's suffering from a cold.	그녀는 감기로 고생 중이다.
I was exhausted from swimming.	나는 수영하느라 녹초가 되었다.

~으로 향하는

His nose was bent to the right.	그의 코는 오른쪽으로 구부러져 있었다.
He turned the wheel to the left.	그는 핸들을 왼쪽으로 돌렸다.
to the station	역으로
the key to my house	우리 집 열쇠
flying to London	런던으로 가는
All roads lead to Rome.	모든 길은 로마로 통한다.
I went to the party.	나는 파티에 갔다.
They took her to the hospital.	그들은 그녀를 병원에 데리고 갔다.

~에게

Someone wants to speak to you.	누가 너랑 이야기하고 싶대. (널 찾아.)
to my wife	아내에게
to the wrong person	엉뚱한 사람에게
It belongs to me.	그건 내 거야.
I sent flowers to her.	나는 그녀에게 꽃을 보냈다.
It still matters to me.	그건 여전히 나에게 중요해.

(기간) ~까지

to the last moment	마지막 순간까지
working from 10 to 7	10시에서 7시까지 일하는
They starved to death.	그들은 굶어 죽었다.
Let's put it off to Friday.	이거 금요일로 미루자.
It was quarter to 9.	9시가 되기 15분 전이었어.
It's twenty minutes to 8.	8시가 되기 20분 전이야.

~에 맞추어, 맞닿아

Stand back to back.	등을 맞대고 서보세요.
front to front	얼굴을 맞대고
mouth to mouth resuscitation	구강 대 구강 소생술
according to custom	관례에 따라
face to face	얼굴을 마주하고
We all danced to the music.	우리는 모두 음악에 맞춰 춤을 췄다.

~에 비하여, ~에 대하여

with a score of 2 to 1	2 대 1로
John prefers a book to a movie.	John은 영화보다 책을 더 좋아한다.
Compare his work to that of Vincent van Gogh.	그의 작품을 Vincent van Gogh의 작품과 비교해보자.
The home team won the game eleven to three.	홈팀이 11 대 3으로 이겼다.

PRACTICE 43 of

~의 (사물의 일부나 관련된 사람)

the sleeve of the coat	코트의 소매
some of your friends	네 친구들 중 몇 명
the trunk of the car	자동차의 트렁크
the edge of the bed	침대의 가장자리
many days of the week	한 주에서 여러 날
the pocket of your blue jeans	청바지 주머니
a piece of cake	쉬운 일, 식은 죽 먹기
the color of your skin	피부색
the taste of chocolate	초콜릿 맛
a daughter of my friend	내 친구의 딸
a big fan of yours	당신의 열렬한 팬
the animals of North America	북미의 동물
the lid of the container	용기 뚜껑
All of them enjoyed the party.	그들 모두는 파티를 즐겼다.
All of us enjoyed the party.	우리 모두는 파티를 즐겼다.
I would like to borrow a few of them.	(그것들 중) 몇 개를 빌리고 싶은데요.
Neither of them stayed at home.	둘 다 집에 머무르지 않았다.
A lot of time is needed to learn a foreign language.	외국어를 배우려면 많은 시간이 필요하다.

단위를 나타낼 때 (한국어로 번역되지 않는 경우가 많음)

ten kilos of sweet potatoes	고구마 10킬로
a bar of chocolate	초콜릿 바 한 개
a herd of cattle	소 떼

~로 만들어진

made of cheese	치즈로 만든
a wall of stone	돌담
made of wood	나무로 만든
made of steel	강철로 만든

~로 인해 (이유)

Because of her absence, we were all busy.	그녀가 없어서(결근) 우리 모두 바빴다.
He died of old age.	그는 고령으로 사망했다.
He died of cancer.	그는 암으로 사망했다.
It is all because of you.	이게 다 너 때문이야.

~에게서, ~로부터

How to get rid of a headache	두통을 없애는 방법

She rid the house of mice.	그녀는 집에 사는 쥐를 박멸했다.
You deprived me of the opportunity.	네가 그 기회를 빼앗아갔어.
Mag was robbed of her freedom.	Mag는 자유를 빼앗겼다.

~을 (어떻게 여기다, 생각하다)

a fear of heights	고소공포증
a fear of the dark	어둠에 대한 공포, 두려움
I have a fear of spiders.	나는 거미를 무서워한다.
I am ashamed of you.	나는 네가 부끄러워.
I am very proud of you.	나는 네가 아주 자랑스러워.
He is fond of sweets.	그는 단것을 좋아한다.

~에 대한

| the story of my life | 내 인생 이야기 |
| a story of adventure | 모험담 |

~의 (목적이나 행위의 주체)

the progress of technology	기술의 진보
the landing of a vehicle	차량의 착륙
the destruction of forests	삼림의 파괴
the cancellation of a contract	계약 취소

PRACTICE 44 by

~에 의해 (이용해서)

We will go by car.	우리는 차를 타고 갈 거야.
I got here by bike.	나는 자전거를 타고 왔어.
They go to school by bus.	그들은 버스를 타고 학교에 간다.
I go to the gym by foot(on foot).	나는 걸어서 헬스장에 간다.
I made this sculpture by hand.	나는 이 조각품을 손으로 만들었다.
Multiply 5 by 5. It equals 25.	5에 5를 곱해봐. 그럼 25지.
He was killed by a train.	그는 기차에 치여 죽었다.

~가 제작한, 집필한

| books by Ernest Hemingway | Ernest Hemingway의 책 |
| a play written by William Shakespeare | William Shakespeare의 희곡 |

(공간) 옆에 붙어 있는

by the window	창가에(서)
houses by the lake	호숫가의 집들
There are books by your arm.	네 팔 옆에 책들이 있어.
He stood by me quietly.	그는 내 옆에 조용히 서 있었다.

(시간) ~까지 (늦지 않게)

by 2030	2030년까지
by then	그때까지, 그때가 되면
Be there by 5.	5시까지 거기에 가.

PRACTICE 45 about

~에 대하여

Don't talk about this.	이 이야기는 하지 마.
Let's talk about this.	이거에 대해 이야기해보자.
I don't know anything about Ancient Greece.	나는 고대 그리스에 대해 아는 것이 없다.
Do you know anything about this painting?	이 작품에 대해 아는 게 있나요?
Please write a report about these books.	이 책들에 대한(이 책들을 읽고) 보고서를 작성하세요.
We were talking about the new restaurant in town.	우리는 시내에 새로 생긴 레스토랑에 대해 이야기하고 있었다.
Tell her what you're worried about.	그녀에게 네 걱정에 대해 말해봐.
This is the hotel I told you about.	이 호텔이 바로 내가 말했던 그 호텔이야.
There are doubts about whether the story is true.	그 이야기가 사실인지에 대한 의구심이 있다.
There's nothing to get excited about.	너무 들뜰 거 없어./ 너무 흥분할 거 없어.

~주위의

We used to walk about the city.	우리는 시내를 거닐곤 했다.
They looked about the room.	그들은 방을 둘러보았다.
She wanders about the streets.	그녀는 거리를 배회한다.
The kids wandered about the town.	아이들은 마을을 돌아다녔다.

대략

He gets about fifty emails a week.	그는 일주일에 약 50통의 이메일을 받는다.
It takes about 30 minutes to cook.	요리하는 데 30분 정도 걸린다.
She looks about 35.	그녀는 서른다섯 정도로 보인다.
I came home at about 6.	나는 6시쯤에 집에 왔다.

PRACTICE 46 off

떨어져 나온, ~로 가버린

She fell off the bike.	그녀는 자전거를 타다가 넘어졌다.
He fell off the horse.	그는 말에서 떨어졌다.
Maggie got off the bus.	Maggie는 버스에서 내렸다.
It went off course.	그것은 궤도를 벗어났다./ 항로를 이탈했다.
Keep off the grass!	잔디밭에 들어가지 마시오!
He went off to work.	그는 일하러 갔다.
You're getting off the point.	그게 지금 중요한 게 아니잖아. (너는 요점을 벗어나고 있어.)
I can't take my eyes off him.	나는 그에게서 눈을 뗄 수가 없다.

할인하는

10% off the regular price	정가에서 10% 할인된 가격
10 dollars off the regular price	정가에서 10달러 할인된 가격
I asked her to knock $30 off the price.	나는 그녀에게 30달러를 깎아달라고 부탁했다.

더 이상 하지 않는, 쉬는 날인

I'm off alcohol for months.	몇 달 동안 술을 마시지 않았다.
She took a day off work.	그녀는 하루 일을 쉬었다.
Tom is off his diet.	Tom은 다이어트(식이요법)를 하지 않는다.
They were off duty.	그들은 비번이었다.

| Dad managed to stay off alcohol. | 아버지는 힘들게 술을 끊었다. |
| She has been off cocaine for months. | 그녀는 몇 달째 코카인을 하지 않고 있다. |

PRACTICE 47 with & without

(사람, 사물, 소리) ~와 함께, ~한 채로, ~을 가진

Speak with mom.	엄마와 이야기해봐.
We went to the museum with his brother.	그의 형(남동생)과 함께 박물관에 갔다.
chocolate cake with coffee	커피가 곁들여진 초콜릿 케이크
She fell with a thud.	그녀는 쿵 하는 소리와 함께 넘어졌다.
with a crash	깨지는 소리와 함께
with my hands in the pockets	주머니에 손을 넣고(넣은 채로)
with red hair	붉은 머리카락의
with blue eyes	푸른 눈의
Gary lives with her parents.	Gary는 그녀의 부모님과 함께 산다.
He is with a patient.	그는 환자와 함께 있다.(환자를 보고 있다.)
Who did you go with?	누구랑 같이 갔어?

~을 이용하여

I study math with this book.	나는 이 책으로 수학을 공부한다.
I wrote a letter with a pen.	나는 펜으로 편지를 썼다.
Open it with the key.	그 열쇠로 열어.
It is made with cheese.	그것은 치즈로 만들어졌다.

(감정) ~에게, ~와, ~때문에

I was trembling with fear.	나는 공포에 떨고 있었다.
He was trembling with rage.	그는 분노로 몸을 떨고 있었다.
He was angry with you.	그는 너에게 화가 났었어.
Are you angry with me?	너 나한테 화났어?
He was red with rage.	그는 화가 나서 얼굴이 빨개졌다.
I'm in love with you.	나 너랑 사랑에 빠진 것 같아.

~에 대해

You should be careful with money.	돈 아껴 써. / 돈을 막 빌려주면 안 돼. (돈과 관련하여 조심하라는 뜻)
He is always careful with money.	그는 돈을 신중하게 사용한다.
Be careful with the mirrors.	거울 조심하세요! / 거울 조심히 옮기세요!
Be careful with him!	그 사람 조심해!
Be careful with bitcoin.	비트코인 거래는 신중하게 하세요.

(상태나 품질) ~에

What's with you?	너 왜 그래?
What is wrong with him?	저 사람은 왜 저래요? (어디 아프대요?)
What's the matter with you?	너 왜 그래?
Is there a problem with my credit card?	제 신용카드에 무슨 문제가 있나요?

~없이

coffee without any sugar	무설탕 커피
Don't go without me.	나 두고 가지 마.
Plants cannot survive without water.	식물은 물 없이는 살 수 없다.
We went to New York without him.	우리는 그 사람 없이 뉴욕에 갔다.
He left without saying goodbye.	그는 작별 인사도 없이 떠났다.

PRACTICE 48 through

(공간을 관통하듯) 통하여

The bus goes through that gate.	버스는 저 문을 통과한다.
I looked at the snow through the window.	나는 창문으로 눈을 바라보았다.
She heard their conversation through the wall.	그녀는 벽을 통해 그들의 대화를 들었다.
I could hear their conversation through the wall.	나는 벽을 통해 그들의 대화를 들을 수 있었다.

(시간을 관통하여) ~까지, ~의 (처음부터) 끝까지

Monday through Friday	월요일부터 금요일까지
through the summer	여름 내내
through the winter	겨우내
halfway through the book	책 중간 쯤에(서)
I slept through the movie.	영화 보는 내내 잤어.
He went through war.	그는 전쟁을 겪었다.

~을 통하여, ~덕에, ~때문에

through hard work	고된 노력을 통해
through practice	연습을 통해
through personal experience	개인적인 경험을 통해
through perseverance	끈기를 통해, 인내하여

PRACTICE 49 above &below

~(저) 위에

The ocean waves came up above our heads.	머리 위쪽으로 파도가 밀려들었다.
As shown above, this is not a simple problem.	위에서 본 바와 같이 이 문제는 간단하지 않다.
flies above his head	그의 머리 위에 날아다니는 파리
frames above the couch	소파 위의 액자들
above a lieutenant	중위 이상의
above all	무엇보다도
I am above him.	나는 그보다 위에 있다(위치 혹은 신분)
See the diagram above.	위의 다이어그램을 참조하세요.
The sun is above us.	해가 우리 위에 떠 있다.
The birds were above the house.	새들이 집 위로 날아다녔다.

~보다 많은, ~을 넘는

age 18 and above	18세 이상
above 100 degrees	100도를 넘는
children above 8 years old	8살 넘은 어린이
above 15%	15%보다 높은

(정직하거나 착한 사람에게) ~을 초월한, ~하지 않는

| I am above lying. | 나는 거짓말을 하지 않는다. |
| They are not above cheating. | 그들은 필요하다면 부정행위를 할 것이다. |

~(저) 아래에

We went down below the surface of water.	우리는 수면 아래로 내려갔다.
Vines were growing below the window.	창문 밑으로 덩굴이 자라고 있었다.
living below ground	지하에 사는
below 0 degrees	0도 아래의
See the diagram below.	아래 다이어그램을 참조하세요.
The ball fell to the floor below.	공이 바닥으로 떨어졌다.

~보다 적은, 못 미치는

| age 18 and below | 18세 이하 |
| Sales fell below 3000 units. | 판매량이 3천 대 아래로 떨어졌다. |

PRACTICE 50 against

(물리적 공간) 기대어, 맞닿아

rain against the roof	지붕을 때리는 비
lean against the wall	벽에 기대다
against the ceiling	천장에 맞닿아, 천장에 달라붙어
against a tree trunk	나무줄기에 기대어

~을 반(대)하는, 맞서 (싸우는), 대결하는

against the wind	바람을 거슬러
against the tide	대세에 역행하여, 물살을 거슬러
against the new policy	새 정책에 반대하여
against discrimination	차별에 반대하여
against the rules	규칙에 어긋나는
against the grain	순리에 어긋나는, 기질에 반하는
against our wishes	우리의 바람과는 반대로
play against a better team	더 나은 팀과 시합하다
evidence against her	그녀에게 불리한 증거
against tradition	전통에 반하여
It is against the law.	그것은 법에 반하는 짓이다.
She was against it.	그녀는 그것에 반대했다.

~로부터 보호해주는

against the cold	추위를 무릅쓰고
against the disease	질병에 맞서
against the flu	독감에 맞서
against different flu strains	여러 독감 변종에 대항하여

(비교) ~에 대해, 비해

benefits against the cost	원가에 대비한 이익
height against weight	무게에 대비한 키
the exchange rate against the euro	유로에 대한 환율
the exchange rate against the dollar	달러에 대한 환율

PRACTICE 51

전치사	단어 의미	해석 써보기
into	~안/속으로	into the woods 숲속으로
like	~와 비슷한	You're just like your mother. 너 진짜 너네 어머니랑 똑같다.
beyond	~너머, 넘어서는	beyond the hill 언덕 너머에 beyond repair 수리할 수 없을 정도로
in front of	~앞에	She is standing in front of me. 그녀는 내 앞에 서 있다.
behind	~뒤에	There is a bank behind the building. 그 건물 뒤에는 은행이 있다. There is a secret behind the story. 그 이야기에는 비밀이 숨겨져 있다.
opposite	맞은편의	There is a building opposite the park. 공원 맞은편에 건물이 하나 있다.
beside next to	옆에	There is a black bag beside me. 내 옆에는 검은 가방이 있다. He is standing next to the table. 그는 탁자 옆에 서 있다.
during	~동안에	during the interview 인터뷰 중에
along	~을 따라	along the river 강을 따라
beneath	~아래에 ~보다 못한	We had a picnic beneath a giant tree. 우리는 큰 나무 밑에서 소풍을 즐겼다. The job was beneath him. 그 일은 그의 수준에 안 맞았다. (하찮았다)
as	~처럼, ~로서	a job as a doctor 의사로서의 직업 We regard him as a traitor. 우리는 그를 배신자라고 생각한다.
across	가로질러	Ted swam across the stream. Ted는 헤엄쳐서 개울을 건넜다.
out	밖으로	He was looking out the window. 그는 창밖을 내다보고 있었다.
around	주위에, 대략	traveling around the world 세계여행 (세계를 여행하는 것) The price was around 100 dollars. 가격은 100달러 정도였다.
despite	~에도 불구하고	despite our efforts 우리들의 노력에도 불구하고 She won the race despite being injured. 그녀는 부상에도 불구하고 경주에서 우승했다.

DAY 23. 조동사, 가정법 ①

PRACTICE 52 will

미래에 일어날 것이라 예상되는 일, 예정된 일 | ~할 것이다, ~하지 않을 것이다

There will be a short memorial service after lunch.	점심 식사 후에 짧게 추도식이 있겠습니다.
A team meeting will be held every Monday after lunch.	팀 회의는 매주 월요일 점심 식사 후에 열릴 것이다.
They will leave tomorrow morning.	그들은 내일 아침에 떠날 예정이다.
They will not leave tomorrow morning.	그들은 내일 아침에 떠나지 않을 예정이다.
Who do you think will never win?	누가 절대 못 이길 것 같아?
Who do you think will win?	누가 이길 것 같아?
People will always be interested in the story.	사람들은 항상 그 이야기에 관심을 가질 것이다.
You will never get sympathy from her.	그녀는 절대 너를 위로해주지 않을 거야. (그녀는 절대 너와 공감하지 않을 거야.)
Don't leave yet. I will be there in an hour.	아직 가지 마. 한 시간 안에 갈게.
Don't worry. It won't take long.	걱정 마. 오래 걸리지 않을 거야.
A : Do you want me to refer you to a therapist? B : Oh, no. That won't be necessary.	A : (심리)치료사를 소개해드릴까요? B : 아, 아니요. 그럴 필요는 없을 것 같아요.
Will you be free this evening?	오늘 저녁에 시간 있으세요?
It was his mistake, but I won't say anything.	그것은 그의 실수였지만 나는 아무 말도 하지 않을 것이다.

확신 | 분명히 ~일 것이다, ~하게 될 것이다

With that attitude, accidents will happen.	저런 식이면 사고가 날 거야.
That will be Jason behind the car.	차 뒤에 있는 사람은 Jason일 거야.
Don't call her tonight. She'll be busy cleaning her house.	오늘 밤에는 그녀에게 전화하지 마. 집 치우느라 바쁠 거야.
Try it on. You will like it.	한번 입어봐. 마음에 들걸.

즉흥적인 결정 | ~로 할게요, ~주세요

I'll have some orange juice.	저는 오렌지 주스로 할게요.
I'll have a burger then.	그럼 햄버거 하나 주세요.
Don't worry. I'll get the door.	걱정 마. 내가 문을 열게. (현관에 가볼게.)

의지(승낙), 거절, 약속 | ~할 준비가 되었다, ~하려고 하다, 하지 않으려고 하다

Dr. Bowen will see you now.	Bowen (의사)선생님 이제 들어오십니다.
She won't eat anything.	그녀는 아무것도 먹지 않으려고 해요.
My car won't start!	시동이 안 걸려!
A million times, yes, I will marry you.	응, 너랑 결혼 할래. 백만 번 할래.
No, I will not marry you.	아니, 난 너랑 결혼하지 않을 거야.
I'll take you to the mall if you want.	원하신다면 쇼핑몰에 모셔다드릴게요.
I'm free tomorrow night. I'll do it.	저 내일 저녁에 한가해요. 제가 할게요.
Stop asking me. I won't do it.	그만 물어봐. 난 안 할 거야.
She won't lend us more money.	그녀는 우리에게 돈을 더 빌려주지 않을 거야.
I promise I'll buy you a new one.	내가 새 걸로 꼭 사줄게.
I'll visit you sometime next week.	다음 주 중에 찾아뵐게요.

제안, 부탁 | ~해줄래?, ~할래?

Will you have another cup of coffee?	커피 한 잔 더 하실래요?
Will you have more cake, Mary?	케이크 더 먹을래, Mary?

Will you stop talking?	그만 좀 말할래?
Will you help me with my report?	보고서 쓰는 것 도와줄래요?
Will you be quiet for a moment?	잠시 조용히 해주시겠어요?
Will you close the door?	문 좀 닫아주실래요?
Will you close the curtains?	커튼 좀 닫아주시겠어요?

명령 | ~해!

Every student on the premises will evacuate right now!	구내에 있는 모든 학생들은 당장 대피하세요!
No one will leave this house.	아무도 이 집에서 나갈 수 없어.
Will you be quiet!	조용히 해!

PRACTICE 53 would

(상상한 상황) 추측 | (아마) ~일 것 같다, ~할 것 같다, ~할 텐데

You would look good with short hair.	너는 짧은 머리가 잘 어울릴 것 같아.
It would be nice to see more of you.	더 자주 보게 되면 좋겠네요.
Why don't you buy it? You would look good in that suit.	왜 안 사? 그 정장 잘 어울릴 것 같은데.
What would you do if you won the lottery?	복권에 당첨되면 뭘 할 거예요?
If you were alive, we would see you every day.	네가 살아 있다면 우리는 너를 매일 볼 텐데.
I would give you a lift, but my car has a flat tire.	태워드리고 싶은데 제 차 타이어가 펑크가 났어요.
I would think you'd(would) be happier with him.	내 생각에 너는 그 사람과 함께 있으면(사귀면) 더 행복할 것 같아.
You wouldn't recognize him – he has changed so much since then.	너 그 사람 못 알아볼걸. 그때 이후로 정말 많이 변했어.

습관 | ~하곤 했다

| They would sometimes invite us over for dinner. | 그들은 가끔 우리를 저녁 식사에 초대하곤 했다. |
| When my grandmother was alive, we would eat ham and croissants every morning. | 할머니가 살아 계셨을 때, 우리는 매일 아침 햄과 크로와상을 먹곤 했다. |

선호 | **would like(love)** ~하고 싶다, ~을 원한다

I would like hot coffee, please.	저는 따뜻한 커피로 할게요.
I would like to know the truth.	나는 진실을 알고 싶어.
I would like to be able to speak 7 languages.	나는 7개 국어를 구사하고 싶어.
I would not like to meet him again.	나는 그를 다시 만나고 싶지 않아.
I would love that!	그거 좋겠어! (그렇게 하자!)
We would love to go!	(우리도) 가고 싶어요!

의지(승낙), 거절 | ~할 거야, ~하지 않을 거야, (과거) ~하려고 했다, ~하지 않으려고 했다

Call mom. I'm sure she would lend you the money.	엄마에게 전화해봐. 너에게 돈을 빌려주실걸.
My car wouldn't start this morning!	오늘 아침에 차 시동이 안 걸렸어!
No problem! I would be happy to help.	별말씀을요! 제가 도와드릴게요.
She would do anything for us three.	그녀는 우리 셋을 위해 뭐든 할 것이다.
I promise. I would never do anything to hurt you.	약속해. 절대 너에게 상처주지 않을게.
I asked her a series of questions, but she wouldn't answer.	나는 그녀에게 여러 질문을 했지만 그녀는 대답하려 하지 않았다.
I tried everything, but she wouldn't stop bleeding.	모든 걸 다 해봤지만 (그녀의) 출혈이 멈추지 않았다.

제안, 부탁 | ~하시겠어요?, ~해주시겠어요?

Would you like another drink?	한 잔 더 하시겠어요?
Would you like to come with us?	우리와 함께 가실래요?
Would you mind if I sat here?	제가 여기 앉아도 될까요?
Would you check the emails for me?	이메일 좀 확인해주시겠어요?
Would you mind answering the door? *mind 언짢아하다	문 좀 열어주실래요? ('문을 열어달라고 하면 언짢으실까요?'라는 뉘앙스)
Would you mind not smoking?	담배 좀 꺼주시겠어요?
I would like you to bring those boxes upstairs.	저 상자들 위층으로 옮겨주세요.

*will보다 would가 더 정중한 표현입니다. 'would you mind'는 '~해줄래?'라는 뜻입니다. 여기서 mind는 '꺼리다, 언짢아하다'라는 의미로 '~한다면 싫을까?'라고 돌려 묻는 표현입니다. 따라서 이 질문에 대한 긍정적 답변은 'yes'가 아니라 'not at all(I don't mind at all.)'입니다.

과거에 어떤 일이 행해진 이유나 목적 | ~하도록, ~하기 위해

They cleaned the lens so that the visitors would be able to see the scenery clearly.	그들은 방문객들이 경치를 선명하게 볼 수 있도록 렌즈를 닦았다.
Everyone packed extra sandwiches so none of us would starve.	아무도 굶지 않도록 모두가 여분의 샌드위치를 챙겼다.

과거형 문장에서 will 대신 | ~할 것이라 생각했다, ~할 것이라 믿었다 등

I thought I would be able to pass the exam. (I thought, 'I will/would be able to pass the exam.')	나는 시험에 합격할 수 있을 거라고 생각했어.
Maggie said she would never forgive them for what they had done. (Maggie said, "I will/would never forgive them for what they have done.")	Maggie는 그들이 한 짓을 절대 용서하지 않을 거라고 말했다.
She believed that her students would recover in no time. (She believed, 'My students will/would recover in no time.')	그녀는 그녀의 학생들이 곧 회복할 거라 믿었다.
She believed that her students would prefer online assignments. (She believed, 'My students will/would prefer online assignments.')	그녀는 학생들이 온라인 과제를 선호할 것이라고 믿었다.

PRACTICE 54

직접화법	간접화법
She asked, "May I leave?" 그녀가 물었다. "저 가봐도 돼요?"	She asked if she might leave. 그녀는 가도 되냐고 물었다.
Karen said, "I am writing a letter." *따옴표 안에는 당시 Karen이 말한 대사를 그대로 옮기면 됩니다.	Karen said that she was writing a letter. Karen은 편지를 쓰고 있다고 말했다. *따옴표가 없다면 Karen이 이 말을 했던 '과거'에 맞추어 모든 동사를 '과거형'으로 유지합니다. 만약 'Karen said that she is writing a letter.'라고 말한다면 'Karen이 지금 편지를 쓰고 있다고 예전에 말했다'라는 다소 이상한 문장이 됩니다.
Keith said, "I drove to school." *과거는 과거 완료로 바꾸기	Keith said he had driven to school. Keith는 운전해서 학교에 갔었다고 말했다.
Keith said, "I had driven to school." *원래 문장이 과거 완료형이었다면 (had driven) 시제 변화 없이 그대로 전달해주면 됩니다. 시제 표를 떠올려보세요. 과거 완료는 더 뒤로 밀릴 자리가 없습니다!	Keith said he had driven to school. Keith는 운전해서 학교에 갔었다고 말했다.
Nancy said, "The kids should go to bed." *원래 문장에 would, should, could, might 등의 조동사가 쓰였다면 시제 변화 없이 그대로 전달해주면 됩니다.	Nancy said the kids should go to bed. Nancy는 아이들이 자러 가야 한다고 말했다.
Ivan said, "I might read another book."	Ivan said he might read another book. Ivan은 (아마도) 다른 책을 읽을 거라 말했다.
Tom said, "I am going to go back home." *현재 진행 → 과거 진행	Tom said he was going to go back home. Tom은 집으로 돌아갈 거라고 말했다.

They said, "We are extremely busy."	They said that they were extremely busy. 그들은 매우 바쁘다고 말했다.
The group said, "We have just arrived." *현재 완료 → 과거 완료	The group said that they had just arrived. 그 그룹은 방금 도착했다고 말했다.
Mom said, "I won't tell anyone."	Mom said that she wouldn't tell anyone. 엄마는 아무에게도 말하지 않겠다고 말했다.
Maggie said, "I have been studying English and Chinese"	Maggie said she had been studying English and Chinese. Maggie는 영어와 중국어를 공부해왔다고 말했다.
Maggie said, "I must submit my paper."	Maggie said she must/had to submit her paper. Maggie는 과제를 꼭 제출해야 한다고 말했다.

PRACTICE 55 may

추측, 가능성 | 아마도 ~일 것이다, ~일(할)지도 모른다, ~일(할) 수도 있다

A : I'm sure they are all out. B : You may be right.	그거 이미 다 팔렸을 거야. 그럴지도 모르겠네.
He may be a good actor but he's a terrible father.	그는 훌륭한 배우일지 모르지만 형편없는 아버지다.
I may be late, so don't wait up.	나 늦을 수도 있으니 먼저 자.
He may be in Chicago.	그는 시카고에 있을지도 모른다. (아마 시카고에 있을 것이다)
Do you think you may move to Chicago?	너 시카고로 이사할 수도 있어?
They may not be at home now.	그들은 아마도 지금 집에 없을 거야.
He may be handsome, but he is so boring.	그는 잘생겼을지는 모르지만 아주 지루하다.
I may be poor, but I am not dumb.	나는 가난하긴 해도 바보는 아니다.

허락 | ~해도 되다, ~하면 안되다, ~해도 되나요?

You may leave your phones here.	핸드폰은 모두 여기에 두고 가세요.
You may go now.	이제 가셔도 됩니다.
You may not drive gasoline vehicles in this district.	이 지역에서는 가솔린 차량을 운행할 수 없습니다.
May I suggest a different color?	다른 색으로 추천드려도 될까요?
May I borrow your wife for a second?	잠시 아내분과 이야기 좀 해도 될까요?
May I come in? *허락을 구하거나 허락해줄 때 may 대신 might를 사용할 수도 있습니다. 하지만 might는 may에 비해 다소 과할 정도로 공손한 표현입니다. might를 잘못 사용하면 '~해주시겠어요?'가 아니라 '~해주시겠사옵니까?' 같은 뉘앙스로 들릴 수 있으니 유의해야 합니다!	들어가도 될까요?

소망 | ~하길 바랍니다

May you have a long and happy life!	오래 행복하게 사세요!
May God be with you.	하나님이 당신과 함께하길 빕니다.
May he rest in peace.	(애도의 뜻으로) 편히 쉬길.

제안 | ~하는 게 어떨까?, ~가 좋을 것 같아

You may want to reconsider his suggestion.	그의 제안을 재고해보는 게 좋을 것 같아.
It may be wise to proceed now.	지금 진행하는 게 현명할 것 같다.

PRACTICE 56 might

추측, 가능성 | 아마 ~일 것이다, ~일(할)지도 모른다, ~일(할) 수도 있다

A : Where is Maggie? B : She might be at home.	A : Maggie는 어디에 있어? B : 지금 아마 집에 있을걸.
It might be true.	(그게, 그것은) 사실일지도 모른다.
He might be Korean.	그는 한국 사람일지도 몰라.
Ask Susie. She might know.	수지에게 물어봐. 그녀는 알고 있을지도 몰라.
I might go to the mall tonight.	오늘 밤에 쇼핑몰에 가려고. (시간이 되면, 아마)
We might not be able to go to the mall tonight.	(우리) 오늘 밤에 쇼핑몰에 못 갈 수도 있겠는데.

허락 | ~해도 되나요?

Might I borrow your laptop?	노트북 좀 빌려도 될까요?
Might I use your phone?	전화 좀 써도 될까요?
I wonder if I might go with you.	저도 같이 가도 될까요?

제안 | ~하는 게 어떨까?, ~하는 게 좋을 것 같아

You might like to see what we've created with this new machine.	이 새 기계로 우리가 뭘 만들었는지 보세요.
You might want to try this and that on.	이 옷이랑 저 옷이랑 한번 입어봐.
We're going to the mall now. You might like to come with us.	지금 쇼핑몰에 가는데, 혹시 같이 갈래?

불만 | ~하기라도 하던지

You might at least apologize!	적어도 사과는 해야지!
If you weren't coming, you might have told me yesterday!	오지 않을 거였으면 어제 나한테 말이라도 했어야지!

과거에 어떤 일이 행해진 이유나 목적

She gave her life so that her children might(could) survive.	그녀는 자신의 아이들이 살아남을 수 있도록 목숨을 바쳤다.
I collected cans and bottles so that I might make pocket money.	나는 용돈을 벌기 위해 깡통과 병을 모았다.

과거형 문장에서 **may** 대신(간접화법)

She asked if she might leave.	그녀는 떠나도(가도) 되겠냐고 물었다.
Jack said he might come tomorrow.	Jack은 내일 올 수도 있다고 말했다.
He thought he might be ill.	그는 아플 것 같다고 생각했다.

DAY 24. 조동사, 가정법 ②

PRACTICE 57 can

능력 | ~을 할 수 있다, ~을 할 줄 안다

She can drive.	그녀는 운전을 할 줄 안다.
Can you swim?	너 수영할 줄 알아?
She can remember where she put that book.	그녀는 그 책을 어디에 두었는지 기억할 수 있다.
I can't eat meat.	저는 고기를 못 먹어요.
I'm afraid there is nothing I can do about it.	유감스럽지만 제가 할 수 있는 일이 없네요.
These children can read and write basic words.	여기 애들은 기본적인 단어들을 읽고 쓸 수 있어요.
I can buy any book I want.	나는 내가 원하는 어떤 책이라도 살 수 있어. (나는 원하는 책은 뭐든 살 수 있다.)
Don't worry. You can do it.	걱정하지 마. 할 수 있어.

가능성 | ~할 수 있다(~할 가능성이 있다)

Can she still be alive under the rubble?	그녀가 잔해 속에서 살아 있을 가능성이 있을까요?
I don't think she can be alive.	그녀가 살아 있긴 좀 힘들 것 같아.
You can't always get what you want.	원하는 걸 항상 가질 수는 없다.
I can't speak to you at the moment. I have company.	지금은 통화하기 좀 그래요. 손님(들)이 와 있어요.
Drinking cannot be good for us.	음주가 우리에게 좋을 리 없다.
Hiking alone can be dangerous.	혼자 하이킹하는 것은 위험할 수 있다.
Not exercising can be bad for your health.	운동을 하지 않는 것은 건강에 해로울 수 있다.
For some people, these pills can cause dizziness.	어떤 사람들에게는 이 약들이 현기증을 일으킬 수 있다.
You have just eaten. You can't be hungry right now.	너 방금 먹었잖아. 지금 배가 고플 리가.
Her version of the story cannot possibly be true.	그녀의 이야기는 사실일 리가 없다.
He cannot be that old.	그가 그렇게 나이가 많을 리가 없다.
You can't be serious.	너 진심으로 하는 말 아니지!

허락 | ~해도 되다

A : Can I leave now? B : No, you cannot.	이제 가도 되나요? 아니, 안 돼.
I'm sorry, sir. But you can't park here.	죄송합니다만 여기에 주차하시면 안 돼요.
You can take a day off.	하루 쉬셔도 돼요.
You can't do that!	너 그러면 안 되지!

부탁 및 제안 | ~해줄래요?, ~해줄까요?

Can I borrow some money?	돈 좀 빌려줄래?
Can you help me with the dishes?	설거지 좀 도와줄래요?
Can I ask you something?	뭐 좀 물어봐도 돼?
Can I ask you something private?	사적인 질문 하나 해도 될까요?
Can I help you?	도와드릴까요?
I can take you to the station if you want.	원하시면 역까지 데려다줄게요.

PRACTICE 58 could

과거의 능력 | ~을 할 수 있었다, ~을 할 줄 알았다

Back then, I could run faster than you.	그때는 내가 너보다 더 빨리 달릴 수 있었어.
Jerry could see why they got divorced.	Jerry는 그들이 왜 이혼했는지 알 수 있었다.
We couldn't leave him behind.	우리는 그를 두고 갈 수 없었다.
A lot of those kids could not read.	그 아이들 중 다수는 글을 읽지 못했다.

가능성 | ~일(할) 수도 있다, ~일(할) 가능성이 있는 것 같다

This medicine could help your cold.	이 약 먹으면 아마 감기가 좀 나아질 거야.
That could be true.	그게 사실일 수도 있어.
He could be very hungry.	그는 매우 배가 고플 수도 있다.
It could be months before they get the test result.	그들이 검사 결과를 받기까지는 몇 달이 걸릴 수도 있다.
Did you think she could still be alive?	그녀가 아직 살아 있을 거라 생각했나요?

허락 | (언제든지) ~해도 되었다

We could go into the gallery anytime we wanted.	우리는 언제든지 미술관에 들어갈 수 있었다.
She could play video games all day. *언제든지 해도 되는 것이 아니라 특정한 상황에만 허락된 것이라면 could 보다는 be allowed to를 사용합니다. ex. I was allowed to play video games all day that day. 그날은 온종일 비디오 게임을 할 수 있었다.(게임 하는 것이 허락되었다.)	그녀는 온종일 비디오 게임을 할 수 있었다.

부탁 및 제안 | ~하는 게 어떨까요?, ~해드릴까요?, ~할 수도 있다

Could I borrow some money?	돈 좀 빌려주실 수 있어요?
Could you help me with the dishes?	설거지 좀 도와주실래요?
Could you show me how to turn this off?	이거 어떻게 끄는 거예요?
Couldn't you just buy more land?	그냥 땅을 더 사면 되는 거 아닌가요?
Could I help you with the bags?	가방 드는 거 도와드릴까요?
A : Do you have any plans for us for the weekend? B : I don't know. We could go swimming.	우리 주말에 뭐 해? 몰라. 수영이나 하러 갈까 봐.
You could ask your doctor for a copy of your test results.	의사에게 검사 결과의 사본을 달라고 그래.(그러는 게 어때?)

PRACTICE 59 must

의무 | 반드시 ~해야 한다, (절대) ~하면 안 된다

You must leave now.	이제 가셔야 합니다.
You must not worry.	걱정하지 마세요.
You must talk to her about this next Monday.	다음 주 월요일에 그녀에게 이것에 대해 이야기하셔야 해요.
All passengers must exit at the last stop.	모든 승객은 종점에서 하차해야 합니다.
You must not talk about politics in the classroom.	교실에서 정치에 대해 이야기해서는 안 된다.

제안 | 꼭 ~해봐!

You must go and see the festival!	축제 꼭 보러 가!
You must read his next book!	그 사람이 쓴 다음 책 꼭 읽어봐!
The view is amazing. You must visit us.	여기 경치가 정말 좋아. 꼭 우리 집에 놀러 와.

강한 확신이 있는 추측 | ~임에 틀림없다

There's someone at the door. It must be him.	문 앞에 누가 왔어. 그 사람일 거야.

Hi, there. You must be Maggie's mother.	안녕하세요. Maggie 어머님 되시죠?
There must be some job she could do.	그녀가 할 수 있는 일이 분명히 있을 거야.
It is so quiet. She must not be at home.	너무 조용해. 그녀가 집에 없는 게 틀림없어.

PRACTICE 60 should

제안, 충고 | ~하는 게 좋겠다, ~해야 한다, ~하는 게 이치에 맞다

We should visit her more often.	우리가 그녀 집에 더 자주 와야겠어.
You should see a doctor about this.	이거 병원에 꼭 가봐.
You shouldn't drink and swim.	술 마시고 수영하면 안 돼.
My parents think I should study more in the States.	우리 부모님은 내가 미국에서 더 공부해야 한다고 생각한다.
You should not use that detergent.	그 세제를 사용하면 안 돼.
Cat owners should be required to neuter their cats. (=Cat owners should have to neuter their cats.)	고양이 주인들은 키우는 고양이를 중성화시켜야 한다.
What should we do now?	이제 어쩌지? (이제 뭘 해야 하지?)

논리적 추측 | 아마 ~일 거야, 아마 ~가 아닐 거야

The weather's so nice. It should be an enjoyable trip.	날씨가 정말 좋네. 즐거운 여행이 될 것 같아.
It should be a wonderful day tomorrow.	내일 날씨 좋을 거야. / 내일 기분 좋은 날이 될 거야.
There shouldn't be a problem.	아무 문제 없을 거야.
We have two tents and four pairs of hiking boots. I'm sure that should be enough for the trip.	텐트 두 개랑 등산화가 네 켤레 있어. 그 정도면 여행하기에 충분할 거야.

예상한 결과 또는 올바른 방법 | ~여야 한다, ~해야 한다

A proper noun should start with a capital letter.	고유명사는 대문자로 시작해야 합니다.
Every sentence should start with a capital letter.	모든 문장은 대문자로 시작해야 합니다.
Count again. There should be 30 books in total.	다시 한번 세어보세요. 책이 총 30권이어야 해요.
This dish should be served with butter.	이 요리는 버터를 곁들여야 합니다.

if 대신 | 만약 ~라면

| Should [=if] you change your mind, do let me know. | 마음이 바뀌면 꼭 알려줘. |
| Should anyone call, please tell me. | 누가 전화하면 말해줘. |

shall의 과거형 | 과거에 누가 말한 내용을 전달할 때

| Tommy asked her what time he should visit. | Tommy는 그녀에게 몇 시에 방문해야 하는지 물었다. |
| Derrick explained that he should be busy the whole time. | Derrick은 내내 바쁠 거라고 말했다. |

PRACTICE 61 ought to

제안, 충고 | ~하는 게 좋겠다, ~해야 한다, ~하는 게 이치에 맞다

I think we ought to leave now.	지금 가야 할 것 같아요.
You ought to get up early tomorrow.	너 내일 일찍 일어나야 해.
Parents ought not to swear at their children.	부모는 아이에게 욕을 해서는 안 된다.
You ought to explain why.	이유를 말해봐.
They ought to apologize to her.	그들은 그녀에게 사과해야 한다.
These shrimps are amazing. You ought to try some.	이 새우들 맛이 굉장해요. 좀 드셔보세요.

| Advances in medical sciences ought to make things easier. | 의학이 발전하면 삶이 더 편해질 것이다. |
| That ought to be enough water for all of us. | 그 정도 물이면 우리 모두가 마시기에 충분할 거야. |

PRACTICE 62 need

~할 필요가 있다, ~할 필요가 없다

All you need do is ask.	네가 해야 할 일은 묻는 것뿐이다. (부탁하기만 하면 돼.)
Need we say more?	더 말할 필요가 있나요?
You need not worry.	걱정할 필요 없어.
Gary needn't have spent all that money.	Gary는 그 돈을 다 쓸 필요가 없었다.

PRACTICE 63 shall

미래 예측, 계획 | ~할 것이다, ~일 것이다

| I shan't let him go. (shan't = shall not) | 난 그를 보내줄 수 없어. |
| He shall be busy all day this Saturday. | 그는 이번 주 토요일에 온종일 바쁠 거야. |

제안 | ~할까요?

| Shall I close the windows? | 창문 닫을까요? |
| Shall we go and see the movie? | 영화 보러 갈래? |

명령 | ~해!

Every student on the premises shall evacuate right now!	구내에 있는 모든 학생들은 당장 대피하세요!
No one shall leave this house.	아무도 이 집에서 나갈 수 없어.
You shall not pass.	넌 이곳을 지나갈 수 없어.

의무 | (법이나 규칙 등에 의해) ~해야만 한다

| There shall be no talking on the phone during the audition. | 오디션 중에는 전화 통화를 해서는 안 된다. |
| All payments shall be made in United States dollars | 모든 지불은 미국 달러로 한다. |

DAY 25. 조동사, 가정법 ③

PRACTICE 64

날씨가 좋으면 아이들은 밖에 나가서 논다.	If the weather is nice, the kids play outside.
그는 어머니가 그리우면 항상 우리 집에 놀러 왔다.	He always visited us if he missed his mom.
만약 그 비밀에 대해 사람들이 알면 날 절대 용서하지 않을 거야.	If anyone finds (If people find) out about that, they will never forgive me.
(그럴 리는 없지만) 만약 네 배우자가 바람을 피운다면 어떨 것 같아?	How would you feel if your spouse cheated on you?
배우자가 바람을 피우고 있다면 어떻게 해야 하나요?	What should I do if my spouse is cheating on me?
내가 만약 너라면 걔랑 헤어질 것 같아.	If I were you, I would break up with her/him.
내가 만약 조금만 더 열심히 연습했으면 금메달을 땄을 거야.	If I had practiced harder, I would have won the gold medal.

PRACTICE 65 Case 1 : 실제 상황

If I see her, I'll let you know.	그녀를 만나게 되면 너에게 말해줄게.
You should study more. If not, you won't pass the exam.	공부 좀 더 해. 안 그러면 너 시험 떨어진다.
Come home now if you can.	가능하면 지금 집에 와.
I wonder if it's true.	그게 사실인지 궁금하네.
If you really want to know, you should ask her.	정말 알고 싶으면 그녀에게 물어봐.
If you don't want to go there, you don't have to.	거기 가기 싫으면 안 가도 돼.
If I can't sleep, I read 『Guns, Germs, and Steel』.	나는 잠이 오지 않으면 『총, 균, 쇠』를 읽어.
If you like him, just ask him out!	그 사람이 좋으면 데이트하자고 해!
If you need help, just ping me.	도움이 필요하면 부르세요.
He asked me if I could give him dance lessons.	그는 나에게 춤을 가르쳐줄 수 있냐고 물었다.
If you must have it tonight, come back at 6.	오늘 밤에 꼭 찾아가야 한다면 6시에 다시 오세요.
If he can't come to the party, he will call you.	그가 파티에 오지 못한다면 너에게 전화할 거야.
If you take a break, you will be fine.	휴식을 취하면 괜찮아질 거야.
If you study hard, you will pass the test.	열심히 공부하면 시험에 합격할 거예요.
If mom calls, I might ask her why she said that.	엄마가 전화하면 왜 그런 말을 했는지 물어봐야겠어.
If you park there, you'll get towed.	거기 주차하면 견인될 거예요.
If we watch a movie, we usually have onion popcorn.	우리는 영화를 볼 때 주로 양파 맛 팝콘을 먹어.
If I had a day off, I always went to see my girlfriend.	쉬는 날에는 항상 여자 친구를 보러 갔다.
If she picked up the packages from the mailroom this morning, it means she's still on campus.	만약 그녀가 아침에 우편물실에서 소포를 찾아갔다면, 그건 그녀가 아직 교내에 있다는 뜻이야.
If you didn't take any math course, it's impossible for you to solve this equation.	만약 네가 수학 과목을 듣지 않았다면, 이 방정식을 푸는 건 불가능해.
If we had a flat tire, we would ask our next-door neighbor.	타이어가 펑크 났을 때 우리는 옆집 이웃에게 도움을 청하곤 했다.
If you visit me next week, we will definitely check out that new coffee shop.	다음 주에 너 놀러 오면 새로 생긴 커피숍 꼭 가보자.
If they are complaining about something, just listen to them.	만약 그들이 뭔가에 대해 불만을 표하고 있다면 그냥 그 말을 들어보세요.
If the blue light comes on, it means it has a full battery.	파란 불이 켜지면 배터리가 완충되었다는 뜻입니다.
Ask him if he's staying one more night.	하루 더 머무를 건지 그에게 물어봐.
If you get to the top of the mountain, you can see the local wind farm.	산 정상에 도착하면 이 동네의 풍력발전단지를 볼 수 있다.
If my mom is cursing, it means that she is very upset.	만약 엄마가 욕을 하고 있다면, 엄마가 매우 화가 났다는 것을 의미한다.
If I got home late, my mom scolded me.	집에 늦게 들어가면 엄마가 혼을 냈다.
If he was angry, he just stared into the distance without saying anything.	그는 화가 나면 아무 말 없이 먼 곳을 바라보기만 했다.
If he was angry, he used to shout and slam doors.	그는 화가 나면 소리를 지르고 문을 쾅 닫곤 했다.
If my mom and dad had a day off, we always went to the zoo.	엄마, 아빠가 하루 쉬면 우리는 항상 동물원에 갔다.
If you don't leave now, you will miss the last train.	지금 출발하지 않으면 막차를 놓칠 거야.
If Sam doesn't come soon, we will have to leave without him.	Sam이 빨리 오지 않으면, 우리는 그를 두고 떠나야 한다.
If I drink too much, I will get a headache tomorrow.	술 너무 많이 마시면 내일 머리가 아플 거야.
If you ever go to New York, you should check out the musicals.	뉴욕에 간다면 뮤지컬 꼭 봐.
You may leave the room if you've finished the test.	시험지를 다 작성했으면 나가도 됩니다.
If you are going to talk to me like that, just get lost.	나한테 그런 식으로 말할 거면 나가.

PRACTICE 66 Case 3 : 현재 또는 미래, 희박한 가능성

If I were as tall as you, I would ask her out.	내가 너처럼 키가 컸다면 그녀에게 데이트하자고 했을 거야.
If I were rich, I would buy that car.	내가 부자라면 그 차를 살 텐데.

If I had a million dollars, I would buy that house.	만약 나에게 백만 달러가 있다면, 나는 그 집을 살 거야.
I wouldn't worry if I were you.	내가 너라면 걱정하지 않을 거야.
It would be nice if you moved to Korea.	네가 한국으로 이사 오면 좋을 것 같아.
If I didn't know him, I would be happier.	내가 그를 몰랐으면 더 행복할 텐데.
If I didn't work the night shift, I would be healthier.	내가 야간 근무를 하지 않는다면 더 건강할 텐데.
If I knew the truth, I would tell you.	내가 진실을 안다면 너에게 말해줄 텐데.
It would be nice if he helped me with the dishes.	그가 설거지를 도와준다면 좋을 텐데.
If I had more money, I could buy that car.	돈이 더 있었다면 저 차를 살 수 있을 텐데.
If I knew the answer, I would tell you.	내가 답을 알면 너한테 알려줬지.
If we lived by the sea, we would be lying on the beach drinking Mai Tais right now.	우리가 바다 주변에 살았으면, 지금 해변에 누워서 칵테일을 마시고 있을 텐데.
We might buy a bigger house if we had the money.	돈이 (충분히) 있었다면 더 큰 집을 살 텐데.
He could go to the concert if he had the money.	돈이 충분히 있었다면 그는 콘서트를 보러 갈 수 있을 텐데.
If I were a bit taller, I would make an amazing basketball player.	내가 키만 좀 더 컸으면 엄청난 농구선수가 됐을 텐데.
If I were you, I'd stop smoking.	내가 너라면 담배 끊을 것 같아.
If the Third World War broke out, it would mean the end of the world.	제3차 세계대전이 일어난다면 세상은 끝이 나겠지.
If my wife lost her job, too, we would be in serious trouble.	아내까지 직장을 잃으면 우리는 살기 힘들어질 거야.
If I could become President, I would actively regulate greenhouse gas emissions.	내가 대통령이 된다면 온실가스 배출을 적극적으로 규제할 것이다.
If you could anonymously destroy someone's life, would you do it?	아무도 모르게 누군가의 인생을 파괴할 수 있다면 그렇게 하시겠습니까?

PRACTICE 67 Case 4 : 과거, 희박한 가능성

If I had known how to drive, it would have been a lot easier to move all this.	내가 운전할 줄 알았더라면, 이걸 다 옮기는 게 훨씬 쉬웠을 텐데.
If you had told me the truth, I would have forgiven you.	네가 진실을 말했더라면, 나는 너를 용서했을 텐데.
If I had finished my homework on time, I could have gone to the movies.	만약 내가 숙제를 제시간에 끝냈더라면, 나는 영화를 보러 갈 수 있었을 텐데.
If I hadn't brought my dress, I would have been unable to join the dinner party.	만약 내가 드레스를 가져오지 않았더라면, 나는 저녁 파티에 참석할 수 없었을 거야.
If you had missed the 5 o'clock train, you would not have made it before 10.	5시 기차를 놓쳤더라면 10시 전에 도착하지 못했을 거야.
If you had booked our flight earlier, it would have been way cheaper.	일찍 항공권을 예매했다면 훨씬 저렴했을 텐데.
If I had revised more, I would have got better grades.	좀 더 수정했더라면 더 좋은 점수를 받았을 텐데.
If I had known you guys were coming, I would have baked chocolate chip cookies.	너희가 오는 줄 알았다면 초코칩 쿠키를 만들었을 텐데.
If I had known she was sick, I would have brought her some soup.	그녀가 아픈 걸 알았다면 내가 수프를 좀 가져다줬을 텐데.

PRACTICE 68 Case 5 : 과거로 인해 달라질 수 있는 현재

If I had not met him, I would be single now.	내가 그를 만나지 않았더라면 나는 지금 남자 친구가 없을 거야.
If I hadn't met my dad then in the forest, I wouldn't be here now.	그때 숲에서 아빠를 만나지 않았더라면 지금 난 여기 없을 거야.
If they hadn't given him extra financial perks, he wouldn't still be working there.	만약 그들이 추가적인 금전적 특혜를 그에게 주지 않았다면, 그는 계속 그곳에서 일하지 않았을 것이다.
If he had studied harder, he would have a better job now.	그가 공부를 (그때) 좀 열심히 했다면 지금 좋은 직장에서 일할 텐데.
If we had had a map, we wouldn't be lost.	지도가 있었으면 길을 잃은 상태가 아닐 텐데.
We would be dead now if we had caught that plane to London.	(그때) 런던으로 가는 그 비행기를 탔더라면 우리는 지금 세상에 없을 거야.
I could be a millionaire now if I had invested in Tesla in 2010.	2010년에 테슬라에 투자했으면 지금 백만장자가 되어 있을 텐데.
If I had learned to ski, I might go with you.	(예전에) 스키를 배웠으면 너랑 같이 갈 텐데.

PRACTICE 69 Case 6 : 어떤 사실로 인해 달라진 과거

would have done (틀림없이) ~했을 텐데, 했을 것이다

If I had had enough money, I would have bought that car.	내가 돈이 있었다면 분명 그 차를 샀을 거야.
Why didn't you call me? I would have helped you.	왜 전화 안 했어? 내가 도와줬을 텐데.
I would have texted Maggie, but I didn't know her number.	Maggie에게 연락하려고 했는데 번호를 몰랐어.

would not have done (틀림없이) ~하지 않았을 텐데

It is not easy to find your own way as a woman in IT. You have to overcome challenges that men would not have faced in the same situation.	IT 업계에서 여성으로서 자신만의 길을 찾는 것은 쉽지 않다. 같은 상황에 남자라면 마주하지 않았을 고비들이 있기 때문이다.
Without your help, this would not have been possible.	당신이 도와주지 않았다면 이건 불가능했을 거예요.

could have done ~지도 모른다/ (아마) ~였을(했을) 것이다

The 2nd-floor explosion could have been caused by a gas leak.	2층 폭발은 아마 가스 누출 때문일 것이다.
Dan could have got stuck in traffic or he could have overslept.	Dan은 차가 막혔거나 늦잠을 잤을 것이다. (그래서 늦거나 오지 않았을 거라고 추측)
Neanderthals could have produced the same sounds as modern humans today.	네안데르탈인은 오늘날 현대 인류와 같은 소리를 낼 수 있었을 것이다.
It could have been Derrick, but I'm not sure.	Derrick이었을 수도 있는데 잘 모르겠어.

could have done ~할 뻔했다/ ~할 수도 있었다

You should be more careful. You could have been killed!	좀 조심해. 너 그러다 죽어! (너는 죽을 수도 있었다)
The movie that won Best Picture could have been made in Spanish.	최우수 작품상을 탄 그 영화는 스페인어로 만들어질 뻔했다. (스페인어로 만들어질 수도 있었다.)
He could have practiced it harder, but he was too into her.	그는 더 열심히 연습할 수도 있었지만, 그녀에게 너무 빠져 있었다.
She could have married Gerald if she'd wanted to.	그녀가 원한다면 Gerald와 결혼할 수도 있었다.
If I had been there, I could have helped them out.	내가 거기 있었다면 그들을 도울 수 있었을 텐데.
The test result could have been better.	시험 결과가 더 좋았을 수도 있다. (실제로는 결과가 좋지 않았음)

could have done ~했어야지! (야단, 꾸중, 비난)

You could have said that you weren't coming!	안 온다고 미리 말했어야지!
You could have told me that earlier!	진작에 좀 말해주지!
You could've given me a heads up.	미리 언질을 줬으면 좋았잖아.

could not have done, never could have done ~일 수 없었을 것이다, ~할 수 없었을 것이다

It could not have been wrong!	틀렸을 리가 없어! (틀렸을 가능성이 없음)
Kaya could not have rowed away to kill him. She didn't have a boat.	Kaya가 그를 죽이러 배를 타고 갔을 리 없어. 그녀는 보트가 없거든.
That couldn't have been me — I was in Brazil.	그게 나였을 리가 없어. 나는 브라질에 있었다고.
Gina couldn't have made it on time if she hadn't taken a cab.	택시를 타지 않았다면 Gina는 제시간에 도착하지 못했을 것이다.

may have done ~지도 모른다/ (아마) ~였을(했을) 것이다

Well, I may have been wrong. (= Well, I might have been wrong.)	글쎄, 내가 틀렸을지도 몰라.
Tommy may have missed the train. (= Tommy might have missed the train.)	Tommy는 기차를 놓쳤을지도 몰라.
She may have forgotten to mention his name at the time. (= She might have forgotten to mention his name at the time.)	그녀는 당시에 그의 이름을 언급하는 것을 잊었을지도 몰라.

might have done ~지도 모른다/ (아마) ~였을(했을) 것이다

Well, I might have been wrong. (= Well, I may have been wrong.)	글쎄, 내가 틀렸을지도 몰라.
Tommy might have missed the train. (= Tommy may have missed the train.)	Tommy는 기차를 놓쳤을지도 몰라.
She might have forgotten to mention his name at the time. (= she may have forgotten to mention his name at the time.)	그녀는 당시에 그의 이름을 언급하는 것을 잊었을지도 몰라.

might have done ~할 뻔했다/ ~할 수도 있었다

It was terrifying. We all might have been killed in that forest.	정말 끔찍했어. 그 숲에서 우리 다 죽을 뻔 했다니까.
How different things might have been, if Maggie had stayed.	Maggie가 머물렀다면 상황이 얼마나 달랐을까.
With him on the team, we might have won the match.	그가 우리 팀에 있었다면 우리가 경기에서 이겼을 지도 모른다.
If I had not discovered his note on the fridge, I might never have known the truth.	냉장고에서 그의 메모를 발견하지 못했다면 나는 진실을 알지 못했을 지도 모른다.

might have done ~했어야지! (야단, 꾸중, 비난)

They might have cleaned up before they left!	다들 가기 전에 좀 치우고 가지!
You might have told me you were going to be late!	늦는다고 말을 하지 그랬니!

might not have, may not have ~하지 않았을지도 모른다 (아마 ~하지 않았을 것이다)

He may not have understood what you taught him.	그는 네가 가르쳐준 것을 이해하지 못했을지도 몰라.
She might not have known that they were lying.	그들이 거짓말을 하고 있었다는 걸 그녀는 아마 몰랐을 것이다.
They might not have arrived yet.	그들은 아직 도착하지 않았을 거야.

cannot have done (비교적 최근에 일어난 일에 대해) ~했을 리가 없다

Are you done already? You can't have finished it so quickly!	벌써 다 했니? 그렇게 빨리 끝냈을 리가 없는데!
What? She can't have done it!	뭐라고? 그녀가 그랬을 리가 없어! (가능하지 않음)

must have done ~였음에 틀림없다, ~했음에 틀림없다

This series must have been written by a bigoted old man.	이 시리즈는 편견에 가득 찬 노인이 쓴 것이 틀림없다.
You went to Paris last week? It must have been fun.	너 지난주에 파리에 갔었어? 재미있었겠다.
There's no one in there. They must have gone home.	저 안에 아무도 없어. 다들 집에 갔나 봐. (집에 간 게 확실한 것 같아)

should have done, ought to have done ~했어야 했다 (그런데 하지 않음)

You should have listened to your mother.	어머니 말을 들었어야지.
You should not have said that!	그런 말을 하지 말았어야지!
Kenny ought to have arrived 3 hours ago but his flight was canceled.	Kenny는 3시간 전에 도착했어야 했는데 비행기가 취소됐다.
You ought not to have agreed without reading the contract.	계약서를 읽지 않고는 동의하지 말았어야 했어.

should have done, ought to have done 이미 ~했을 거야 (추측)

It's 6 : 30. They should have arrived at the station by now.	6시 30분이야. 그들은 아마 지금쯤 역에 도착했을 거야.
It is 8 : 30. She ought to have arrived by now.	8시 30분이야. 그녀는 지금쯤 도착했을 거야.

need not have done (이미 벌어진 일에 대해 말할 때) ~할 필요가 없었다

We need not have worried about mom.	(우리는) 엄마를 걱정할 필요가 없었어.
You needn't have brought wine. We would have got one from the wine cellar.	와인은 가져오지 않으셔도 됐는데. 와인셀러에서 가지고 오면 되거든요.

PRACTICE 70

She knows Maggie. 그녀는 Maggie를 안다.	Does she know Maggie?
They like chocolate. 그들은 초콜릿을 좋아한다.	Do they like chocolate?
Tom likes swimming. 톰은 수영을 좋아한다.	Does Tom like swimming?
This dog likes to run. 이 개는 달리기를 좋아한다.	Does this dog like to run?
We like parties. 우리는 파티를 좋아한다.	Do we like parties? Do you like parties? 너희는 파티를 좋아하니?
People love Christmas. 사람들은 크리스마스를 좋아한다.	Do people love Christmas?
They know Maggie. 그들은 Maggie를 안다.	Do they know Maggie?
She enjoys reading. 그녀는 독서를 즐긴다.	Does she enjoy reading?
We go out very often. 우리는 자주 외출을 한다.	Do we go out very often? Do you go out very often? 너희는 자주 외출하니?
They speak Korean. 그들은 한국어를 한다.	Do they speak Korean?
He went to the party. 그는 파티에 갔다.	Did he go to the party?
He has no idea. 그는 아무것도 모른다.	Does he have no idea?
She doesn't understand it. 그녀는 그것을 이해하지 못한다.	Doesn't she understand it? Does she understand it?
He is coming. 그가 오고 있다. (그가 온다.)	Is he coming?
Tom is at home. Tom은 집에 있다.	Is Tom at home?
You are ready. (너는) 준비가 되었다.	Are you ready?
This vase is broken. 이 꽃병은 깨졌다.	Is this vase broken?
It was lonely at times. 때로는 외로웠다.	Was it lonely at times?
This is all that's left. 이게 남은 전부야.	Is this all that's left?
Mary can swim. Mary는 수영을 할 수 있다.	Can Mary swim? Can she swim?
She will never see again. 그녀는 다시는 앞을 볼 수 없을 것이다.	Will she never see again?
She will come, too. 그녀도 올 거야.	Will she come, too?
They won't come. 그들은 오지 않을 거야.	Won't they come? Will they come?
She will have finished by lunch. 점심시간이면 그녀는 일을 마쳤을 것이다.	Will she have finished by lunch?

He has been working with them. 그는 그들과 함께 일해왔다.	Has he been working with them?
I have read this article. 나는 이 기사를 읽은 적이 있다.	Have I read this article?
We don't have milk. (우리 집에) 우유가 없다.	Do we not have milk? Don't we have milk?
We do yoga every day. 우리는 매일 요가를 한다.	Do we do yoga every day? Do you do yoga every day?

PRACTICE 71

Who, whom 누구(야?)

Who is it?	누구세요?
Who was it?	누구였어?
Who are you?	당신은 누구인가요?
Who are they?	저 사람들은 누구야?
I wonder who they are.	나는 그들이 누구인지 궁금해.
Who is he?	저 남자는 누구야? (그는 누구야?)
I don't know who he is.	나는 그가 누구인지 몰라.
Who are you calling?	누구한테 전화하는 거야?
Who is going to drive?	운전은 누가 해?
Who is it for?	누구를 위한 거야? (누구 주려고 샀어?)
Who was standing next to you?	네 옆에 누가 서 있었어?
Who do you work for?	어디에서 근무하시나요?
Who did you see?	누구를 봤어?
Who did you give the money to?	너 누구한테 그 돈을 줬어?
Who has been invited to her party?	그녀의 파티에 누가 초대되었나요?
Do you know who has been invited to her party?	그녀의 파티에 누가 초대받았는지 아세요?
Who are the boys over there with Maggie?	저기 Maggie랑 같이 있는 남자애들은 누구야?
Who made the decision?	누가 결정했어요?
Whom did you see?	누구를 봤어요?
Who is the killer?	누가 살인자죠?
Who do you think is the killer?	누가 살인자라고 생각하세요?
Who is the best artist?	누가 최고의 예술가인가요?
Who do you think is the best artist?	당신은 누가 최고의 예술가라고 생각하나요?
Who's got time to slow down?	누가 속도를 늦출 시간이 있겠어? (빨리해야 한다는 뜻)
Who cares? (= Nobody cares.)	알 게 뭐야? (= 아무도 신경 안 써.)
Who do you think you are?	네가 뭔데?
Who do you think we should hire?	누구를 고용해야 할까요?
Who do you think is outside?	밖에 누가 있다고 생각해요?
A : Who has been using my make-up? B : Jenny has been using your make-up.	A : 누가 내 화장품을 쓰는 거야? B : Jenny가 네 화장품을 쓰고 있어.
Who will be the next president?	누가 차기 대통령이 될 것인가?
I would love to be a billionaire. Think about it. Who wouldn't? (anyone would)	나는 억만장자가 되고 싶어. 생각해봐. 누가 안 그러겠어?
Who wants to come second? (no one does)	누가 2등이고 싶겠어?
Are they coming, too? – Who knows? (no one knows)	걔들도 와? – 누가 알겠어?

When 언제(야?)

When is your birthday?	너의 생일이 언제니?
When are you coming back?	언제 돌아오세요?
When does she arrive?	그녀는 언제 도착해요?
When did she call you?	그녀가 너에게 언제 전화했어?
When would you be coming home?	너는 언제 집에 올 거야?
When can you come over?	언제 올 수 있어?
When can you start?	언제(부터) 시작할 수 있어?
Since when have you been interested in my feelings?	언제부터 네가 내 감정(기분)에 관심이 있었어?

where 어디(야?)

Where are you going?	너 어디가?
Do you know where she is?	너는 그녀가 어디에 있는지 아니?
Where is he now?	그는 지금 어디에 있어?
Where were they?	그들은 어디에 있었어?
Where were you last night?	너 어젯밤에 어디 있었어?
Where to? (= What place do you want to go to?)	어디로 갈까요?
Where do you live?	어디에 사세요?
Where did you go?	어디에 갔다 왔어?
Where did you get that from?	어디서 난 거야?
Where should I put it?	어디에 놓을까요?

why 왜 (~해?), ~하는 게 어때?

Why did you do that?	왜 그랬어?
Why did you say that?	왜 그런 말을 했어?
Why do people want to change the world?	사람들은 왜 세상을 바꾸려고 할까요?
Why do you want to meet him?	너는 왜 그를 만나고 싶어 하니?
Why pay more at other services? We offer the best bargain.	왜 더 많은 비용을 지불하고 다른 서비스를 사용하시나요? 저희는 최고의 가격으로 제공합니다.
Why don't you buy this one?	이거 사는 게 어때?
If you don't want to go, why not just say so?	가기 싫으면 그냥 그렇게 말하지 그래?

what 무엇(이야?, 뭐야?)

What book did you read?	무슨 책 읽었어요?
What are you doing?	뭐 하고 있어?
What is she doing?	그녀는 무엇을 하고 있니?
What are they saying?	그들이 뭐라고 말하나요?
What were they eating?	그들은 뭘 먹고 있었니?
What will you choose?	뭘 고르실 건가요?
What will they say?	그들이 뭐라고 할까?
What happened?	무슨 일이야? / 무슨 일이 일어난 거야?
What did you know about the case?	그 사건에 대해 무엇을 알고 계셨나요?
What do you think of my idea?	내 생각 어떤 것 같아?
What do you want?	원하는 게 뭐야?
What did she need?	그녀는 뭐가 필요했나요?
What did you do?	너는 무엇을 했니?
What did they say?	그들이 뭐라고 하던가요?

What does he look like?	그는 어떻게 생겼나요?
What do you mean?	그게 무슨 말이죠?
What did she mean?	그녀의 말은 무슨 뜻이었나요?
What did you say?	뭐라고 하셨죠? / 너 방금 뭐라고 했어? (따지는 태도)
What have you done?	너 무슨 짓을 한 거야?
What has she been up to?	그녀는 요즘 뭐 하고 지내나요?
What kind of cat is it?	이 고양이는 종이 뭔가요?
What sort of lizard is it?	이 도마뱀은 종이 뭔가요?
What color are they?	(그것들은) 색깔이 어떤가요?
What time is it?	지금 몇 시예요?
What time do you finish work?	몇 시에 퇴근하세요?
What is the matter with you?	무슨 일 있어요? / 너 왜 그래?
What is wrong?	왜 그래?
What's up?	무슨 일이야?
What is it like?	어떤 것 같아요?
What was it like?	어땠어요?
What is this for?	이건 어디에 쓰는 거예요? / 이건 어디에 쓰려고?
What about you?	너는 어때? / 너는 어떻게 하고?
What about it?	그게 어때서? (그게 뭐)
What about Jim?	Jim은 어떻대? (괜찮대?) / Jim은 어떻게 하고?
What has happened to you?	어떻게 된 거야?
What is she cooking?	(그녀는) 뭘 만들고 있어?
What are you talking about?	무슨 소리 하는 거야?
What are you going there for?	거기에는 뭐 하러 가는 거예요?

how 어떻게 (~해?)

How many of them accepted the offer?	그들 중 몇 명이 그 제안을 받아들였나요?
How many guests are there?	총 (손님이) 몇 분이세요?
How big are they?	그들은 얼마나 크니? (크기가 얼마나 되니?)
How much is it?	얼마예요?
How long was it?	그건 얼마나 길었니? (길이가 얼마나 되니?)
How old is she?	그녀는 몇 살이에요?
How well can you write?	당신은 글을 얼마나 잘 쓰나요?
How much money have we got?	우리 돈이 얼마나 있지?
How many were there?	그곳에 몇 개가 있었어? / 그곳에 몇 명이 왔었어?
How do you know all that?	그걸 네가 어떻게 다 알아?
How do I get to the nearest bus stop?	가장 가까운 버스정류장은 어떻게 가나요?
How did you know that?	(너 그거) 어떻게 알았어?
How long have you lived there?	그곳에서 얼마나 오랫동안 살았나요? (그곳에 산 지 얼마나 됐나요?)
How old are your kids?	(당신) 아이들은 몇 살인가요?
How good a candidate is he?	그는 얼마나 훌륭한 후보입니까?

which (둘 중, 여러 개 중) 어떤 것

Which do you like the best?	어떤 게 제일 좋아요?
Which is the best flavor?	어떤 게 제일 맛있나요?
Which is the most popular brand?	가장 인기 있는 브랜드는 무엇인가요?
Which of the answers was the correct one?	다음 중 정답은 무엇이었나요?

Which of your parents do you feel closer to?	부모님 중 누구와 더 가깝다고 느끼세요?
Which is your daughter?	(저 사람들 중) 따님은 누구인가요?
Which is your favorite?	어떤 게 제일 좋아요?

whose 누구 거(야?)

Whose is it?	누구 건가요?
Whose dog is this?	이 개는 누구의 개인가요?
Whose is nearer?	누구 (집이/가게가) 더 가까워요?
Whose is this?	이거 누구 거니?
Whose coat is this?	이거 누구 코트야?
Whose socks are they?	그거 누구 양말이야?
Whose book is it?	누구 책이야?
Whose turn is it?	누구 차례야?
Whose idea was it?	누구 아이디어였어?

PRACTICE 72

A : Would you like some more coffee? B : Yes, I would (like some more coffee).	커피 좀 더 드실래요? 네, 더 주세요.
A : Can you visit him tomorrow? B : Yes, we can. / Yes, I can. / Yes, I think so. C : No, I'm afraid we can't. / No, I don't think I can.	내일 그를 방문할 수 있니? 네, 갈 수 있어요. 아뇨, 방문할 수 없을 것 같아요.
A : Is it raining now? B : I'm afraid so.	지금 비 와? 응, 그런 것 같아.
A : Do you like working here? B : Yes, I do./ No, I don't.	여기서 일하는 거 좋아? 네, 좋아요. / 아뇨, 좋지 않아요.
A : Is she single? B : Yes, I think so. / I don't think so.	그녀는 싱글이야? (남자 친구 또는 여자 친구가 없어?) 응, 그런 것 같아. / 아닐걸.
A : Will they be at home by 9? B : Yes, they will (be).	그들이 9시까지 집에 올까? 응, 그럴 거야.
A : Are you single? B : Yes, I am (single)./ No, I am not (single).	미혼인가요? 네, 미혼입니다. / 아니요, 미혼이 아닙니다.
A : Is he married? B : Yes, I am afraid so.	그는 결혼했나요? 네, 안타깝지만 결혼했어요.
A : Is he coming? B : I'm afraid not.	그 사람(도) 오나요? 미안하지만 오지 않을 것 같아요.
A : Have you finished your assignment? B : Yes, I have.	과제 다 했어? 네, 다 했어요.
A : Did you tell them everything? B : Yes, I did.	그들에게 모든 것을 말했나요? 네, 말했어요.
A : You have never been there, have you? B : Yes, I have.	너 거기 가본 적 없지? 가본 적 있어요.
A : You don't like Maggie? B : No, I don't (like Maggie). *질문이 긍정인지, 부정인지 관계없이 Maggie를 싫어한다면 yes가 아니라 no로 대답합니다.	Maggie 싫어하니? 나 Maggie 싫어해.
A : You didn't know that? B : No, I didn't (know that). *질문이 긍정인지, 부정인지 관계없이 몰랐다면 yes가 아니라 no로 대답합니다.	너 그거 몰랐어? 아니, 전혀 몰랐어.

A : You were nicer then.	예전엔 네가 더 친절했는데.
B : So were you.	너도 마찬가지야.
*so를 사용하여 '너도 마찬가지야', '나도 마찬가지야' 등 동의 또는 동일한 상황이라는 것을 표현할 수 있습니다.	
A : I'm going home!	집에 갈 거야!
B : So am I.	나도 갈 거야.
*so를 사용하여 '너도 마찬가지야', '나도 마찬가지야' 등 동의 또는 동일한 상황이라는 것을 표현할 수 있습니다.	
A : You guys are tough cookies.	너희들 정말 대단한데.
B : So are you.	너도 그래.
*so를 사용하여 '너도 마찬가지야', '나도 마찬가지야' 등 동의 또는 동일한 상황이라는 것을 표현할 수 있습니다.	
A : I don't usually drink.	전 평소에 술을 잘 안 마셔요.
B : Neither do I.	저도 잘 안 마셔요.
*부정문에 동의할 때는 nor, neither 등을 사용합니다.	
A : I don't want to go.	가기 싫어.
B : Nor do I.	나도 가기 싫어.
A : I can't do it.	못 하겠어.
B : Nor can I.	나도 못 하겠어.

PRACTICE 73

You like Mary a lot, don't you?	너 Mary 많이 좋아하지, 그렇지 않아(안 그래)?
You didn't get it, did you?	이해 못 했지, 그렇지?
They ate them all, didn't they?	걔들이 다 먹었잖아, 안 그래?
They didn't finish the job, did they?	걔들이 일을 다 끝내지 못했죠, 그렇죠?
He didn't have any money, did he?	그는 돈이 하나도 없었잖아, 맞지?
Mary still works for him, doesn't she?	Mary는 아직 그와 일하지, 그렇지 않니?
It doesn't work, does it?	안 되지, 그렇지?
Nothing matters now, does it?	이젠 아무 것도 중요하지 않아, 그렇지? (이게 다 무슨 소용이겠어, 그렇지?)
Something should be done right now, shouldn't it? *everything, nothing, something, anything에 대한 부가의문문은 'it'을 사용합니다.	지금 당장 조치를 취해야지, 그렇지 않아?
It is Sunday today, isn't it?	오늘은 일요일이야, 그렇지 않니?
She is so beautiful, isn't she?	그녀는 정말 아름다워, 그렇지 않니?
You are eleven, aren't you?	너 열한 살이지, 그렇지 않니?
You're here for the interview, aren't you?	인터뷰 때문에 오신 거죠, 그렇죠?
I am a total fool, aren't I? *I는 부가의문문에서 am이 아닌 are을 사용합니다.	나 완전 바보지, 안 그래?
They were so rude, weren't they?	걔들 정말 무례했어, 그렇지 않니?
Maggie has not been here before, has she?	Maggie는 여기 와본 적이 없지, 그렇지?
The movie hasn't started, has it?	영화 시작 안 했지, 그렇지?
The show has already started, hasn't it?	벌써 쇼가 시작됐죠, 그렇죠?
You have never been to the Netherlands, have you?	너는 네덜란드에 가본 적이 없지, 그렇지?
She can't drive, can she?	그녀는 운전할 줄 모르지, 그렇지?
You won't tell anyone, will you?	아무한테도 말 안 할 거지, 할 거야?
Everyone will stay here for a while, won't they?	다들 당분간은 여기 있을 거야, 안 그래?
Nobody will come, will they? *everybody, everyone, nobody, no one, somebody, someone, anybody, anyone에 대한 부가의문문은 'they'를 사용합니다.	아무도 안 올 거야, 그렇지?
You wouldn't do that to her, would you?	설마 그녀에게 그렇게 하진 않겠지, 그렇지?

Let's move on, shall we?	다음으로 넘어가볼까요?
Let's dance, shall we?	춤출까요?
Look after her, would you? *공손한 요청에는 would you?를 붙여 강조합니다.	그녀를 돌봐줄래?
Hurry up, will you! *짜증스러운 다그침에는 will you!, can't you! 등을 붙여 강조합니다.	서둘러, 좀!
For God's sake be patient, can't you!	제발 인내심을 가져, 좀!
She never smiles, does she?	그녀는 절대 웃지 않지, 그렇지?
There is little point in arguing about it, is there? *원래 문장이 little(거의 없는), few(소수밖에 없는) 등 부정적인 의미를 가진 단어를 포함 한다면 부가의문문에서 긍정의 형태로 바뀝니다. (isn't there이 아니라 is there 사용)	그것에 대해 논쟁하는 것은 무의미해, 그렇지?

PRACTICE 74

In an emergency, dial 911.	비상시에는 911에 전화하세요.
Come to my place at 8.	8시에 우리 집으로 와.
Don't write on this paper.	이 종이에 쓰지 마세요.
Never open the lid.	절대 뚜껑을 열지 마세요.
Turn right here.	여기서 우회전하세요.
Store this in a dry place.	이것은 건조한 곳에 보관하세요.
Let me do this for you.	제가 해드릴게요.
Let's go outside. *let's는 let us와 같습니다. 격식을 차릴 때는 let us를 자주 사용합니다.	밖으로 나갑시다.
Let's not talk about that now.	지금은 그 얘긴 하지 맙시다.
Hey, let me see!	야, 나도 좀 보자! (나도 보여 줴!)
Make sure to wash the whites separately.	흰옷은 꼭 따로 세탁하세요.
Ask me anything.	뭐든 물어보세요.
Please have them sent up to my room.	제 방으로 올려보내주세요.
Say nothing!	아무 말도 하지 마!
Don't just say nothing!	입 다물고 있지 말고 뭐라고 말 좀 해봐!
(You) Please close the curtains.	커튼 좀 닫아주세요.
(Somebody) Answer the door.	(누가) 문 좀 열어줘요.
(You) Go ahead.	계속하세요. / 먼저 가세요.(하세요)
Do be careful! *더 강조해서 명령할 때는 do를 사용할 수 있습니다. Be careful! → Do be careful!	꼭 조심하세요!
Have a sandwich. *뭔가 권할 때도 명령문과 비슷하게 말합니다. ex. Have some coffee. (커피 좀 마셔요.) Come by anytime you want. (언제든 오고 싶을 때 오세요.) (Please) pass the salt. (소금 좀 건네주세요.)	샌드위치 좀 드세요.

DAY 28. 접속사, 관계사, 의문사 ②

PRACTICE 75

for	(왜냐하면) …니까	after	～후에
and	그리고	by the time	～할 즈음
nor	～도 아니다	until	～(때)까지 계속
but	그러나	till	～(때)까지 계속
or	또는	lest	～하지 않도록, ～할까 봐
yet	그렇지만	once	～하자마자, 일단 ～하면
so	그래서	than	～보다
though	비록 ～이지만	while	～하는 동안
although	비록 ～이지만	who/whom	～인 사람
as	～동안에, ～때문에	whoever/whomever	누구든
as though	마치 ～인 것처럼	which	～인 것, 무엇
as if	마치 ～인 것처럼	whichever	어느 쪽이든
as long as	～하는 한	that	～인 것
as soon as	～하자마자	whose	누구의 (것), 그 사람의
if	만약에 ～라면	what	～인 것, 무슨, 무엇
provided that	～라는 조건하에	whatever	무엇이든
only if	～인 경우에 한해	where	어디, ～인 곳, ～인 상황
if only	～이면 좋을 텐데	wherever	어디든
unless	～하지 않는 한	when	언제, ～할 때, ～하면
even if	(설령) ～라 하더라도	whenever	언제든
even though	비록 ～일지라도, ～인데도 불구하고	how	어떻게
because	왜냐하면	however	어떤 방식이든
since	왜냐하면, ～이후로(부터)	why	왜, 무엇 때문에
so that	～하기 위하여	whether, whether …or	～인지 (아닌지), ～인지 어떤지
in order that	～하기 위하여	both … and	둘 다
it's time that	～할 시간이다	either … or	이것 아니면 저것
in case	～할 경우에 대비하여	neither … nor	이도 저도 아닌
before	～전에	not only … but also	～뿐만 아니라 ～도

PRACTICE 76 who/whom

the one who suggested that idea	그 아이디어를 제안한 사람
I think Brian was the one who suggested that idea.	내 생각에 그 아이디어를 제안한 사람은 바로 Brian이다.
people who have excellent communication skills	의사소통 능력이 뛰어난 사람들
We need more people who have excellent communication skills.	우리는 의사소통 능력이 뛰어난 사람들이 더 필요하다.
someone who handles stress well	스트레스를 잘 다루는(해결하는) 사람
Someone who handles stress well is suited for this job.	스트레스를 잘 다루는 사람이 이 일에 적합하다.
my uncle who is an engineer	엔지니어인 삼촌
My uncle who is an engineer lives in Paris.	엔지니어인 삼촌은 파리에 산다.
the people who live next door	옆집에 사는 사람들
The people who live next door have two dogs.	옆집에 사는 사람들은 개를 두 마리 키운다.
I know the people who live next door.	나는 옆집에 사는 사람들을 안다.
the only person who can pass this test	이 시험을 통과할 수 있는 유일한 사람
You are the only person who can pass this test.	너는 이 시험을 통과할 수 있는 유일한 사람이야.

the man whom we met yesterday	우리가 어제 만났던 그 남자
I still remember the man whom we met yesterday.	나는 우리가 어제 만났던 그 남자를 아직도 기억한다.
It was him who started the fire. *It is(was) ~ who : ~하는 것은 바로 ~이다(~였다)	불을 지른 건 바로 그였다.
It was Jim who ran away.	도망친 사람은 Jim이었다.
I have no idea who to invite.	누구를 초대해야 할지 모르겠어.
My uncle, who is an engineer, lives next door.	우리 삼촌은 엔지니어인데 옆집에 산다.
Surprisingly, Kate, who was always late, was already there.	Kate는 항상 늦는데 벌써 와 있었다.
Yesterday, I called my sister, whom I hadn't spoken to in years.	어제 나는 여동생(또는 언니)에게 전화했다. 수년 만에 첫 통화였다.

PRACTICE 77 whose

Jenson's the only woman whose opinion I respect.	Jenson은 내가 의견을 존중하는 유일한 여성이다.
I'm looking for a house whose door is painted green.	나는 문이 녹색인 집을 찾고 있다.
I met the painter whose works I adore.	내가 좋아하는 작품을 만든 (바로) 그 화가를 만났다.
My sister whose kids go to the same school with ours recently went through a horrible divorce.	내 아이들과 같은 학교에 다니는 아이를 가진 (바로) 그 여동생은 최근에 끔찍한 이혼을 겪었다.
The woman whose laptop crashed was very agitated.	노트북이 고장 난 그 여자는 매우 불안해했다.
We helped a family whose house burned down.	우리는 집이 불타버린 가족을 도왔다.
I had friends whose husbands drank too much.	나는 남편이 술을 너무 많이 마시는 친구들이 있었다.
I've just found someone whose ears are exactly like mine.	나는 방금 내 귀와 꼭 같은 귀를 가진 사람을 찾았어.
The singer, whose name I've since forgotten, sang the most beautiful songs.	그때 이후로 내가 이름을 잊어버린 그 가수는(지금은 내가 이름을 기억하지 못하는 그 가수는) 가장 아름다운 노래를 불렀다.
Federal jurors, whose identities will be kept secret, will receive $50 a day after serving 45 days on a grand jury.	연방 배심원들의 신원은 비밀에 부쳐질 것이고, 대배심에서 45일간 일한 뒤 하루에 50달러를 받게 된다.

PRACTICE 78 which

(여러 개 중) 어떤 것

Which is better – red or blue?	어떤 게 더 나아? 빨간색? 파란색?
We sometimes don't know which of the two roads to take.	가끔 우리는 두 갈래 길 중 어느 길을 선택해야 할지 알지 못한다.
Which class are you looking for?	어떤 수업을 찾으세요?
Choose which flavor you want for your ice cream.	아이스크림으로 어떤 맛을 원하는지 고르세요.

~인, ~한 (사물이나 동물 등을 설명할 때)

the message which I deleted yesterday	어제 내가 삭제한 메시지
books which were published in the 1800s	1800년대에 출판된 책들
apartments which overlooked the river	강이 내려다보이는 아파트
the e-mail which came last week	지난주에 온 이메일
I am looking for the message which I deleted yesterday.	나는 어제 내가 삭제한 메시지를 찾고 있어.
He had a stack of books which were published in the 1800s.	그는 1800년대에 출판된 책을 잔뜩 가지고 있었다.
Apartments which overlooked the river cost more.	강이 내려다보이는 아파트는 더 비쌌다.
Did you check out the e-mail which came last week?	지난주에 온 이메일 확인했어요?

콤마 + which | 그리고 ~은(는)

*which가 어떤 단어를 추가로 설명해주는지 표시해두었으니 주의 깊게 살펴보세요!

The city has recently built a new mall, which* is close to my workplace. *which(= and the new mall)	시에서 최근에 쇼핑몰을 새로 지었는데 내 직장과 가깝다.
Dr. Milan has taught at Cambridge, which* was recently ranked second among the world's top universities. *which(= and Cambridge)	Milan 박사는 케임브리지에서 강의를 했는데, 케임브리지는 최근 세계 최고의 대학들 중 2위를 차지했다.
The museums and art galleries, which* were completed in the 1900s, were famous for their vast collections. *which(= and the museums and art galleries)	박물관과 미술관(1900년대에 완공되었고)은 방대한 소장품으로 유명했다.
I finally found your dog, which* was uninjured. *which(= and your dog)	나는 마침내 네 개를 찾았는데 다치지 않은 상태였어.
His recent movie, Parasite, which* won several international awards, was about capitalism in a way. *which(= and his recent movie, Parasite)	그의 최근 영화인 〈기생충〉은 여러 국제적인 상을 수상했는데 어떤 면에서 그 영화는 자본주의에 관한 내용이었다.

콤마 + which | ~라는 사실이, ~라는 사실을 (문장 전체를 설명)

My laptop crashes every day, which* is so annoying. *which(= and the fact that my laptop crashes every day)	노트북이 매일 고장 나. 너무 짜증 나.
They all burst into tears, which* I did not expect. *which(= and the fact that they all burst into tears)	그들은 모두 울음을 터뜨렸는데, 나는 예상하지 못한 일이었다.

PRACTICE 79 that

~인, ~한 (사물이나 동물 등을 설명할 때)

The car that had extra seats was needed.	여분의 좌석이 있는 차가 필요했다.
They were playing the songs that made me cry.	그들은 나를 울게 만들었던 곡들을 연주하고 있었다.
The black car that I want to buy is now for sale. (= The black car I want to buy is now for sale.)	내가 사고 싶은 검은색 차가 지금 판매 중이다.
I'm going to marry the woman that I love.	나는 내가 사랑하는 여자와 결혼할 거예요.
It is fame that we want.	우리가 원하는 것은 명성(인기)이다.
I don't recall anyone that we met on holiday. I was so wasted.	휴가 때 우리가 만난 사람들이 아무도 기억이 안 나. 너무 취했었어.
The mansion that they lived in was humongous.	그들이 살았던 저택은 어마어마한 크기였다.
The thing that she really liked about it was its texture.	그녀는 그것의 질감을 정말 좋아했다. (그녀가 그것에 대해 정말 좋아했던 것은 그것의 질감이었다.)
It was an interesting question that everyone should ask themselves.	그것은 모두가 스스로에게 물어봐야 하는 흥미로운 질문이었다.

~라고 (생각하다, 말하다 등), ~라는 것(사실)

Tom says that no one understands him.	Tom은 아무도 그를 이해하지 못한다고 말한다.
He said that he was very sad.	그는 매우 슬프다고 말했다.
They all said that the party was great.	그들은 모두 즐거운 파티였다고 말했다.
The man said we had to wait.	그 남자는 우리에게 기다려야 한다고 말했다.
That they said yes was exceptional.	그들이 승낙한 것은 이례적인 일이다.
Did you tell him that she was looking for a job?	그 사람한테 그녀가 일자리를 찾고 있다고 말했나요?
I told everyone (that) they had to bring their lunch.	모두에게 점심을 싸오라고 말했어요.
Doctors are now agreed that the cause of the virus is environmental.	의사들은 이제 바이러스의 원인이 환경적인 것이라는 데 동의한다.
My parents explained that I had been very sick.	부모님은 내가 많이 아팠다고 설명하셨다.
I don't think that the show was very good.	그 쇼는 별로였다고 생각한다.
She believes that God exists.	그녀는 신이 존재한다고 믿는다.

It's believed that Samsung will launch new smartwatches soon.	삼성이 곧 새로운 스마트워치를 출시할 것으로 보인다.
The fact that she is your sister should not cloud your judgment.	그녀가 당신의 여동생이라는 사실이 당신의 판단을 흐리게 해서는 안 됩니다.
It's hard to accept the fact that she's dead.	그녀가 죽었다는 사실을 받아들이기 어렵다.

DAY 29. 접속사, 관계사, 의문사 ③

PRACTICE 80 what

(주로 사물을 설명할 때) ~인 것, 무슨, 무엇

You did what?!	뭘 했다고?!
What a lovely day, today!	오늘 날씨 정말 좋네요!
what appeared to be a crushed spider	찌그러진 거미로 보이는 것
I sat on what appeared to be a crushed spider.	나는 찌그러진 거미로 보이는 것 위에 앉았다.
what was going on	무슨 일이 일어났는지
I wanted to know what was going on.	무슨 일인지 알고 싶었다.
what happened yesterday	어제 무슨 일이 일어났는지
I don't know exactly what happened yesterday.	어제 무슨 일이 있었는지 정확히는 모르겠어.
Tell me what to do next.	다음으로 뭘 해야 하는지 말해주세요.
Stop telling me what to do next.	다음에 뭘 해야 할지 나한테 그만 말해.
Do you have any idea what you are talking about?	네가 무슨 말을 하는지 알기나 해?
She told me what she wanted for her birthday.	그녀는 생일에 무엇을 원하는지 나에게 말했다.
He asked me what we wanted for dinner.	그는 우리가 저녁으로 무엇을 먹고 싶냐고 물었다.
What he said was so rude and insensitive.	그의 말은 너무 무례하고 무신경했다.
What you need is some time off.	당신에게 필요한 건 휴식입니다.
Take what you need. Shotgun, crossbow, anything.	필요한 걸로 가져가세요. 산탄총, 석궁, 뭐든.
What they said made me upset.	그들이 한 말은 나를 화나게 했다.
She asked what he needed.	그녀는 그에게 뭐가 필요하냐고 물었다.

PRACTICE 81 where

the town where we live	우리가 사는 마을
The town where we live has three rivers.	우리가 사는 마을에는 강이 세 개 있다.
where you are	네가 있는 곳
You should stay where you are.	거기 가만히 있어.
the city where we visited lots of temples and museums	우리가 많은 절과 박물관을 방문했던 도시
the place where the tribes normally live	부족들이 평소에 사는 곳
They were forced to leave the place where they normally lived.	그들은 평소에 살던 곳에서 쫓겨났다.
Seward Park, where I used to frequent, boasts 2.9 miles of cycling and walking path.	내가 자주 가던 시워드 공원에는 자전거와 산책로가 2.9마일이나 있다.
I know where he is.	(나는) 그가 어디 있는지 알아.
That's where you're wrong.	네가 틀린 부분이 바로 거기야.
Last year, my family moved to New York, where my grandparents lived.	작년에 우리 가족은 조부모님이 사는 뉴욕으로 이사했다.
a special room where the experiments were conducted	실험이 진행되던 특별한 방
All gathered in a room, where the experiment was conducted.	모두가 어떤 방에 모였고, 그곳에서 실험이 이루어졌다.

PRACTICE 82 when

~할 때, ~하면

What do you see when you look in the mirror?	거울을 보면 무엇이 보이나요?
when I saw you for the first time	널 처음 봤을 때
Call me when you all get home.	다들 집에 도착하면 전화 주세요.
When you have no one to call, you are really on your own.	전화할 사람이 한 명도 없을 때 정말 혼자가 되는 거다.
We went skinny-dipping when we were on vacation.	우리는 휴가 때 수영복을 입지 않고 수영했다.
When I was in college, I had two part-time jobs.	나는 대학에 다닐 때 아르바이트를 두 개 했다.
Call me when you get home.	집에 도착하면 내게 전화해줘.
Spring is the season when flowers bloom.	봄은 꽃이 피는 계절이다.
October, when Halloween is celebrated, is my favorite month.	10월은 내가 가장 좋아하는 달인데, 그 달에는 핼러윈이 있다.
When he woke up next morning, he saw a pile of red packages at the foot of their beds.	다음 날 아침에 일어났을 때 그는 침대 발치에 놓인 빨간 선물 꾸러미들을 보았다.

PRACTICE 83 as

~하는 동안에, ~하면서

They left as we were working on the project.	그들은 우리가 프로젝트를 진행하던 중에 떠났다.
As I get older, I get more pessimistic.	나는 나이가 들수록 더 비관적으로 변하고 있다.
I met him as I was leaving the apartment.	나는 아파트를 나오다가 그를 만났다.

알다시피

As you know, he is bisexual.	너도 알겠지만 그는 양성애자야.
It snowed all day, as often happens.	온종일 눈이 내렸다, 자주 그러듯.

~대로

Do as I say, not as I do.	내가 말한 대로 해, 내가 하는 대로 따라 하지 말고. (나는 똑바로 못 했지만 너는 제대로 해)
Do it as I do.	나처럼 해.

~처럼, ~만큼 ~한

The dress was (as) soft as new snow.	그 드레스는 방금 내린 눈처럼 부드러웠다.
He is as pretty as she (is).	그는 그녀만큼 예쁘다.
I am as tall as you.	나는 너만큼 키가 커.
She was as white as snow when I took her to the hospital.	내가 병원에 데려갔을 때 그녀는 눈처럼 희었다.
They crossed the ice path just as their grandfathers did.	그들은 할아버지가 그랬던 것처럼 얼음 길을 건넜다.

~긴 하지만(though)

Strange as it may sound, I don't like ice cream.	이상하게 들리겠지만, 나는 아이스크림을 좋아하지 않아.
Much as I respect her, I still have to say no.	나는 그녀를 존경하지만, 거절해야 할 것 같아. (아닌 건 아닌 것 같아)

~때문에(because)

As it was getting dark, we left for home.	날이 어두워지고 있었기 때문에, 우리는 집으로 갔다.
He stayed home all day as he had no job.	그는 일이 없어서 온종일 집에 있었다.

PRACTICE 84

it is just as well that ~해서 다행이다

It's getting darker – it's just as well that we brought flashlights.	점점 어두워지고 있어. 우리가 손전등을 가져와서 다행이야.
It was just as well that I had a car.	차가 있어서 다행이었다.

as soon as ~하자마자

He burst into tears as soon as he met her.	그는 그녀를 만나자마자 울음을 터뜨렸다.
Please give us a call as soon as you get there.	도착하시는 대로 저희에게 전화 주세요.

before ~전에, ~ 하기 까지

Before she moved to Canada, she had never seen a grizzly bear.	그녀는 캐나다로 이사하기 전까지 회색곰을 본 적이 없었다.
I had to finish all my assignments before going to see the movie.	나는 영화를 보러 가기 전에 모든 과제를 마쳐야 했다.
I had to finish all my assignments before I went to see the movie.	나는 영화를 보러 가기 전에 모든 과제를 마쳐야 했다.
We should leave before morning comes.	아침이 되기 전에 떠나야 해요.
It did not take long before they realized the truth.	그들이 진실을 깨닫기까지 오래 걸리지 않았다.
Call me before you leave.	가기 전에 전화해.

how (방법을 설명할 때) 어떻게, 얼마나, ~하는 방법(how to)

Do you know how to ride a bike?	자전거 탈 줄 아세요?
He thought to himself how amazing it would feel.	그는 그렇게 된다면 얼마나 좋을지 혼자 생각했다.
How to get rid of a headache	두통을 없애는 방법
Could you show me how to turn this off?	이거 어떻게 끄는 거예요?
If I had known how to drive, it would have been a lot easier to move all this.	내가 운전을 할 줄 알았더라면, 이걸 다 옮기는 게 훨씬 쉬웠을 텐데.

why 왜 ~인지, 이유

There are a couple of reasons why I can't do it.	내가 그것을 할 수 없는 데에는 몇 가지 이유가 있다.
I know why they did it.	그들이 왜 그랬는지 알아.
They asked me why I was late.	그들은 나에게 왜 늦었냐고 물었다.

-ever

A prize will be given to whoever solves the puzzle quickest.	가장 빨리 퍼즐을 푼 사람에게 상이 주어집니다.
We can visit her at 10 a.m. or 8 p.m., whichever you choose.	오전 10시, 아니면 오후 8시에 그녀를 방문할 수 있어. 너 원하는 시간에 가자.
You can do whatever you want.	네가 원하는 건 뭐든 할 수 있어.
Whatever I say, my father always disagrees.	내가 무슨 말을 하든 아버지는 항상 반대한다.
Sit wherever you like.	원하는 곳에 앉으세요.
Come back whenever you want.	네가 원할 때 언제든지 돌아와.
Do it however you like.	마음대로 하세요.

and & or & but 그리고 & 또는, 혹은 & 그러나(하지만)

They laughed, talked, and drank.	그들은 웃고, 이야기하고, 술을 마셨다.
He called me and said he liked me.	그는 나에게 전화를 걸어 나를 좋아한다고 말했다.
She is both beautiful and energetic.	그녀는 아름답고 에너지가 넘칩니다.
Both he and his wife play tennis.	그와 그의 아내는 둘 다 테니스를 친다.
You can have coffee or tea.	커피나 차 중에 마실 수 있습니다. (커피나 차 중에 어떤 걸로 하실래요?)

I don't drink or smoke. *부정형에는 and가 아니라 or을 사용합니다. I don't drink and smoke. (X)	저는 술과 담배를 하지 않아요.
I called his name twice, but he did not answer.	나는 그의 이름을 두 번 불렀지만 그는 대답하지 않았다.
I'm sorry, but I have to go now.	미안하지만, 저는 지금 가야 해요.
We were poor but smart.	우리는 가난했지만 똑똑했다.

either – or & neither – nor (둘 중) 어느 하나, 각각 & (둘 중) 어느 것도 아니다

Neither is correct.	둘 다 틀렸어.
He didn't say anything and neither did I.	그는 아무 말도 하지 않았고 나도 아무 말도 않았다.
It's neither good nor bad.	좋지도 나쁘지도 않다.
You can have either coffee or tea.	커피나 차 중에 마실 수 있습니다. (커피나 차 중에 어떤 걸로 하실래요?)
It was not your fault, nor his.	이건 네 잘못도 아니고 그의 잘못도 아니야.
She didn't show up today. Neither did Marie.	그녀는 오늘 출근하지 않았다. Marie도 오지 않았다.
She's not here today. Marie isn't here either.	그녀는 오늘 여기에 없다. Marie도 여기에 없다.

whether (whether …or) ~인지 (아닌지), ~인지 어떤지

I wondered whether it really did make any difference.	나는 그것이 정말로 변화를 가져왔는지 궁금했다.
I don't know whether I am invited to his party.	내가 그의 파티에 초대받았는지 모르겠다.
We will continue whether it rains or not.	비가 오든 안 오든 우리는 계속할 것이다.

though, although 비록 ~이긴 하지만, ~임에도 불구하고, 그러나

Although he was very late, everyone welcomed him.	비록 그가 매우 늦게 왔지만, 모든 사람들은 그를 환영했다.
Though it was windy and rainy, they surfed.	바람이 불고 비가 왔지만 그들은 서핑을 했다.
You can borrow my laptop, although it is slow.	내 노트북이 느리긴 한데 빌려 가도 돼.

even if (설령) ~라 하더라도

Even if you apologize, I will not forgive you.	네가 사과해도 난 널 용서하지 않을 거야.
They are going to buy houses even if you raise the tax.	세금을 올려도 그들은 집을 살 거예요.
I wouldn't tell you even if I knew.	알아도 말 안 할 거야.

even though ~인데도 불구하고

Even though he's old enough, he acts like a child.	그는 나이가 들어도 어린애처럼 행동한다.
I still remember all of their names, even though it has been years.	몇 년이 지났음에도 불구하고 나는 그들의 이름을 모두 기억하고 있다.
I smiled even though I didn't want to let her see me smile.	그녀에게 웃는 모습을 보여주고 싶지 않았지만 나는 미소를 지었다.

since 왜냐하면, ~이후로(부터)

We've been waiting for her since 9 a.m.	우리는 오전 9시부터 그녀를 기다리고 있다.
At least 12 politicians or candidates for office have been killed since last year.	지난해 이후로 최소 12명의 정치인이나 후보자가 사망했다.
I have always wanted to be a scientist since I was a child.	나는 어렸을 때부터 과학자가 되고 싶었다.
Since you've finished your homework, you may watch TV.	숙제를 끝냈으니 TV를 봐도 좋아.

so that someone does something ~가 ~하기 위해서
in order to do something, in order that ~하려고, ~하기 위해서
so as to do something ~하려고, ~하기 위해서

I bought him a car so that he can commute easily.	나는 그가 쉽게 출퇴근할 수 있도록 차를 사주었다.
After the divorce, he gave up his career in order to take care of his children.	이혼 후 그는 아이들을 돌보기 위해 직장을 그만두었다.
I wrote down all the details in my journal so as not to forget them.	잊지 않기 위해 그 일을 아주 자세히 일기에 적어두었다.

it's time (that) someone did something, it's time to do something ~할 시간이다

It's time we went home.	집에 가야 할 시간이야.
It's time to go.	가야 할 시간이야.
It's time to take your medicine.	약 먹을 시간이야.

after ~후에

I often go to Starbucks after I've finished my work.	나는 일이 끝나면 스타벅스에 자주 간다.
After reading the book, I wrote an essay.	책을 읽은 후, 나는 에세이를 썼다.
Call me after you arrive.	도착한 후에(도착하면) 전화 주세요.
He finished the meal after she did.	그는 그녀가 다 먹은 후에 식사를 마쳤다.

by the time ~할 즈음

By the time I went to bed, I was so frazzled.	잠자리에 들 때쯤, 나는 몹시 지쳐 있었다.
The bell was ringing and ringing but by the time I found my phone, it had stopped.	벨이 계속 울리고 있었는데 핸드폰을 찾았을 때쯤 (이미) 벨이 멈춰 있었다.
By the time we arrived, they were already there.	우리가 도착했을 때 그들은 이미 그곳에 있었다.
By the time you get this letter, I will have left the country.	네가 이 편지를 받을 때쯤이면 난 이 나라를 떠났을 거야.

until, till ~(때)까지 계속

Can I stay here till they come back?	그들이 돌아올 때까지 여기 있어도 되나요?
We will support our daughter until she gets back on her feet.	우리는 딸이 다시 자립할 수 있을 때까지 지원할 것이다.
Up until last month, we could not even afford the rent.	지난달까지는 집세도 못 냈다.

while ~하는 동안

Maggie looked after my kids while I was in London.	내가 런던에 있는 동안 Maggie가 내 아이들을 돌봐줬다.
Marjorie continued to work while she spoke.	Marjorie는 말하면서 계속 일을 했다.
John Challenger came up with the idea to play the organ while people were being given the vaccine.	John Challenger는 사람들이 백신을 맞는 동안 오르간을 연주하자고 제안했다.

while 반면에

| While everyone else thought the idea was good, I didn't think it was feasible. | 다른 사람들은 모두 그 아이디어가 좋다고 생각했지만, 나는 그것이 실현 가능하다고 생각하지 않았다. |
| While she was willing to help, she was always busy. | 그녀는 도와주고 싶어 했지만, 항상 바빴다. |

so … (that)/ such … (that) 너무 ~해서 ~하다

She is so beautiful (that) I can't get my eyes off her.	그녀는 너무 예뻐서 눈을 뗄 수가 없다.
It was such a good book (that) everyone read it more than twice.	모두가 두 번 이상 읽을 정도로 좋은 책이었다.
Margaret had such a shock that she fell down on the ground.	Margaret은 충격을 받고 바닥에 주저앉았다.
Everybody was in such a panic that no one budged.	모두가 공포에 질려 꼼짝도 하지 않았다.
They said such horrible things that I excused myself from the table.	그들이 너무 끔찍한 말을 해서 나는 식사 자리를 떴다.

DAY 30. 접속사, 관계사, 의문사 ④

PRACTICE 85

My mom was diagnosed with angina in 2017, by which time she was already very sick.	우리 엄마는 2017년에 협심증 진단을 받으셨고, 그때쯤에는 이미 많이 아프셨다.
This is the haunted house in which the whole family was murdered.	이곳은 온 가족이 살해된 흉가이다.
Oxford dictionary is vastly different from other dictionaries, in which the focus is on present-day meanings and usages.	옥스퍼드 사전은 오늘날의 의미와 용법에 초점을 맞춘 다른 사전들과는 매우 다르다.
I remember the day on which we first met. (= I remember the day when we first met.)	나는 우리가 처음 만났던 날을 기억해.
He lived in the city's downtown in which all the stores were open at midnight. (= He lived in the city's downtown where all the stores were open at midnight.)	그는 자정에 모든 가게의 문이 열려 있는 도시의 시내에 살았다.
Our managers were remembered for their charisma but also for the kindness with which they treated customers.	우리 매니저들은 카리스마와 고객을 대하는 친절함으로 기억되었다.
The speed at which we've learned about this virus is unprecedented.	우리가 이 바이러스에 대해 알아낸 속도는 전례가 없을 정도이다.
A fantasy movie, in which you can vicariously experience magical elements, is more enchanting.	마법적인 요소를 간접 경험할 수 있어서 판타지 영화는 더 매력적이다.
He must have decided not to come, in which case we should leave now.	그는 오지 않기로 결정한 것 같다. 그렇다면 우리는 지금 당장 떠나야 한다.
The town has small bays, many of which have the best sandy beaches.	이 마을에는 작은 만이 있고, 그중 다수는 최고의 백사장을 가지고 있다.
She has written an article the name of which I've already forgotten. (= She has written an article whose name I've already forgotten.)	그녀는 내가 이미 이름을 잊어버린 어떤 기사를 썼다.

DAY 31. 특수 구문 ①

PRACTICE 86

good – better – best

She has as good a voice as you.	그녀는 너만큼 목소리가 좋다.
She has a better voice than you.	그녀는 너보다 목소리가 좋다.
She has the best voice in town.	그녀는 동네에서 목소리가 제일 좋다.

tall – taller – tallest

She is as tall as I am.	그녀는 나만큼 키가 크다.
She is taller than me.	그녀는 나보다 키가 크다.
She is the tallest in her class.	그녀는 반에서 키가 가장 크다.

cheap – cheaper – cheapest

This necklace is way cheaper than that one.	이 목걸이는 저것보다 훨씬 싸다.
This is the cheapest option.	이것이 가장 저렴한 옵션입니다.
He bought the cheapest.	그는 가장 싼 것을 샀다.
The cheaper, the better.	저렴할수록 좋다.

comfortable – more comfortable – most comfortable	
These new boots were not nearly as comfortable as her old ones.	이 새 부츠는 그녀의 예전 부츠만큼 편하지 않았다.
This chair feels more comfortable than that one.	이 의자는 저 의자보다 더 편안하다.
This is by far the most comfortable chair.	이 의자는 확실히 가장 편안한 의자이다.

DAY 33. 특수 구문 ③

PRACTICE 87

The boy is still recovering after getting bitten(bit) by a shark.	그 소년은 상어에 물린 후에 여전히 회복 중이다.
I saw a big moose while walking in the forest.	나는 숲을 걷다가 큰 사슴을 보았다.
After talking to you, I called mom and dad.	너와 얘기한 후에, 나는 엄마와 아빠에게 전화했어.
Once deprived of their freedom, they had no reason to stay.	자유를 빼앗기게 되자 그들은 머무를 이유가 없었다.
When in doubt, know your way out.	의심스러울 때는 출구가 어디인지 알아둬야 한다.
Although poor, we still have two cars.	비록 가난하지만, 우리는 여전히 두 대의 차를 가지고 있다.

바른독학영어(바독영) 시리즈 2

나 혼자만 알고 싶은 영어책 매운맛(Vol. 2)

초판 1쇄 발행 2022년 3월 18일
초판 2쇄 발행 2023년 1월 6일

지은이 피유진

대표 장선희 **총괄** 이영철
책임편집 현미나 **기획편집** 이소정, 정시아, 한이슬
디자인 김효숙, 최아영 **외주디자인** 이창욱
마케팅 최의범, 임지윤, 강주영, 김현진, 이동희
경영관리 김유미

펴낸곳 서사원 **출판등록** 제2021-000194호
주소 서울시 영등포구 당산로 54길 11 상가 301호
전화 02-898-8778 **팩스** 02-6008-1673
이메일 cr@seosawon.com
블로그 blog.naver.com/seosawon
페이스북 www.facebook.com/seosawon
인스타그램 www.instagram.com/seosawon

ⓒ피유진, 2022

ISBN 979-11-6822-048-5 13740

서사원은 독자 여러분의 책에 관한 아이디어와 원고 투고를 설레는 마음으로 기다리고 있습니다.
책으로 엮기를 원하는 아이디어가 있는 분은 이메일 cr@seosawon.com으로 간단한 개요와 취지, 연락처 등을 보내주세요.
고민을 멈추고 실행해보세요. 꿈이 이루어집니다.